"十三五"国家重点图书出版规划项目

国家出版基金项目
NATIONAL PUBLICATION FOUNDATION

梁方仲遗稿

梁方仲 著 / 梁承邺 李龙潜 黄启臣 刘志伟 整理

案头日历记事

SPM
南方出版传媒
广东人民出版社
·广州·

图书在版编目（CIP）数据

梁方仲遗稿 /梁方仲著；梁承邺等整理. —广州：广东人民出版社，2019.1
ISBN 978-7-218-13211-2

Ⅰ. ①梁… Ⅱ. ①梁… ②梁… Ⅲ. ①中国经济史－研究－文集 Ⅳ. ①F129-53

中国版本图书馆 CIP 数据核字（2018）第 235808 号

LIANG FANGZHONG YIGAO

梁方仲遗稿
梁方仲 著
梁承邺 李龙潜 黄启臣 刘志伟 整理　　版权所有　翻印必究

出 版 人：肖风华

出版统筹：柏　峰　周惊涛
责任编辑：陈其伟　周惊涛　柏　峰
装帧设计：彭　力
责任技编：周　杰　吴彦斌

出版发行：广东人民出版社
地　　址：广州市大沙头四马路 10 号（邮政编码：510102）
电　　话：(020) 83798714（总编室）
传　　真：(020) 83780199
网　　址：http：//www. gdpph. com
印　　刷：广东信源彩色印务有限公司
开　　本：787mm×1092mm　1/16
印　　张：257.5　字　数：3600 千
版　　次：2019 年 1 月第 1 版　2019 年 1 月第 1 次印刷
定　　价：960.00 元（全八册）

如发现印装质量问题，影响阅读，请与出版社（020-83795749）联系调换。
售书热线：(020) 83793157　83795240　　邮购：(020) 83795240

整理说明

从 1957 年起直至 1969 年（其辞世为 1970 年），梁方仲先生往往把其认为重要而需留作备忘的事记在案头日历上。案历上所记文字简短、平实，没有一般日记抒发感慨、评论事件和人物的情况。尽管如此，记事内容反映了作者在读书、授业、著述、交友诸方面的情况，人们可从中了解他在特定历史条件下其整个生平一段十分重要的经历，相信可为日后他人撰写其传记提供一些可靠的资料（史料）。1957 年至 1969 年间发生过"反右"、红专大辩论、大跃进、大炼钢铁、大办人民公社、反右倾和"文化大革命"等重要政治运动。人们可通过记事者的亲身经历而窥视在特定历史时期中山大学，以及其反映的社会大环境的某些具体状况及其细节。一些有兴趣了解与研究梁先生的人士曾多次表示，很想了解其"记事"的具体内容。《案头日历记事》便是在此种情形下产生的。在此，有几点编注说明：

一、记事记录年代为 1957 年至 1969 年。在此有两点需交代。第一，1960 年和 1967 年两年案头日历记事久查不获，可能"文化大革命"中丢失了。庆幸的是留下了他那两年的工作日记本（其中 1960 年记录时间仅两个月左右），多数内容可摘录补案头日历记事的缺失。第二，1969 年的案头日历记事虽有记录，但文字寥寥，或他认为只需记若干重要的事情，同样，也从工作日记本摘录补上。

二、记事原文出现的个别繁体字和异体字，一律改为现行的规范简化字；人名、地名、补充说明等用〈〉号标注。

三、记事原文往往不分时段，直接记事，现分上午、下午、晚上三时段分别叙述，以增加印刷版面的美感，更便于读者阅读。

四、记事中部分不为人熟悉的人、事、物给予了简要的注释，旨在便于读者了解原委。

五、记事原文数字写法不一，出版时在不影响对原文理解的情况下作规范统一。

六、记事原文出现的图书、报刊、文章、影片等往往没有全名，整理时尽可能予以补上，但缺失之处尚难避免。

整理说明

从 1957 年起直至 1969 年（其辞世为 1970 年），梁方仲先生往往把其认为重要而需留作备忘的事记在案头日历上。案历上所记文字简短、平实，没有一般日记抒发感慨、评论事件和人物的情况。尽管如此，记事内容反映了作者在读书、授业、著述、交友诸方面的情况，人们可从中了解他在特定历史条件下其整个生平一段十分重要的经历，相信可为日后他人撰写其传记提供一些可靠的资料（史料）。1957 年至 1969 年间发生过"反右"、红专大辩论、大跃进、大炼钢铁、大办人民公社、反右倾和"文化大革命"等重要政治运动。人们可通过记事者的亲身经历而窥视在特定历史时期中山大学，以及其反映的社会大环境的某些具体状况及其细节。一些有兴趣了解与研究梁先生的人士曾多次表示，很想了解其"记事"的具体内容。《案头日历记事》便是在此种情形下产生的。在此，有几点编注说明：

一、记事记录年代为 1957 年至 1969 年。在此有两点需交代。第一，1960 年和 1967 年两年案头日历记事久查不获，可能"文化大革命"中丢失了。庆幸的是留下了他那两年的工作日记本（其中 1960 年记录时间仅两个月左右），多数内容可摘录补案头日历记事的缺失。第二，1969 年的案头日历记事虽有记录，但文字寥寥，或他认为只需记若干重要的事情，同样，也从工作日记本摘录补上。

二、记事原文出现的个别繁体字和异体字，一律改为现行的规范简化字；人名、地名、补充说明等用〈 〉号标注。

三、记事原文往往不分时段，直接记事，现分上午、下午、晚上三时段分别叙述，以增加印刷版面的美感，更便于读者阅读。

四、记事中部分不为人熟悉的人、事、物给予了简要的注释，旨在便于读者了解原委。

五、记事原文数字写法不一，出版时在不影响对原文理解的情况下作规范统一。

六、记事原文出现的图书、报刊、文章、影片等往往没有全名，整理时尽可能予以补上，但缺失之处尚难避免。

Contents 目录

一九五七年

一月一日　星期二

母病。

一月二日　星期三

母病疹。

下午　与戴裔煊、容希白谈论至夜。

一月三日　星期四

看陈玉森①《论王充思想》。

一月四日　星期五

看陈文及蒋相泽②《西欧城市兴起》。

一月五日　星期六

看钟一均③文。

一月七日　星期一

看钟一均文。

一月八日　星期二

下午　2:30 中共〈广东〉省委宣传部座谈书刊出版及发行工作
（书面意见）。

夜　最后一班俄文。读周瘦鹃④《花前琐记》毕。

---

① 陈玉森，广东番禺人。时为中山大学历史系讲师。
② 蒋相泽，贵州安龙人。时为中山大学历史系副教授。
③ 钟一均，广东梅县人。时为中山大学历史系副主任、副教授。
④ 周瘦鹃，江苏苏州人。时为江苏省博物馆、苏州市博物馆荣誉副馆长。

一月九日　星期三

看梁向阳①论文。

一月十一日　星期五

蒋相泽报告（p. m. 2）未赴。参加王越②论文讨论。

一月十二日　星期六

寄陈岱孙、王崇武③函。

下午　大课告假（因母跌伤未愈）。阿云上工。

一月十三日　星期日

看陈锡祺论文。

陈锡祺请吃晚饭（利口福）。

一月十四日　星期一

上午　听陈锡祺报告。

下午　听丁宝兰④等报告。

晚　寄人民出版社约稿收据。

一月十五日　星期二

收《粮长制》〈《明代粮长制度》〉出书（样本十册，本月9日出版）。

一月十六日　星期三

下午　（中大）第三次科学讨论会闭幕，听许〈崇清〉校长

---

① 梁向阳，时为中山大学历史系助教或学生。

② 王越，广东兴宁人。曾任中山大学教务长、暨南大学副校长。

③ 王崇武，河北雄县人。中国科学院历史所第三所（近代史研究所）研究员。

④ 丁宝兰，广东广州人。时为中山大学哲学系教授。

报告。

夜　金应熙来谈。

收上海人民出版社汇来《粮长制》稿费。请跌打医生来看母跌伤。

一月十七日　星期四

精神极坏。晚间重订旧作《明代的户帖》。

一月十八日　星期五

读郭沫若《侈靡篇的研究》。

一月十九日　星期六

读马非百①《关于〈管子·轻重篇〉的著作年代问题》。交陆医生针灸费（母亲治疗）。

一月二十日　星期日

看何国文②《关于影响平均利润率下降的因素的问题》。

一月二十一日　星期一

上午　何国文《利润率下降》讨论。

下午　听区梦觉③《党领导问题》，散场后请陈汉标④吃饭。

一月二十二日　星期二

收到《粮长制》五十册，分赠友人四十五册。科学院本月酬金五

① 马非百，湖南隆回人。时为中国历史博物馆设计员兼办公室主任。

② 何国文，时为中山大学政治经济学课教员。

③ 区梦觉，又名区白霜。广东南海人。时任中共广东省委书记处书记。

④ 陈汉标，广东兴宁人。时为华南师范学院教授。是作者清华大学同学。

十二元①。

一月二十三日　星期三
请梁宗岱诊治母亲。
下午　晤侯仁之，在愉园②晚饭，容希白〈容庚〉作陪。

一月二十四日　星期四
交工会稿费及科学院指导酬金所得税十七元。
上午　商藻亭③丈来谈。
下午　司徒森④来谈。
晚　潘香华⑤来。

一月二十五日　星期五
上午　厦门大学同志来访问。
下午　北京博物院陈同志来访问。
付阿云工资十五元。

一月二十七日　星期日
上午　商老太爷〈商衍鎏〉来谈粤省农历新年风俗诗事。
下午　邬老师〈邬庆时〉⑥来，商老复来斟酌写诗事。
晚　7:30 至 10:10 开历史系 1956 学年上学期工作总结、系委会。

---

① 作者承担中国科学院广州分院青年科技人员张维熊培养工作所得报酬。
② 广州餐馆名，以私房菜著称。
③ 即商衍鎏。
④ 司徒森，广东开平人。时为中南财经学院教授。作者于岭南大学经济商学系时的同事。
⑤ 潘香华，曾任广西师范学院教授。
⑥ 邬庆时，字伯健，广东番禺人，方志学家。2006 年，广东人民出版社出版其遗著《屈大均年谱》。

10:30 至 12:50 看批评邓拓文稿①。

一月二十八日　星期一

上午　讨论〈评〉邓拓文。

下午　中国科学院广州分院会议。

晚　历史系教工联欢。

一月三十日　星期三

上午　十四妹②与谭、岑两君来访。

下午　购年货。

晚　看电影。

一月三十一日　星期四（初一）

上午　团拜。

下午　四叔、二嫂、宜疋③等来，去后发烧，胃口奇劣。

5:00 上床，没吃晚饭。

二月一日　星期五

终日卧床。

下午　三庶母、十三④等来。

二月二日　星期六

仍卧病，终日未起，读陈后山⑤诗。

---

① 指由作者指导其学生汤明檖、李龙潜、张维熊三人合写之文。该文后来以《对邓拓同志〈从万历到乾隆〉一文的商榷和补充——并试论处理和运用实地调查材料的方法》为题，发表于《历史研究》1958 年第 1 期。

② 作者妹妹梁循仲。

③ 作者叔叔梁清士、嫂嫂杨绣庄及侄儿梁承浩。

④ 作者三庶母廖氏、弟弟梁龙仲。

⑤ 陈后山，即陈师道，江苏彭城（今徐州）人，北宋诗人。工诗，为江西诗派代表作家之一。有《后山集》《后山丛谈》等。

二月四日　星期一

收到赵俪生寄来农民战争史（下）油印讲稿。

二月六日　星期三　寒雨

仍卧床，看杂志。

二月七日　星期四　放晴

首次出外到新华书店购《乐府诗集》。

晚间　批改王季思〈王起〉《中国文学史稿》。

二月八日　星期五

上午　读高教部审查《中国文学史教学大纲》（第三册）。

改汤明檖文①。

二月十一日　星期一

1956 年（届）下学期开始。读袁翰青②《中国化学史论文集》。

二月十二日　星期二

续读袁著。

二月十三日　星期三

读《百陵学山》③。添补《明代粮长制度》参考资料。继续读袁著。

二月十四日　星期四

偕承邺④、承烈晔浩〈承浩〉侄，午饭于延香〈茶楼〉。

---

①　估计此即汤氏与李龙潜、张维熊三人合署评邓拓之论文。

②　袁翰青，江苏通州人。历任北京大学、中央大学教授。中国科学院化学学部委员。

③　明人王文禄所辑的大型丛书。

④　即本书整理者，作者之子。

到致杰牙医所诊治。

夜　读袁著。

二月十五日　星期五

付黄针灸医生二十元（前付二十元，共四十元，母亲仍未愈也）。

读袁著《中国化学史论文集》毕。

夜　夜大学政治经济学第一次上课。

二月十六日　星期六

抄《百陵学山》材料。

下午　冯乃超、黄焕秋大礼堂报告。

二月十七日　星期日

寄三联《一条鞭法》合同、李光璧①黄册、鱼鳞图册三张。

二月十八日　星期一

下午　系务会议。

夜　校正《明代粮长制度》样书。

二月十九日　星期二

寄上海人民出版社《明代粮长制度》出版合同及校正本，赠 Do-rothen 二册。致上海人民出版社一函。

改汤明檖等评邓拓文。

二月二十日　星期三

上第一课日文（下午 4:15 陈诚教）。

读侯仁之论明史稿二文。

---

　　① 李光璧，河北安国人。先后任河北师范学院、天津师范学院、天津师范大学和河北大学历史系教授。

二月二十一日　星期四

翻阅旧书及抄明史资料。购《四部丛刊》① 缩印本二十余种。

二月二十三日　星期六

翻阅《四部丛刊》。

下午　讨论《再论无产阶级专政》。

夜　看《孤星血泪》（英国影片）及《四部丛刊》。

二月二十四日　星期日

读 Irina Skariatina *First To Go Back*。

二月二十五日　星期一

翻阅《四部丛刊》。

下午　指导学年论文。

二月二十六日　星期二

夜　读日文。

三月一日　星期五

夜　大学后商锡永〈承祚〉来托修改其书序文。

三月二日　星期六

付阿云第二月份工资、阿张第一月份工资。

整天改汤文，收到三联稿费（预付）一千四百元②。

---

　　① 该书由张元济主持，商务印书馆印行。1919 年出书，1922 年印成，共收书三二三种（包括"二十四史"），共八五四八卷，后经几编共收书五〇四种，三一三四册，近九千余万字。

　　② 之前三联书店曾经请作者将其一条鞭法研究的论文汇集（定名《一条鞭法论丛》）出版，故有预付之举。

夜　看电影。

三月三日　星期日

上午　与刘望远①书记谈话。

下午和夜　改商锡永文。

三月四日　星期一

读历史唯物主义。

三月六日　星期三

读历史唯物主义及日文。

夜　陈序经夫人来访〈陈〉瑛材②。

三月七日　星期四

下午　开教研组会。

三月八日　星期五

读《王文恪公③集》及《睡庵稿》④。

下午　开教研组会。

三月十日　星期日

下午　与承邺到越秀山看苏联火车头与广州队足球比赛。

三月十一日　星期一

下午　到光塔街肺结核预防医院照 X 光。

———————

① 刘望远，四川巴县人。时任中山大学党委副书记。

② 陈瑛材，作者夫人。

③ 王文恪公即王鏊，字济之，号守溪，学者称其为惠泽先生。吴县（今江苏苏州）人。明代名臣、文学家，谥文恪，也称"王文恪"。

④ 《睡庵稿》，三十卷，明汤宾尹撰，有明万历间刻本。

三月十二日　星期二

改汤（明樴）文。

三月十三日　星期三

看汤文，李龙潜①论叶宗留、邓茂七文。

三月十四日　星期四

读《王文恪公集》兼作笔记。

三月十五日　星期五

整理史料。

三月十六日　星期六

整理史料。

三月十七日　星期日

母亲病转较好，请医生在家吃饭。

读吕坤《去伪斋文集》②。

三月十八日　星期一

看林顺增天朝田亩制度③、汤等评邓拓文。

三月十九日　星期二

看评邓文。

---

① 李龙潜，广东化州人。时跟随作者进修学习。

② 吕坤，字叔简，河南商丘人。明代著名无神论思想家，哲学家。《去伪斋文集》为吕坤所撰，由孙慎多等刊。

③ 中山大学历史系在读本科生论文。

三月二十日　星期三

抄《王文恪〈公〉集》。

三月二十三日　星期六

下午　讨论政治经济学。

夜　雨中看电影。

三月二十四日　星期日

改汤等文。

三月二十六日　星期二

读《能改斋漫录》①。广东人民出版社同志与李稚甫②来。

三月二十七日　星期三

校《王文恪公集》。

三月二十八日　星期四

改汤文（定稿）。

三月二十九日　星期五

理发。

三月三十日　星期六

广州验肺，请邬〈庆时〉老师吃午饭。商藻亭丈来谈。

---

①　《能改斋漫录》，宋代吴曾撰。吴曾，抚州崇仁（今属江西）人。

②　李稚甫，江苏人。曾任华南师范学院教授。

三月三十一日　星期日

看韩国磐论文。看庄为玑①"泉州港"一文。

四月三日　星期三

与朱杰勤、陈必恒②、张德恩③前往厦大参加科学研究讨论会（坐火车先到鹰潭）。

四月十六日　星期二

上午　9：35抵穗，11：30抵家。

夜　读毛主席在最高国务会议上的报告，在全国宣〈传〉工〈作〉会上的指示（1957.3.12）。

四月十七日　星期三

上午　市政协第一届委员会第四次全体会议，冯秉铨④报告后小组讨论。

下午　回家休息。

夜　读李富春关于第二个五年计划的若干问题的说明（提纲）、陈云副总理的发言。

四月十八日　星期四

唁邬〈庆时〉师母二十元。

叶启芳⑤请吃晚饭（市协散会后）。

四月十九日　星期五

读政治经济学教科书。

---

① 庄为玑，福建泉州人，字文山。考古、方志、中外交通史学者。先后任厦门大学历史系、人类博物馆、南洋研究所、人类学系教授。

② 陈必恒，时任中山大学中文系副教授。

③ 张德恩，时任中山大学教员。

④ 冯秉铨，时任政协广州市委员会副主席。

⑤ 叶启芳，广东三水人。时为中山大学中文系教授，兼任中山大学图书馆馆长。

四月二十日　星期六

下午　政治经济学课堂第二次讨论。

夜　看电影《家》。

四月二十一日　星期日

下午　开广东人民出版社座谈会。

四月二十二日　星期一

读王方中①一条鞭法。

四月二十三日　星期二

读韩大成②《明代商品经济》。

四月二十四日　星期三

读黄佩璋③明代国际市场。

阅《人民日报》，惊悉王之屏〈王崇武〉兄于 21 日下午 8:00 在京逝世。

四月二十五日　星期四

上午　《再论》与《正确处理人民内部矛盾问题》学习开始（7:30至11:30）。

汤明樑代购钟柏来礼自行车一部（车身号码 DG4815，税牌号码 69138），三百三十元正（小七④骑用）。

四月二十六日　星期五

学习第二日。

————————

① 王方中，湖南涟源人。时任中国人民大学教师。

② 韩大成，山东青岛人。中国人民大学历史系教授。

③ 黄佩璋，历史学者，中国人民大学研究生毕业。

④ 作者之子梁承邺乳名。

夜　看马师曾、红线女《搜书院》电影。

四月二十七日　星期六
学习第三日。

四月二十八日　星期日
学习第四日。伏老①到穗。

四月二十九日　星期一
学习第五日。

五月二日　星期四
读傅衣凌《福建佃农经济史丛考》。收到罗季荣②寄回厦门大学科学研究讨论会论文。

五月三日　星期五
读罗隐③诗，抄七绝三首。

五月四日　星期六
看元遗山④诗。

夜　看电影。

---

① 伏老即伏罗希洛夫。
② 罗季荣，广东大埔人。厦门大学经济系和计划统计系教授。是作者岭南大学时期的研究生。
③ 罗隐，唐代余杭（今浙江杭州西）人，一作新登（今浙江杭州富阳区）人。其散文、小品，笔锋犀利，诗歌多感慨愤世之作。
④ 元遗山即元好问。

五月五日　星期日

看高伯雨①《听雨楼杂笔》。

中午　容庚请吃饭（兰州大学李同志来）。

夜　高弥②请吃饺子。

五月六日　星期一

上午　第四次针灸。

下午　指导古作仁③《叶宗留、邓茂七及起义》及与汤〈明樋〉、李〈龙潜〉、张〈维熊〉三人讨论。

五月七日　星期二

作挽王之屏诗二首④。

上午　高教部同志来访。

下午　读范石湖⑤诗。

夜　为〈谢〉文通⑥改译杜甫诗。

小七回家。夜小便见血。

五月八日　星期三

上午　针灸。

下午　到医院检验。

五月九日　星期四

上午　检验，打 Pennicillin〈盘尼西林〉二次。

----

① 高伯雨，广东澄海人。长期生活工作在香港。

② 高弥，时任中山大学生物系党总支书记。

③ 古作仁，时为中山大学历史系本科生。

④ 挽诗七绝两首为《哭王之屏（王崇武）》：（一）川南四载缔贫交，意气苔岑谊漆胶。知有丛残待收拾，敢辞胼胝为君钞。（二）去年一别死生分，痛望西山黯淡云。朋辈只余辰伯在，每论明史辄思君。

⑤ 范石湖即范成大。

⑥ 谢文通，广东南海人。时任中山大学外语系教授。作者堂妹夫。

夜　到董家遵、陈寂、朱杰勤、文通等处谈。

五月十日　星期五

第六次针灸。借给孙敬草六十元。寄春晗〈吴晗〉、袁震①各一函。

五月十一日　星期六

寄黎世清②一函。

下午　学习《内部矛盾》总结。

夜　看电影《铁路游击队》。

五月十二日　星期日

上午　商老丈、兰州大学李、袁两君来谈。

夜　雨。看梁山伯祝英台赣剧。

五月十三日　星期一

上午　作《再挽王之屏》五言古③。

下午　到广州古籍书店购书。

夜　陈序经来访。

五月十五日　星期三

读刘伯温集。针灸。

五月十七日　星期五

下午　扶疾开中国上古史教研组会议。

---

① 袁震，吴晗夫人，与作者为清华大学同学。

② 黎世清，王崇武夫人。

③ 此五言古长逾六百字，详见梁方仲：《梁方仲文存》，中华书局，2008 年，第302—303 页。

刘望远、金应熙来谈，去后即上床，没吃晚饭，夜大学告假一次。

五月十八日　星期六

上午　到护养院看病。

夜　与儿女看露天电影。

五月十九日　星期日

上午　出席陶〈铸〉省长召开座谈会（在大礼堂）。

下午　出席科学院广州分院及《广州日报》座谈会①。

夜　抄《再哭王之屏》五〈言〉古〈诗〉。

五月二十日　星期一

看史三甲、周宗贤《宋代私买制度》，林顺强《论太平天国天朝田亩制度》〈皆为本科生毕业论文〉，收春晗来信。

看彭振辉《太平天国田亩制度中之土地政策问题》〈学生毕业论文〉。

五月二十一日　星期二

上午　到护养院看病（胃疾仍未愈）。请汤明檖代抄挽王之屏诗（复写）寄黎世清收。

下午　理发。

五月二十二日　星期三

对高教部《修订综合大学、财经、外语院校若干事业教学计划的说明》《高校教材编写暂行办法》《高校教材奖励试行办法》提意见。

读陈秀云《汉武帝时代的水利工程》（师院论文）。

---

① 两次座谈会皆与鸣放有关。

五月二十三日　星期四

上午　指导张、李、汤。

五月二十四日　星期五

寄严中平一函。

五月二十五日　星期六

下午　讨论《内部矛盾》。

夜　看电影。

五月二十七日　星期一

寄函〈罗〉尔纲（商老太丈托问考试制度）。翻阅《中国资本主义萌芽问题讨论集》。

五月二十八日　星期二

上午　中宣部胡韦德处长作国际形势报告（中山纪念堂）。

与刘〈节〉、梁〈钊韬〉等在清真食堂聚餐。

夜　读丛书集成多种。

五月二十九日　星期三

金应熙、詹安泰来谈。

五月三十一日　星期五

寄陶孟和、韩振华、三联〈书店〉、十四妹各一函。

六月一日　星期六

寄陈岱孙函。

下午　应邀参加民盟"党委制在高校"会。

夜　看宋景诗电影。

六月二日　星期日

下午　开新经济学会（广州酒家）。

夜　读《张右史文潜①集》。

六月四日　星期二

下午　许〈崇清〉校长科学研究座谈会。

夜　文通来谈。

六月五日　星期三

读《警世通言》。

六月六日　星期四

看《清平山堂话本》②。

六月七日　星期五

修改《一条鞭法》③。

六月八日　星期六

上午　李稚甫来。

下午　开"内部矛盾"大会在礼堂④。

夜　看电影。

---

①　张右史文潜即张耒，北宋楚州淮阴（今属江苏）人。为"苏门四学士"之一。

②　《清平山堂话本》，是现存刊印最早话本小说集。收集了宋元明三代话本，明洪楩编印。洪楩，钱塘西溪（今属杭州余杭区五常）人。明代文学家、刻书家、藏书家。

③　《一条鞭法》为作者早前已发表的论文，因三联书店要出其旧作论集，作者对其进行一些修改。

④　《刘节日记》（大象出版社，2009 年）所记该次大会为"本校教授、副教授座谈会"。

六月十日　星期一

上午　系学术委员会，理发。

下午　访谢健弘①、陈寂园（陈寂）。

六月十一日　星期二

寄函〈谭〉彼岸、〈邓〉广铭、上海人民出版社、〈彭〉雨新。

明樾来谈。

六月十二日　星期三

早　周连宽来谈。

午　交尔纲信给商老丈。

晚　写信给〈陈〉振汉②。

六月十三日　星期四

下午　大礼堂开会。

夜　写缪钺③函。

六月十六日　星期日

同市协参观流溪河水电站，在温泉晚饭，归家已 11:00 矣。

六月十七日　星期一

请赵越馨④午饭。

下午　开"内部矛盾"无党派座谈会。

---

① 谢健弘，广东梅县人。时为中山大学历史系教授。

② 陈振汉，浙江诸暨人。北京大学教授、经济系代理主任。我国第一批经济史博士生导师。

③ 缪钺，江苏溧阳人。四川大学教授、历史研究所副所长。专于魏晋南北朝史与中国古典诗词研究。

④ 赵氏为作者执教岭南大学经济商学系时的学生。

六月十八日　星期二

寄函〈丁〉文治、〈彭〉雨新、〈谭〉振樵①。

六月十九日　星期三

下午　军区礼堂听陶铸报告。

六月二十日　星期四

上午　到中山第二医院透视（谢志光②医生诊视）。

看冼玉清"班昭女诫"。

今天起戒纸烟。

六月二十二日　星期六　夜雨

下午　陶铸省长座谈会（招待所③）。

六月二十三日　星期日

读陈简斋④诗。访金应熙。收彼岸、雨新函。

六月二十四日　星期一

下午　批判罗应荣⑤大会。

六月二十五日　星期二

校户口、田赋表。汇彼岸⑥一百元，收到寄来乐仁堂石斛夜光丸。

---

①　谭氏为作者执教岭南大学经济商学系时的学生，当时在中国人民大学工作。

②　谢志光，临床放射学家和医学教育家，中国放射医学的创建和奠基之一。建立华南肿瘤医院。

③　指中山大学黑石屋招待所。《刘节日记》所记为"下午党委召集开会，有陶铸省长在座"。

④　陈简斋，名与义，字去非，号简斋。洛阳（今河南洛阳）人。北宋末、南宋初杰出诗人。

⑤　罗应荣，广东兴宁人。时为中山大学历史系副教授。

⑥　时谭彼岸在北京大学经济系进修中国近代经济史。

晚饭后访陈寅恪。

六月二十六日　星期三
校正户口、田地表。

六月二十七日　星期四
校正户口、田地统计表。

上午　开"工资改革遗留问题调查"小组会。

六月二十八日　星期五
上午　招瑞良①自佛山调查回。修改《一条鞭法》。

商衍鎏丈来。

六月二十九日　星期六
修改《一条鞭法》。

下午　王越来。

夜　访蒋相泽，谈工资改革事。

七月一日　星期一
汤明檖从佛山回。整理土地、人口统计资料。

七月二日　星期二
整理土地、人口统计资料。

七月四日　星期四
上午　批判罗应荣会（部门工会）。

---

① 招瑞良，时为中山大学教辅人员。20 世纪 50 年代作者编著《中国历代户口、田地、田赋统计》一书时除得其助手汤明檖主要辅助外，尚有张仁杰和招瑞良两位以及谭彼岸参与了部分辅助工作。

下午　批判林楚君①会。

七月五日　星期五

上午　基层工会批判罗应荣大会。

夜　访金应熙谈。

七月六日　星期六

上午　小组漫谈。

下午　声讨罗应荣大会。

夜　看电影《荒地之春》。

七月七日　星期日

上午　访商藻亭老。

下午　看曹国祉②、彭振辉文③。

夜　容庚来谈。

七月八日　星期一

看曹国祉论文及彭振辉《天朝田亩制度中土地问题的研究》。

下午　新华社记者来。

七月十一日　星期四

上午　生物系同学及高琼珍④来谈。

下午　杨荣国来谈。

夜　陈序经夫人来访母亲。

---

① 林楚君，广东惠阳人。中山大学政治经济学教研室主任、教授。

② 曹国祉，时为中山大学历史系本科四年级学生，作者审查其毕业论文。

③ 关于天朝田亩制度的毕业论文。

④ 高琼珍，福建海澄人。时在中山大学生物系任教。

七月十三日　星期六

上午　明橖来谈。

下午　"鸣放"小组讨论。

夜　看电影。

七月十四日　星期日

校正土地、人口统计。

下午　杨荣国请在合作社喝汽水，刘（望远）书记、金应熙同座。

七月十七日　星期三

修改一条鞭法，改一条鞭法《年表》①。

上午　李稚甫来谈。

七月十八日　星期四

修改条鞭《年表》。

七月十九日　星期五

修改条鞭《年表》。

七月二十二日　星期一

修改条鞭《年表》。

七月二十三日　星期二

上午　11:00 大同〈酒家〉（李稚甫约），下午 4:00 回。在古籍书店购书。

夜　看电影《狼》。

---

① 《年表》亦是作者早先已发表的论文，为其《一条鞭法论丛》集子出版作准备。

七月二十七日　星期六

看《大清一统志》。补作条鞭表。

七月二十九日　星期一

看《大清一统志》。

七月三十一日　星期三

戴裔煊请吃晚饭在合作社。

夜　看电影。

八月七日　星期三

母亲又跌伤（抬柜）。

上午　同小七到大塘（问游飞霞事)①。

夜　看电影《新寡》。

八月八日　星期四

看王亚南《马克思主义的人口论与中国人口问题》。

八月九日　星期五

看王亚南人口论。

下午　与刘（望远）书记长谈。

八月十日　星期六

下午　二兄②携猪肉佬③回穗。

① 指广东清远飞霞洞。

② 二兄为作者的哥哥梁嘉饴，时在香港圣保罗英文书院教书。

③ 作者侄儿梁成顺的小名（或绰号）。

八月十一日　星期日

四叔来。

下午　理发。

八月十二日　星期一

希白、文通分请二兄早晚饭。黄医生来为母亲针灸（预付卅元）。瑛材去飞霞旅行。

夜　看《一江春水向东流》。

八月十三日　星期二

二嫂来，二兄回老家住宿。

阅读县志。

八月十四日　星期三

读黎世衡《历代户口通论》。

二兄下午返此。

八月十八日　星期日

二兄早车返港。瑛材自飞霞洞回。

八月十九日　星期一

读袁震《宋代户口》。

八月二十四日　星期六

下午　同杨荣国父子游石榴岗①。

八月二十五日　星期日

上午　访明樾、〈朱〉杰勤。

---

① 地名，中山大学旁一乡村地（靠近赤岗）。

下午　访〈梁〉钊韬、〈何〉肇发。

八月二十六日　星期一

小七考上武〈汉〉大〈学〉，与其往白鹤洞二十二中、八中。在南方大厦九楼午餐。

八月二十八日　星期三

夜　大礼堂看杨官璘下象棋。

八月三十日　星期五

为李龙潜校看叶宗留、邓茂七论文。

八月三十一日　星期六

读"三通"①。

夜　看电影。

九月二日　星期一

夜　梁元竞②来谈。

九月四日　星期三

为阿好工人事与母亲口角。

九月五日　星期四

夜　胡守为来谈。

九月六日　星期五

请黄针灸医生、邬〈庆时〉老师午饭。

---

① "三通"即《通典》《通志》《文献通考》。

② 梁元竞，时为中山大学附属小学音乐老师。作者儿子的老师。

下午　开教研组会议。

九月七日　星期六
下午　开反右派座谈会。
夜　看电影《攻城计》。

九月九日　星期一
反右斗争运动开始（上午 10:00）①。

九月十日　星期二
下午　批判端木正座谈会。
小七 6:29 慢车去武汉（上大学）。

九月十一日　星期三
上午　10:00 分组。
下午　3:00 "知识分子无安全感"小组会议。

九月十二日　星期四
上午　准备批驳罗应荣发言。
下午　小组碰头。

九月十三日　星期五
整天驳斥罗应荣（系全会）。

九月十四日　星期六
下午　批判罗木公会。

---

① 《刘节日记》记为"上午听反右派斗争动员大会报告"。

九月十六日　星期一

上午　小组。

下午　斗端木正。

九月十七日　星期二

申斥曾纪经①会（下午）。

九月十九日　星期四

理发。订正陈锡养②中国古代史讲稿。

九月二十日　星期五

校陈锡养讲稿。

下午　"反右"斗争总结。

九月二十一日　星期六

看陈锡养、李龙潜文。

夜　小便第二次出血。

九月二十三日　星期一

到护养院检验尿血。今天大半时间休息。

李龙潜、汤明檖来。

本学期开始上课。

九月二十四日　星期二

上午　陈锡养来谈讲稿事。

下午　检验尿，阿琼上工。

夜　为希白改《简化字意见书》。

---

① 曾纪经，广东阳江人。时为中山大学历史系教授。

② 陈锡养，时为中山大学教员。

九月二十五日　星期三

夜　抄李元阳《云南通志》。

九月二十六日　星期四

看陈锡养讲稿。

九月二十七日　星期五

看陈锡养稿。

九月二十八日　星期六

看陈锡养稿。

九月二十九日　星期日　天雨

交"反右"学习小结。

夜　看电影。

九月三十日　星期一

看陈锡养讲稿。

十月一日　星期二

雨后　与明橇到漱珠岗饮茶。

午后　刘望远、杨荣国、王越夫妇来谈。

看陈锡养讲稿。

十月二日　星期三

与〈杨〉荣国、李汉章①往怡珍②饮茶。

晚饭后　往视明橇车伤。

---

① 李汉章，时任中共中山大学党委副书记。

② 中大附近一茶楼。

一九五七年

十月三日　星期四

寄缪彦威〈缪钺〉函。王衍孔①交来〈王〉庆菽②《敦煌变文集》两册一部和陈锡养讨论稿。

夜　历史系迎新会。

十月四日　星期五

下午　古籍书店购书。

十月七日　星期一

下午　入医院③。

十月二十日　星期日

上午　9：00 回家。

下午　7：30 回〈医〉院。

十月二十三日　星期三

上午　11：30 自医院返抵家中。

下午　开校务委员会（第一次），理发。

夜　明樾来。

十月二十六日　星期六

中午　为张仁杰④饯行（邬老师、明樾作陪）。

下午　陶铸书记作反右报告（黄花路政治干部学院礼堂）。

---

① 王衍孔，王庆菽之兄。

② 王庆菽，作者夫妇的友人，时在《新建设》工作，专长研究敦煌变文。

③ 查《刘节日记》上册，第450页，10月9日记"下午访梁方仲于长堤医院未得入"；10日记"又走访梁方仲于第二医院"，可知作者是入中山医学院第二附属医院。

④ 张仁杰之前曾作为辅助人员，参与《中国历代户口、田地、田赋统计》一书的抄写等项工作。后在干部下放时调往外单位工作。

十月二十七日　星期日

读王毓铨①《我国古代货币的起源和发展》。

十月二十八日　星期一

看陈锡养讲稿。

十月三十日　星期三

读万斯年②《唐代文献丛考》。

十一月二日　星期六

读《续通考》③。

下午　4:00 至 5:00 义务劳动。

夜　看电影。

十一月三日　星期日

读《续通考》。

十一月四日　星期一

下午　蒋相泽报告《苏联历史科学的成就》。

夜　系开庆祝十月革命四十周年会。

十一月五日　星期二

校统计表。

十一月六日　星期三

校户口统计表。

---

① 王毓铨，山东莱芜人。历任中国历史博物馆陈列部主任、中国科学院、中国社会科学院历史研究所研究员。专于明代经济史研究。

② 万斯年，时任职于中国科学院历史研究所第二所。

③ 疑即《续文献通考》。

下午、夜　中山纪念堂庆祝苏联十月革命四十周年大会，见到溥姐〈袁溥之①〉。

十一月七日　星期四

早　8:30 至 10:00 开庆祝大会。

夜　校阅统计表。

十一月八日　星期五

下午　2:30 开教研组会。

下午　中宣部程同志座谈会。

十一月十日　星期日

《理论与实践》编辑会。

见袁溥之大姐于省委第一招待所，肖隽英②陪往。

十一月十一日　星期一

寄春晗函。看陈锡养讲稿第十章。

十一月十二日　星期二

看陈锡养讲稿。

十一月十三日　星期三

校陈锡养讲稿。看《吕氏春秋》。

十一月十四日　星期四

上午　读《清通考》。

---

①　袁溥之，湖北光化（今老河口）人。历任燃料工业部、煤炭工业部、教育司副司长，广东省高教局副局长等职。其时袁氏刚调来广东工作。作者与她 20 世纪 30 年代便认识。

②　肖隽英，广东大埔人。时任广东省高教局局长。

下午及夜　看全国篮球中级比赛。

寄上海人民出版社一函。

十一月十五日　星期五

读《续通考》。

朱杰勤请吃晚饭。

十一月十六日　星期六

理发。

下午　刘〈望远〉书记整理运动动员报告。

十一月十八日　星期一

看王在民①佛山史料。

十一月十九日　星期二

看佛山史料。

十一月二十日　星期三

看佛山史料。

下午　整改座谈首次座谈。

十一月二十一日　星期四

看佛山史料。

夜　看北京对上海红篮球决赛。

瑛材坐夜车北上。

十一月二十二日　星期五

看佛山史料。

① 王在民，20世纪50年代毕业于中山大学历史系。

与李龙潜看沈阳对上海红篮球赛。

十一月二十四日　星期日

下午　与秉铨夫妇①在南方大厦吃饭。

十一月二十六日　星期二

看《续清通考》。

十一月二十七日　星期三

寄〈白〉苹洲②航函。

刘〈望远〉书记报告。

集体劳动。

十一月二十八日　星期四

校户口、土地统计表。

十一月二十九日　星期五

寄苹洲函。

十一月三十日　星期六

早　春晗来。

在省迎宾馆（解放北路）一楼202与〈袁〉震姐午饭。

夜　在合作社为母亲祝寿，春晗再来。

十二月一日　星期日

上午　看大字报，李稚甫来访。

---

①　秉铨夫妇，即冯秉铨、高兆兰。

②　白苹洲，浙江舟山人，陈瑛材大学同学，后去延安学习工作。时在中国人民银行总行任处长、监察主任。

下午　往看春晗。

十二月二日　星期一
校户口表。
夜　指导论文。

十二月三日　星期二
校户口表。

十二月四日　星期三
上午及夜　看陈锡养讲稿。
下午　开整改会。

十二月五日　星期四
上午　校《明实录》（户口、田赋）。
下午　指导张维熊。
夜　看陈锡养稿。

十二月六日　星期五
下午　杨荣国来谈。

十二月七日　星期六
上午　校户口表。
下午　开整改小组会。
夜　看电影。

十二月八日　星期日
校户口表。

十二月九日　星期一

上午　校户口表。

下午　理发。

十二月十一日　星期三

上午　开整改小组会。

下午　春晗、袁大姐〈袁溥之〉及陈郁省长来。

夜　看陈锡养稿。

十二月十三日　星期五

校户口统计，填工作表。

看《通典》。

十二月十四日　星期六

作户口统计表。

下午　开整改会。

十二月十五日　星期日

读晁补之①《琴趣外篇》。

下午　到古籍书店购书。

十二月十六日　星期一

下午　开本系师资培养小组会。

夜　读〈苏〉东坡年谱。

十二月十七日　星期二

收拾书籍信件。

①　晁补之，北宋济州（今属山东）人。为"苏门四学生"之一。

十二月十八日　星期三

看陈锡养讲稿。

下午　开会。

十二月十九日　星期四

看陈锡养讲稿。

十二月二十日　星期五

看陈锡养稿。

下午　4:30 至 5:00 义务劳动。

十二月二十一日　星期六

下午　开会。

夜　看电影。

十二月二十二日　星期日

上午　到中山医学院看团体操。

下午　读 Wittfogel *Hist. of Chinese Society：Liao*（907–1125）①。

十二月二十三日　星期一

看谭彼岸、陈锡养讲稿。

下午　听杨荣国"古代社会性质"报告。

十二月二十四日　星期二

看陈讲稿。

下午　指导读书报告。

---

① 魏特夫（Karl August Wittfogel），德裔美国人，汉学家。该书中译名为《中国社会史：辽，907—1125》，与冯家昇合作完成。

十二月二十五日　　星期三

下午　开小组会。

夜　看陈锡养稿。

十二月二十六日　　星期四

运动转入精简下放（体力劳动）勤俭办学阶段。

下午　大礼堂报告，寄三联〈书店〉函。

十二月二十七日　　星期五

与市协参观紫泥糖厂，夜9:00返抵家中。

十二月二十八日　　星期六

日夜看陈锡养稿。

下午　开精简小组座谈会。

十二月二十九日　　星期日

陈锡养、曾庆鉴①来。

下午　王越来。

十二月三十日　　星期一

改正统计表。

夜　容庚来。

十二月三十一日　　星期二

统计表下午寄出（上海人民出版社）。

晚　与同学聚餐，夜开联欢大会，8:00上床睡。

---

① 曾庆鉴，福建平和人。时为中山大学历史系教员。

一九五八年

一月一日　星期三

希白、姜立夫太太、家遵等来拜年。整天没出门。

灯下写致上海人民出版社函。

一月二日　星期四

看陈锡养讲稿。寄上海人民出版社函，后理发。

夜　读杨希闵①、曾子固②年谱。

一月三日　星期五

校勘周达观《真腊风土记》。

下午　义务劳动。

夜　大礼堂反右会（曾恩涛③、雷沛汉等大会）。

一月四日　星期六

校《明史》。

下午　开小组会。

一月五日　星期日

校《明史》。

一月六日　星期一

下午　开师资培养小组会。

夜　校《明史》。

一月七日　星期二

看陈锡养讲稿。

①　杨希闵，云南宾州人。时为云南省政协委员。

②　曾子固即曾巩。

③　曾恩涛，历任光华医院外科主任、广东省空军医院院长、两广浸会医院院长，岭南大学、中山大学医疗室主任。曾氏此时是作为中山大学职员中"大右派"而被斗。

下午　刘书记〈刘望远〉精简下放报告。

一月八日　星期三
下午　明樾来。
下午　小组会。
夜　看电影及读《明史》。

一月九日　星期四
上午　厦〈门〉大〈学〉人来。
下午　斗右派书懿会。
夜　读《明史》。阿璋上工。

一月十日　星期五　雨
读《明史》。
下午　指导翁意元、刘继耀①论文。

一月十一日　星期六　雨
看《澹生堂藏书约》②。
下午　开会。
夜　看电影。

一月十二日　星期日
看陈锡养稿。王了一〈王力〉来，同入城。

一月十三日　星期一
看陈锡养讲稿。
下午　公宴王了一。

---

① 翁、刘两人皆中山大学历史系学生。
② 该书为明代祁承爜所撰。祁承爜，进士，江西右参政分守宁太道。

一月十四日　星期二

汇小七五十元（去年 11 月 2 日八十元）

整理早晨书。

下午　爱国卫生突击工作。

一月十五日　星期三

看陈锡养稿。

下午　宣布下乡名单。

一月十六日　星期四

中午　与中文系公宴王了一①。

下午　指导学生论文。

夜　读王永兴《敦煌唐代差科簿考释》。

一月十七日　星期五　天寒

读贺昌群②《论两汉土地占有形态的发展》。

一月十八日　星期六　仍寒

读贺昌群书。

下午　开会。

一月十九日　星期日

上午　读《明史》。

下午　往古籍书店，看贺昌群书。

———————

①　《刘节日记》该月十三日所记为"晚与容庚、梁方仲、商承祚、方孝春〈岳〉、王起、高华年、陈必恒、潘允中同宴王了一于愉园"。

②　贺昌群，四川马边人。历任南京图书馆馆长、中国科学院历史研究所第二所研究员兼中国科学院图书馆馆长。长期致力于中西交通史、汉唐间土地所有制形态研究。

承烈①回校参加义务劳动〈下乡〉。

一月二十日　星期一
寄函《历史教学》。
看辛树帜②《禹贡耕作时代的拙测》。

一月二十一日　星期二
与朱杰勤请厦大两同志在怡珍〈茶楼〉午饭。
寄北京历史博物馆函。
夜　欢送本系下乡同志。

一月二十二日　星期三
读《韩昌黎〈韩愈〉集校注》。
下午　开会。
昨天收到上海人民出版社稿费，送明樾、瑞良六十元③。

一月二十三日　星期四
精神欠佳，整天休息。读韩〈愈〉诗。
夜　明樾来谈。

一月二十四日　星期五
看韩诗。
下午　义务劳动。
夜　中山纪念堂欢迎大会。

---

①　梁承烈，作者之女，时在广州华南师范学院附中读书。

②　辛树帜，湖南临澧人。历任中山大学生物系教授、系主任，国立编译馆馆长，西北农学院院长、兰州大学校长。

③　指作者《中国历代户口、田地、田赋统计》（稿）1957 年年底寄上海人民出版社后，该社决定接受该稿并预付 500 元稿酬。

一月二十五日　星期六

下午　开会。寄上海人民出版社一函。

夜　看电影。

一月二十六日　星期日

上午　理发。寄小七、小妹〈梁承烈〉、〈彭〉雨新函。

下午　邓泽民①、曾庆鉴来辞行。

一月二十七日　星期一

下午　送下乡同志。

下午　义务劳动。寄〈李〉文治函。

一月二十八日　星期三

读苏东坡诗，甚病乏。

上午　谭彼岸来谈。寄邬〈庆时〉老师函。

一月二十九日　星期四

下午　开会。

夜　看《苕溪渔隐丛话》②。

一月三十日　星期五

看彭信威③《中国货币史》。

夜　访刘望远书记。

---

① 邓泽民，梁钊韬妻子，时在中山大学历史系资料室工作。

② 宋代胡仔撰。胡仔，南宋徽州人。字元任，号苕溪渔隐。卜居湖州（今属浙江）。撰《孔子编年》。晚年著《苕溪渔隐丛话》。

③ 彭信威，江西安福人。历任复旦大学、上海财经学院教授。

一月三十一日　星期六

雨。看彭信威书及《历史研究》。

寄肖步才①函。

二月一日　星期日

雨。看尤中②《南诏史话》。

下午　开会。

夜　文通来。

二月二日　星期一

看尤中《南诏史话》。

下午　商承祚来谈。

夜　开系务扩大会议。

二月三日　星期二

看彼岸《批判向达南诏史略论》。

下午　开会。

夜　访彼岸。

二月四日　星期三

上、下午　开会。

希白请吃午饭（兰州大学来人）。

夜　彼岸来谈其作论文。

二月五日　星期四

上、下午　开会。

---

① 肖步才，广东兴宁人。历任暨南大学经济学院政治经济学副主任、人口理论研究室负责人。作者岭南大学经济研究所研究生。

② 尤中，云南宣威人。云南大学历史系教授。专长民族史研究。

王季思〈王起〉请吃晚饭。

夜　兰州大学王、汤、袁三位来访。

二月六日　星期五

〈陈〉序经请参观日本展览会。

下午　开会（进入反浪费阶段）。陈序经、黄焕秋作动员报告。

二月七日　星期六

上午　9:30 系动员报告。

下午　阅读文件，夜同。

承烈从乡下回来。

二月八日　星期四

上午　阅读文件。司徒森来。

下午　讨论。

晚　看北京、八一男女排球赛（与钟一均、蔡文显①同回）。

成顺入城，明日去港②。

二月九日　星期一

付亚琼工资十二元。

上午　开会。

下午　休息。

夜　开本省科学规划座谈会。

二月十日　星期二

整天开会。

---

① 蔡文显，时为中山大学外语系教授。

② 成顺（梁成顺），作者之侄，时寄住作者家，在中山大学附小读书。假期返港探亲。

二月十一日　星期三

上、下午　开会。

看北京、天津足球表演赛。

访聂菊荪①。

二月十二日　星期四

上、下午　全系会。

下午　出席中科院广州分院经济学组规划会（同序经购书，饮茶于华侨招待所）。

〈反浪费〉运动告一段落。

二月十三日　星期五

寒假开始。

看《文史哲》第二期（元代赋役）。

夜　看电影。

二月十四日　星期五

下午　系室内清洁。

夜　看电影。

二月十五日　星期六

上午　清洁劳动。

下午　商藻亭丈过访。

晚　看《舞台前后》。

二月十六日　星期日

上午　彼岸来谈。理发。

---

①　聂菊荪，湖北仙桃人。时任中山大学副校长。

下午　看沈阳与苏联国家队赛（越秀山）。

夜　看电影《拉郎配》。

二月十七日　星期一

天雨。承邺从武大回。

上午　彼岸来。

下午　看摩斯①《中华帝国对外关系史》。

二月十八日　星期二（初一）

拜年。

夜　看电影。

二月十九日　星期三

留邬老师、希白、冼子〈冼玉清〉午饭。

三庶母暨十一妹来，傍夕始去。

寄函袁大姐〈袁溥之〉。

二月二十日　星期四

上午 8:00 至 12:30　省政协座谈会（陶铸主席）。

下午　金应熙与王同志来。

夜　与儿女闲谈。

二月二十一日　星期五

下午　与小七经看北京队对苏联足球赛（1：1）。

二月二十二日　星期六

上午　与小七、小妹入城（他们往看宽银幕电影）。

---

① 摩斯（H. B. Morse），今一般译作马士。

下午　参观本校浪费展览会（第二次）。

夜　看电影。

二月二十三日　星期日

彼岸请往瑞宝乡饮茶。

上午　全家照相。

校阅商衍鎏丈《晚清科举时代广东赌博方式之一——闱姓》一文。

夜　陈序经携子①来谈。

二月二十四日　星期一

上午　明樾、彼岸来，留彼岸午饭。

下午　成顺自港回。

二月二十五日　星期二

小七早车返武〈汉〉。

上午　开校务委会（第二次）。

下午　古代史教研组会。

夜　访商老丈及锡永〈承祚〉。

二月二十六日　星期三

读吕思勉《燕石续札》。

夜　看电影。

二月二十七日　星期四

上午　处理右派分子大辩论动员报告。

下午　阅读文件。

---

① 即陈其津。

二月二十八日　星期五

上、下午　阅读文件。

三月一日　星期六

上、下午　读文件。

夜　看《理论与实践》第一、二期。

三月二日　星期日

上午　开《理论与实践》编委会。

夜　读王庆菽《变文的产生和影响》（《新建设》1957 年第 3 期）。

三月三日　星期一

上午　开会。

下午　照肺后参观"反右"斗争会。

致王庆菽函。

理发。雷超云保姆上工。

三月四日　星期二

日、夜　开会。

三月五日　星期三

上、下午　开会。

夜　阅读文件。

三月六日　星期四

上、下午　开会。

夜　读文件。

三月七日　星期五

上、下午　开会。

夜　到希白、明樾家。

阿琼去工。

三月八日　星期六　雨

上、下午　操场全体师生大会。

夜　看电影。

三月九日　星期日

晨　8:00 至 10:30 开会。

下午　集体劳动，伤手指。

夜　〈谢〉文通来谈英诗。

三月十日　星期一

上、下午　开会。

夜　读《世说新语》。

三月十一日　星期二

上午　开会。

下午　陈郁省长"反浪费反保守"动员报告（在体育馆）。

同希白在南园酒家晚饭。

三月十二日　星期三

上午　处理右派分子定案。

下午　挖塘。

夜　读山谷诗①。

---

① 山谷诗指北宋黄庭坚诗。

三月十三日　星期四

下午　到医院看袁震，已出院。

与烈女晚饭，夜读农书。

三月十四日　星期五

寄中国青年出版社、史三所〈中国科学院近代史研究所〉、三联、赵泉澄①函。

三月十五日　星期六

下午　同市协参观西关下水道工程。

夜　看《汉书》。

三月十六日　星期日

寄贺昌群函。

三月十七日　星期一

校商老闻姓文。学生正式开课。

三月十八日　星期二

读鲍照②诗注。

夜　开"双反"〈反贪污、反浪费〉动员大会。

三月二十日　星期四

在省体育馆开社会主义自我改造大跃进大会。

---

① 赵泉澄。燕京大学文学士、硕士。北京大学甲种研究生。曾任中央研究院社会科学研究所助理研究员。著有《清代地理沿革表》（中华书局，1955 年）《咸丰东华录人口考证》等。

② 鲍照，南朝宋之文学家。以文才驰名于世，与谢朓并称"鲍谢"。有《鲍参军集》。

希白请吃晚饭（庚恩①、夏敬农②）。

三月二十一日　星期五
请希白、庚恩、夏敬农在怡珍午餐。

夜　开学会，讨论写大字报。

三月二十二日　星期六
上午　访梁溥③"讨论人口密度表"④。

下午　写大字报（十二条）。

夜　看电影。

三月二十三日　星期日
上午　写大字报、理发。

希白请吃晚饭（庚恩陪）。

三月二十四日　星期一
上午　10:30入城往访袁震未遇。

下午　往中山第二院〈中山医学院第二附属医院〉诊治脱发。

夜　校户口统计表。

三月二十五日　星期二
上午　校户口统计表。

下午　开科学技术界跃进大会（省科学馆）。

三月二十六日　星期三
上午　明樾、〈胡〉守为、〈李〉龙潜来。

---

① 庚恩，时在中山医学院工作。
② 夏敬农，湖北鄂城人。时为中山大学物理学教授。
③ 梁溥，广东信宜人。时为中山大学地理系主任、教授。
④ 作者的《中国历代户口、田地、田赋统计》有此方面内容。

下午　写大字报。

三月二十七日　星期四
寄贺昌群函。
下午　王裕怀①来。
夜　读庾信《哀江南赋》。

三月二十八日　星期五
下午　教师之家清洁工作。
夜　访董家遵。

三月二十九日　星期六
赴科学馆参加广东省 1958—1962 年科学技术研究规划讨论会，至夜 9∶30 散会。

三月三十日　星期日
写大字报。

三月三十一日　星期一
上午　小组讨论历史文选教课事。
校户口表。

四月一日　星期二
校户口表。
下午　何国文来。

四月二日　星期三
寄统计表〈校稿〉上海人民出版社。

---

①　王裕怀，山东日照人。时刚调来中山大学工作，旋任历史系党总支书记。

下午　教师全体向党交心大会。

四月三日　星期四
上午　小组会，同志们向我"送西瓜"，清算资产阶级唯心主义思想。
夜　写检讨书至4：00许，不寐至晓。

四月四日　星期五
上午　抄检讨书。
午睡后　明檖来谈。
夜　8：00许上床。

四月五日　星期六
上午　扫墓①。访希白。
下午　访王裕怀。
夜　访刘节。

四月六日　星期日　雨
李龙潜来。
序经请吃午饭。
下午　阅省科学〈委员会〉韩光琦秘书长传达国务院规划委员会第五次会议情况的报告及刘仙洲②《坚决地沿着社会主义的道路积极开展我校的科学研究工作》（1957年11—12月）。

四月七日　星期一
整天准备历史文选。
夜　钟一均来谈至11：30。

---

①　到中山大学（岭南大学）坟场扫作者父（梁广照）之墓。
②　刘仙洲，直隶（今河北）人。清华大学教授。

四月八日　星期二

上午　准备历史文选。

下午　1:30 去赤岗塔附近植树。

夜　看历史文选。

四月九日　星期三

上午　准备历史文选。

下午　系开会驳斥刘节。

夜　文通来，同往宵夜。

四月十日　星期四

上午　看历史文选。

下午　工中〈工农兵干部中等学校〉附近挖洞。

夜　看《晋书》。

四月十一日　星期五

上午　看《晋书》。

下午　往赤岗塔，未见大队，回校后已晚，故未参加义务劳动。

夜　开选民大会报告会。

四月十二日　星期六

上午　读《通鉴》，明楑来。

下午　开会批刘节①。

夜　看电影未终场。

四月十三日　星期日

上午　理发。

---

① 批刘节"只专不红"。

下午、夜 读李季平①淝水之战。

四月十四日 星期一

上、下午 准备历史文选。寄小七函。

夜 看1958年到1962年广东省工业发展规划（草案）（中共广东省委提出），组织社会主义大跃进，力争提前于五年内实现农业纲要四十条的十六项措施（中共广东省委第九次扩大会议提出）。

四月十五日 星期二

开省第一次科学工作会议。

夜 明樾来。

四月十六日 星期三

上午 小组会。

下午 4:30 离校上船。

四月十七日 星期四

上午 8:00 许抵江门，即坐汽车转新会会城。在礼堂听陈书记报告。

午饭于岗城饭店。

下午 参加圭峰山、机械农具厂。

宿县幼儿园。

四月十八日 星期五

上午 参加杜阮乡龙桥一社。12:00 抵江门，午饭于中央饭店。

下午 报名参观水利灌溉工程，惜船期延误，未成行，乃游江门市。6:00 船开行，开座谈会。

---

① 李季平，山东章丘人。曲阜师范学院教授。主要从事魏晋隋唐史研究。

四月十九日　星期六

晨　7:00 许抵〈番禺县〉市桥，在人民戏院听郭书记报告。参观沙头乡沼气发电站（10:00 离开）、农业机器拖拉（机）站及风轮输水（市桥城外）、农业机械制造厂（城内）。

南京饭店午饭。干部学校见循仲妹。

下午　参观沙湾渡头无热料水泥厂。

夜　机关食堂座谈文化教育，后上船。

四月二十日　星期日

晨　6:00 许抵广州。

下午　洗澡午睡。

夜　追记前四日日历。

四月二十一日　星期一

上午　科学馆小组漫谈（我有发言）。

下午　大会发言。

晚饭后　小睡，10:30 起来后，写明天大会发言稿。

四月二十二日　星期二

9:00 起床写发言稿至 2:00。中国青年出版社五编辑室宋和沛来拿稿。

下午　大会发言。

夜　本校教授会议起草友谊比赛书。

四月二十三日　星期三

上午　大会发言（因时间关系我未曾发言）。

下午　陶铸书记报告。

夜　王裕怀来。

四月二十四日　星期四

上午　开会。

下午　伤风未愈，请假。

夜　看书。

四月二十五日　星期五

上午　开会。

下午　休会，理发。

夜　明樾来。

四月二十六日　星期六

上午　校人口表。

下午　科学会议陈郁省长致休会词。古籍书店购书。

四月二十七日　星期日

下午　希白、序经来。黄有〈家庭保姆〉上工。

四月二十八日　星期一

上午　看统计表。

下午、夜　批判刘节会〈指红专大辩论运动中的批判会〉。

四月二十九日　星期二

上、下午　看书。

夜　为《理论与实践》写《厚古薄今》短文。

四月三十日　星期三

上午　继续写前文。

下午　听区梦觉报告（未终场）。

五月一日　星期四

越秀山观礼毕，序经请吃午饭（华侨大厦）。

夜　看《后汉书》。

五月二日　星期五

白天看历史文选。

夜　陈达超、唐森①来。

五月三日　星期六

刘书记〈刘望远〉来。

下午　小组讨论区梦觉书记〈中共广东省委文教书记〉报告。

五月五日　星期一

读《史学译丛》。

夜　访希白，借来《流沙坠简》②。

五月六日　星期二

早上　王衍孔来。

下午　读《史学译丛》。

夜　看《居延汉简》③。

五月七日　星期三

看《张謇传记》。

下午　4:00 至 5:30 练习广场操。

夜　看《北大双反运动大字报选集》及蒋〈相泽〉、丘〈陶常〉交心书。

———————————

① 　时均为中山大学历史系古代史教师。

② 　罗振玉、王国维合撰，1914 年出版，1934 年校正后重印。

③ 　即《居延汉简考释》，劳幹所撰。

五月八日　星期四

下午　刘〈望远〉书记报告"双反深入一步运动"。

夜　看文学史。

五月九日　星期五

看《列朝诗〈集〉小传》①。

下午　金应熙来长谈。

夜　读吴晗《灯下集》。

五月十日　星期六

下午　小组讲座。

夜　看吴晗《读史劄记》②。

五月十二日　星期一

上午　历史文选小组会。

下午　写自我革命向党交心书。

夜　王裕怀同志来谈，11:00 始去。

五月十三日　星期二

上午　看夏燮书。

下午、夜　写交心书。

五月十四日　星期三

下午　小组漫谈。

夜　写交心书。

一九五八年

---

① 《列朝诗集小传》系钱谦益编写《列朝诗集》时为所选作家写的小传。

② 所撰该书 1956 年由三联书店出版。

五月十五日　星期四

中午　发出交心书。理发。

夜　读岑仲勉《西周文史论丛》。

五月十六日　星期五

整天看书。

五月十七日　星期六

上午　看书。

下午　在风雨操场开党员大会。

收到上海人民出版社寄回户口、统计表（校稿）。

五月十八日　星期日

上午　漫谈党委报告。

下午　义务劳动（打石）。

夜　准备历史文选。

五月十九日　星期一

上午　准备历史文选。

下午　写送礼书①及漫谈。

夜　继续漫谈（向刘节提意见）。

五月二十日　星期二

上午　写科学会议发言稿。

下午　写送礼书。

夜　写科学会议发言稿。

---

① 指各人之间互相提意见。

五月二十一日　星期三

上午　杨荣国来谈。

下午　写送礼书，收学生送礼。

夜　看《元朝文类》。

五月二十二日　星期四　大雨

上午　明樾来谈。

下午　准备历史文选。

夜　看广州市与民主德国乒乓球赛。

五月二十三日　星期五

起床甚迟。王裕怀、金应熙来。

午睡起床，即往听"围剿麻雀"报告。

夜　访应熙谈。

五月二十四日　星期六

上午　应熙来。

下午　批判我思想座谈会。

5:00 至 6:00 时捕麻雀演习。

五月二十五日　星期日

早 4:30 至 8:00；下午 3:30 至 7:30 歼灭麻雀。

夜　访裕怀。

五月二十六日　星期一

整天歼灭麻雀。

王裕怀请吃饺子。①

五月二十七日　星期二
整天歼灭麻雀。

夜　准备历史文选。

五月二十八日　星期三
备历史文选。

夜　应熙来。

五月二十九日　星期四
上、下午　批判我思想小组会。

夜　看书。

五月三十日　星期五
上、下午　批判我思想（红专标准）四人小组会。

夜　看小说。

五月三十一日　星期六
旧礼堂全系教师（并约各系教师、学生代表）

全日批判梁方仲红专思想座谈会。

夜　金应熙来。

六月一日　星期日
预备历史文选。

———————

①　刘节日记写道："早起五时二十分进入战地，作战至八时返舍入睡。下午三时继续作战，据云：本全校得麻雀八百余只。晚与梁方仲在王裕怀家吃饭。"［见刘显增整理：《刘节日记（1939—1977）》（上册），大象出版社，2009年，第479页。］

夜　聂菊荪、刘望远、陈彬①、杨荣国、王越②来谈。

六月二日　星期一

上午　看侯外庐书。

下午　钟一均、谢健弘检查报告。

夜　历史系党总支检查报告（金应熙）。

六月三日　星期二

上午　钟一均、陈彬来访。

下午　校正彭伊洛③《明末广东人民的抗清斗争》一文。理发。

六月四日　星期三

上午　继续校正彭文。

下午　梁宗岱思想批判会。

夜　看书。

六月五日　星期四

上午　看对本人提的大字报。

下午　往军区礼堂听陶铸八大二届（多快好省）总路线报告。

六月六日　星期五

上午　历史文选。

下午　思想小结。

六月七日　星期六

上午　思想总结。

---

① 聂、刘、陈时任中山大学党委副书记。

② 时任中山大学教务长。

③ 时为中山大学历史系学生。

下午　集体学习八大二次会议文件。

夜　备历史文选。

六月八日　星期日

上午　集体学习文件。

下午　备历史文选。

夜　王越来。

六月九日　星期一

上午　备发言提纲。

下午　小组〈讨论〉。

夜　备历史文选。

六月十日　星期二

上午　备历史文选。

下午　小组〈讨论〉。

夜　文通来。访序经谈改文事。①

六月十一日　星期三

上午、夜　备历史文选。

下午　小组〈讨论〉。

六月十四日　星期六

下午　到文德路购书。

六月十五日　星期日

上午　清洁教师之家。

① 陈序经时正写作《东南亚古史》系列书，经常送些草稿与作者征求意见。

六月十六日　星期一

下午　周连宽、梁钊韬思想总结。

六月十七日　星期二

上午　10:30上历史文选〈课〉第一堂。①

下午　董家遵思想总结。

六月十八日　星期三

下午　陈锡祺思想总结。

六月十九日　星期四

上午　开校务委会。

下午　讨论丘陶常②、何竹淇③思想总结。

夜　看历史文选。

六月二十日　星期五

上午　上历史文选〈课〉。

下午　写思想总结，理发。

公宴王越④。

六月二十一日　星期六

上午　写思想总结。

下午　风雨操场听陈彬红与专辩论总结。

---

①　作者当时为中山大学历史系本科生的历史文选课负担一部分内容，他选用四篇文献作讲解，即《论汉初抑制商贾注解》《〈元代州域形势〉注解》《〈朱元璋北伐檄文〉注解》和《〈粤民义师〉注解》。详见《梁方仲文集——中国社会经济史论》（中华书局，2008年）。

②　丘陶常，广东潮州人。时为中山大学副教授。

③　何竹淇，湖南衡山人。时为中山大学历史系教授。

④　时王越将调出中山大学参加领导暨南大学复校筹备工作。

夜　写总结。

六月二十二日　星期日

上午　义务劳动。

下午　小组〈讨论〉。

六月二十四日　星期二

上午　上历史文选课。

下午　小组〈讨论〉。

六月二十五日　星期三

上午　校务委员会（讨论李始美①教授名义）。

全天备〈历史〉文选。

六月二十六日　星期四

下午　听报告。

六月二十七日　星期五

上午　上历史文选课。

下午　听报告（反现代修正主义）。

夜　红旗队②来访。

六月二十八日　星期六

整天参观（通用机械厂、十一橡胶厂、中西仪器厂、土炼钢厂）。

六月二十九日　星期日

上午　谈参观感想。

---

①　李始美，广东新会人。时任职于中国科学院广州昆虫研究所。

②　当时中山大学历史系学生为开展批判（思想、学术界）活动而成立的小队（组）。

下午　谈双改（厚今薄古）。

七月一日　星期二

上午　上历史文选课。

下午　小组〈讨论〉。

夜　赴党纪念日晚会。

七月二日　星期三

下午　小组〈讨论〉。

七月三日　星期四

下午　小组〈讨论〉。

七月四日　星期五

上午　上历史文选课。

下午　小组〈讨论〉。

七月五日　星期六

上午　义务劳动。

七月六日　星期日

上午　开会（10：00散）。

下午　理发、钟一均来。

夜　王越来。

七月七日　星期一

今天起停课，转入"厚今薄古"① 阶段。

一九五八年

---

　　① 当时历史学研究中存在一个争论（或讨论）命题，即重视当今（近现代）历史研究抑或重视古代史研究。批判过去是"厚古薄今"，强调"厚今薄古"才是正途。

下午　讨论。

夜　阅读文件。

七月八日　星期二

上午　小组〈讨论〉。

下午　全系会讨论。

夜　阅读文件。

七月九日　星期三

上午　全系会（戴裔煊对我发言）。

下午　小组〈讨论〉。

夜　访序经，读文稿事。

七月十二日　星期六

上午　小组〈讨论〉。

夜　赶写"厚今薄古"发言稿（仅睡二小时许）。牛奶欠一支（以下同）。

七月十三日　星期日

上午　小组碰头会。

下午　批判厚古大会（对陈寅恪）。

夜　8:00许上床，以昨通宵未睡也。

七月十四日　星期一

上午　我发言。

下午　小组〈讨论〉。

夜　读文件。

七月十五日　星期二

上、下午　漫谈教育方针培养目标等四个问题。

夜　写思想总结（红专）至 3∶00 许。

七月十六日　星期三
上午　宣布分教组总结。
下午　分组讨论。
夜　写思想总结。

七月二十日　星期日
下午　将思想总结写好，送钟一均。

七月二十一日　星期一
上午　访容庚。
下午　反对美英帝国主义侵略中东示威游行大会。

七月二十二日　星期二
上午　教研组座谈。
下午　到广州购书，与承烈同吃晚饭。
今天起牛奶两支。

七月二十三日　星期三
整天看书。校统计表。

七月二十七日　星期日
校统计表。阿友离工。

七月二十八日　星期一
校人口统计表。

孙劲草①来辞行，借二十元。

七月二十九日　星期二

"双革"最后阶段（拟定教育规划）。

恢复小组讨论。上午 8：00 至 11：00，下午 2：30 至 5：30。

七月三十日　星期三

小组讨论。

下午　理发。

谭彼岸借五十元。

七月三十一日　星期四

开始讨论教学规划。

八月二十三日　星期六

读《明代郑阳农民起义》。

下午　理发。

八月二十五日　星期一

经〈顺德〉大良参观。

下午　潮水发电站。

八月二十八日　星期四

下午　游行示威（抗议英武力殴打华中师生、新闻采访员及飞机越境事）。

八月二十九日　星期五

读〈马克思〉《资本论》（第一卷）。

---

①　孙劲草，时为中山大学历史系教师或学生。

下午　省、市政协抗议香港封闭华中中学座谈会。

八月三十日　星期六
读《资本论》。

八月三十一日　星期日
读《资本论》。

九月二日　星期二
上午　听陈毅副总理时事政策报告会。散会后与陈序经午饭于大公餐厅。

九月三日　星期三
聂菊荪①来辞行。校统计表。

九月四日　星期四
下午　教研小组会。

九月五日　星期五
上午及夜　批判陈寅恪著作小组会。

九月十日　星期三
整天看刘节讲义。

九月十一日　星期四
看刘节讲义。
下午　5：00至6：00第一次军训。

① 聂氏当时从中山大学调往广东省社会科学哲学联合会当秘书长。

九月十二日　星期五

从今天起国际形势漫谈及人民公社文件学习改在下午 2：30 至 5：00，军训 5：00 至 6：00。

上午　看刘节讲义。

九月十三日　星期六

下午　小组人员，早散会。是日精神甚坏。

九月十四日　星期日

上午　理发。

下午　看刘节讲稿。

今日休会。

九月二十四日　星期三

改统计表。

特别说明：本年九月二十五日起至年底作者案头日历上无记录。下面本年内十月十日起的记录，是依照作者下乡时一小工作簿所记补录而成。

十月十日　星期五

上午　到广州南方大厦购物。

下午　收拾行李。

夜　9：00 船开往东莞，次晨 3：00 到达，6：00 上岸。

十月十一日　星期六

县人民公堂。袁书记（附城公社）讲：

全社 1.5 万户（篁村 1,500 户），耕地面积 12 万亩余。种水稻 6.8 万余亩，旱地 3.8 万余亩，鱼塘 4,000 多亩，果树 3,000 多亩。

旱地种甘蔗、木薯、花生。水田间种黄麻。砖窑 30 多座。粮食加工厂数间。运河 20 公里，去冬今春筑，动员 1 万—2 万人，以前受洪水威胁者 15 万余亩。

县委第一书记林若宣布：昨天出钢 70 多吨。

公社 9 月 28 日成立，由 3 乡组成。

下午　赴英联社（篁村乡），住公园中。

十月十二日　星期日

晨早　作清洁运动。

下午　作乡村清洁工作。到合作社购物。

夜　寄家中一函。

十月十三日　星期一

上、下午　种菜。

寄沪人民出版社、三联书店各一函。

十月十四日　星期二

上、下午　拔麻子。

十月十五日　星期三

上午　剥麻子，10:30 与刘节、董家遵、何竹淇往东莞县城购物。

下午　回来挑花生。

夜　开农民评工资大会。

十月十六日　星期四

整天　挑拣花生。

中午　全体教工小组会。王裕怀、何思贤[1]报告。

---

① 何思贤，时为中山大学政治课教授。

夜　参加评工资第二榜会（分片会）。

十月十七日　星期五

张教导员介绍（篁村营基本情况）：

附城公社 21 营，由 3 大乡（24 个小乡）合并为一社。篁村全乡 1,500 余户：1. 1,366 户农户，单干 8 户，小商贩工商业 299 户。（公社）6,369 人，（其中）农业人口 5,607 人，单干农民 105 人，非农业人口 657 人。男 3,100 人，女 3,269 人，劳动力 2,238 人。主要劳力为男性。2. 耕地面积 8,807 亩，其中耕地 7,980 亩。稻田：双季 4,709 亩，单季稻 39 亩，自留田 75 亩。旱地面积 3,157 亩。非耕地面积共 710 亩，其中，鱼塘 537 亩。其他，鱼塘 571 亩，河涌 20 亩，菜园 109 亩。3. 组织：军事化（营部）、生产（大队）。营 1，连 12，排 40，参加军事化（军训）（16—45 岁）人数 1,023 人。

食堂 30 个，参加 4,517 人。

托儿所 17 间 293 人（尚有 53 人未入）。

幼儿院 15，已入者 436 人，尚有 53 人未入。

幸福院一间，已入 30 人，尚有 2 人未入。

党总支部，党员 53 人，其中以前乡干部 9 人，工人 1 人，社干部 42 人，总支委 7 人。12 连分为 7 支部。

本区属平原地区，过去地主成份以中农（富裕者）出身为多，今尚有地主（一般）33 人，受管制地主 22 人，富农 14 人。前些时候曾将地主、富农集中起来，前两天才放回家。

生产概况：水田多种水稻，一部分稻田春天种黄麻。一部分种芋头，种瓜菜较多（割禾后），每亩百余担。旱地多种木薯，一般收 2,000—3,000 斤，多者 1 万斤，其次甘蔗，每亩 1.2 万斤。其三，花生 230—240 斤（收花生后种番薯，一般为 2,000 斤）

鱼塘：一般 500 斤/每年。

稻田：1. 怕旱。2. 虫害。估计每亩千斤。

20 号后日出钢铁 200 吨。

大型水库在山区，3,000 多亩，受益面积 3 万多。15 瓦电灯 18,000 盏。

先成立公社，后解决具体问题，上月 26 日成立。政策处理已全部搞完，第二步进入评定工资（基本工资 80%，其余 20% 为奖励）。粮食供给五保证：1. 食饱，菜自己解决，自种自食，100 人一亩田种菜，养猪 5 头。2. 保住。3. 保医（全体医疗，每月抽数毛钱）。4. 保生育（护养院）。5. 保老，死由公葬。1960 年保证衣着。

1—6 级（一般农民），7—8 级（技术人员）。

条件：1. 共产主义管理。2. 劳动能力。3. 态度。4. 技术。三榜定案。

要求：扫盲、教普通话，干部要求，搞宣传、漫画，参加红专学院，建立业余、体育学校。每营一学院，每连一学校，每星期三、五晚7:00至9:30不开会而上课。

十月十八日　星期六

早7:00至午1:00　拣花生。

下午　阅读文件，寄科学院南京分院一函①。

十月十九日　星期日

上午　拣花生。11:00，张××介绍本连情况。本社为第二连，206 户，820 人（非农业人口在外）。水田 628 亩，旱地×××亩。劳力：男 330 人，军事化 113 人。9 个小队，9 个排，地主 4 户。团员：南村 4 个支部，共 17 人。党员：南村一个支部共 11 人。幼儿院 95 人，托儿组 65 人。

作物：水稻 550 亩，甘蔗（新种）39.25 亩。菜田 54 亩。

----

① 1949 年年底，作者从南京中央研究院社会所请假回穗侍治父母急病后留在广州岭南大学执教，行时将书籍、家居诸物皆留在了南京，一直放在南京中国科学院南京分院。此函便是与该院商讨运回寄存书籍等物事。

寄家中（及谭彼岸）① 一函。自今日起戒纸烟。

十月二十日　星期一

晨　4:00 许与刘〈节〉、董〈家遵〉往喝早茶。

上午　拣花生。

下午　读文件。

夜　饭后往田心、南村访问同学。明日为重九。

十月二十一日　星期二

上、下午　生活秩序如昨日。

寄清士四叔一函。

夜　伤风咳嗽。

十月二十二日　星期三

下午　开小组会议——讨论劳动与学习相结合。

十月二十三日　星期四

夜　与何〈竹淇〉、董〈家遵〉往下墩看炼铁。

十月二十四日　星期五

中午　与杨〈荣国〉等重到下墩看炼铁。

晚　饭后与何思贤访问亨美村。

十月二十五日　星期六

上午　抽水车。

下午　吃炒面。收到沪人民社、家信各一。陈彬书记、陈效聪同志自广州来。

---

① 作者下乡东莞后，其家中老小的一些生活事多委托谭氏帮助照料。

夜　开座谈会。

十月二十六日　星期日

上午　拣花生。

下午　讨论〈建立〉中大人民公社。寄四叔一函。

十月二十七日　星期一

上午　拣花生。

下午　陈彬报告。同他及王〈裕怀〉、何〈思贤〉参观幸福院、幼儿院、丰产田、新式农具。

十月二十八日　星期二

陈彬离此去太平〈镇〉。

上午　到榕树头割禾。

中午　理发。在广义午茶。

下午　王裕怀作报告：

一、如何通过劳动锻炼提高共产主义觉悟。①为锻炼身体。②为完成任务。③出于兴趣。以上观点皆于提高无关。在劳动中应有：①必须自觉改造自己，必须劳动，平等思想及艰苦作风之树立。②善于向农民学习，学习农民坚决跟共产党走，坚决成立人民公社，一切为了六亿人民的利益。其次，学农民吃苦耐劳，苦干精神。其三，学习农民优秀干部的作风。其四，向农民学习生产技术。

二、注意务虚，以虚带实，虚实并举，随时发现问题，随时讨论，随时解决。每周一次民主生活检查；注意不可流于公式化，能解决一问题比分头并举还好。

三、订个人规划，这四个月中应完成哪些项目。

四、进一步发扬民主，多动脑筋，多出主意，想办法，关心集体主义。

五、加强领导，小队长作用甚大（中队长同指导员）。

六、服从党、党委、当地干部的领导。要搞好群众关系。

七、认真学习毛主席著作。

八、大搞群众工作，培养接班人，不可包办代替，主动将他们组织起来。

九、调查研究，科学论文，提倡合作，反对单干。

十、讨论问题：①如何通过劳动锻炼提高共产主义觉悟。②如何为东莞服务？

082

张映秋①报告参加东莞县积极分子会议：开展深耕培土、建立人民公社。

夜　与王裕怀、蒋〈相泽〉、饶往亨美村看炼铁。

十月二十九日　　星期三

上午　寄瑛材、承烈各一函。

下午　自英联社移居亨美村第二中队第三小队。连日微感不适。接小七、蔡美彪②来信。

十月三十日　　星期四

上午　6:30至12:30打铁砂。

下午　3:00至5:00小组讨论王裕怀报告。

十月三十一日　　星期五

上午　拣铁砂。

中午　洗澡。

下午　阅读文件。

夜　本村放映电影（《地下尖兵》）。寄瑛材、蔡美彪信。

---

①　张映秋，广东普宁人。时为中山大学历史系教师。

②　蔡美彪，浙江杭州人。时在中国科学院近代史研究所工作。来信可能为整理王崇武遗集事。因近代史研究所希望梁方仲能协助此事。

十一月一日　星期六

是日起公社饭堂吃饭不要钱。

上、下午　踏鼓风炉。4:30 拆炉。

夜　开晚会。

收瑛材、四叔来信。明樵来访。

十一月二日　星期日

上午　拣铁砂，与谢济等往元美借铁条。

中午　与王裕怀、何竹淇、汤明樵往广义喝茶。

下午　在何竹淇住处开全小队讨论陈彬关于中大人民公社报告。

瑛材转来藤井宏《明代田土统计的考察》（日本《东洋学报》第三十卷第三、四号，第三十一卷第一号，1943—1944 年、1947 年）。

十一月三日　星期一

是日放假，我与罗英谋去莞城见邓洸①表兄，午餐于东方酒家。钟一均小组谈。

夜　参加欢送解放军晚会。收三联函。

十一月四日　星期二

早　6:30 至 1:30 割禾。

晚饭后　明樵来谈。

十一月五日　星期三

早　6:30 至 1:30 割禾。

下午　3:00 至 5:00 第二小队全体会，由黄报告干部会议经过，讨论成立共产主义小组，展览红专计划。

---

① 作者之姑姑嫁邓蓉镜之子邓湛霖（与邓尔雅为兄弟），故邓洸与作者互称表兄弟。

十一月六日　星期四

上午　割禾。

下午　到莞城讨论修志问题。住县人民委员会。

十一月七日　星期五

上午　10：00 在英联社开讲师以上座谈会，各人谈体会。王裕怀传达县委报告：全县 13 社，128 营。资产阶级坏主意要批判：①秋收问题。②分社问题。③要不要合并高级合作社？④要不要实行供给制？

从明天起饭菜与农民一样。共产主义小队（班）建立问题。定期评比。杨荣国报告观察经过。

晚　到步头开秋收誓师大会（欢送 0145 部队）。第一次发工资。

各连报喜，每亩平均 1,500 至 3,500 斤，高产 6,000 斤〈水稻〉。

水库发电 1.8 万千瓦。

全营工资 1.8 万余元。8 等 11.5 元；7 等 10 元……1 等 2 元。另付奖励工资 20%。基本工资加奖励，每月评比一次发奖，三月评等级。

十一月八日　星期六

早　小队讨论朱光华开小差事。

游石龙公园。与杨、王、钟、萧致治、刘崇义、陈锡祺坐快车返穗。

承烈晚上回家。

十一月九日　星期日

访容〈庚〉。陈彬、谭〈彼岸〉、何肇发。

承烈下午回家。

十一月十日　星期一

中大人民公社第一届社员代表大会。陈序经主席〈主持〉，许崇清致开会词，后献礼，通过各委员会人选。

曾桂友①报告筹备经过。黄焕秋②报告公社章程及组织条例。公社为社会基层组织，学校为国家教育单位，学校在校年限有一定。教育与生产结合，不得轻视农业劳动。分配、福利问题。学生及低薪职工生活上之困难，要热热闹闹地办，还是冷冷清清地办？出席114人，列席50多人。

李汉章③生产计划报告。

曾桂友福利工作规划。

下午　小组讨论：公社的反面意见。

夜　同上。

十一月十一日　星期二

上午　小组讨论：人民公社在中〈山〉大〈学〉的必要性。

下午　讨论章程、条例及写大字报。

夜　音乐晚会。

十一月十二日　星期三

上午　全体大会宣布公社成立。商承祚当主席〈主持〉。大会发言：

刘俊贤④：生产劳动会不会降低质量或阻碍业务学习。

桂灿昆⑤：外语系师生在麻涌的体会——公社优越性。

高弥：生物系对公社不正确之态度可分为几种。生产计划。

陈世训⑥：教学、科研与生产劳动三结合，对知识分子改造大有帮助。对同学义务劳动无报酬的解释。

---

① 曾桂友，时任中山大学中共党委会副书记。
② 黄焕秋，时任中山大学教务长。
③ 李汉章，时任中山大学中共党委副书记。
④ 刘俊贤，广东新会人。时为中山大学数学系主任、教授。
⑤ 桂灿昆，云南昆明人。时为中山大学外语系副教授。
⑥ 陈世训，江西南昌人。时为中山大学地理学系教授。

许炳城（代表炼焦厂）：炼焦经过。

吴云龙（中文系第一大队）：公社成立对学生的关系。

下午　继续发言。

梁宗岱爱人甘少苏（家属）

钟一均：①中大公社必要性。②中大公社优越性不从经济角度考虑，主要在彻底贯彻党的教育方针，政治思想的彻底改造。③中大每一个人都要作促进派：a. 如何对待劳动？b. 如何对待集体？

陈桐（附小、幼儿院）：中大公社优越性。

张××（物理系）

化学系工农预料代表

钟期（工友）

夜　6:30 聚餐。庆祝晚会。

十一月十三日　　星期四

上午　到广州购物。

下午　闭幕大会。连珍①宣布提案种类及数目为 127 件，依其性质归为 67 件。

通过决议（钟一均宣布）：决议草案。

参观托儿所、育婴院、小学。

西语系快板演出。

陈彬总结发言：①公社的意义：a. 工农商学兵结合对社会变革的影响。b. 知识分子改造及生活方式改变。c. 解放生产力。d. 人与人之间关系（领导与被领导）之平等。②"三化"的看法：a. 过度紧张论。b. 破坏家庭生活（母爱）。c. 关于分配方面，高薪怕降低，学生怕无报酬。③如何把人民公社办好？a. 提高共产主义觉悟，大鸣大放大字报，边干边改，不能停顿。b. 大办工厂还是小办？"右倾"保守思想。领导去办还是群众去办？全体社员（老师在内）都要

---

①　连珍，浙江乐清人。时任中山大学图书馆副馆长。

办。c. 财务、管理规划——统一管理，劳动制度、预算，迅速办好福利事业。

夜　承烈回家。

十一月十四日　星期五

上午　劳动（挖土）。二嫂来为母亲祝寿。

下午　3:00党委召集东莞回乡干部谈话。毛美①谈麻涌情况。中文系同学谈。王裕怀谈：通过劳动提高共产主义觉悟，学习农民跟共产党走，共产主义小组。找自己缺点，注意作群众工作。王珍（劳动态度评比）。刘嵘、商承祚、梁方仲。

夜　7:30萧致治、梁宗岱、中文四年级学生、方淑珍②（病号处理原则）发言。

陈彬总结：艰苦程度不平衡，中文系最艰苦。共产主义劳动态度，马克思列宁主义精神：无报酬、无定额的劳动。平等观念。照顾两种人：实际问题（老病弱）和社会主义觉悟特别高的人。

杨荣国：共产主义小组，县志。

十一月十五日　星期六

上午　理发。为商承祚校正《广东出土汉墓漆器图·序》。

下午　开工作会议。

夜　收拾行李。

十一月十六日　星期日

早　8:30离校，搭10:05慢车去石龙，转莞城。3:00抵亨美。

夜　访何竹祺及刘节。

---

① 毛美，时为中山大学党委或系总支一干部。

② 方淑珍，广东开平人。时为中山大学外语系副教授。

一九五八年

087

十一月十七日　星期一

早　6:30 至下午 5:30。锄地种马铃薯。

夜　开亨美社员大会，讨论食堂，少种多收问题。

十一月十八日　星期二

上午　6:30 至 9:30，削甘蔗尾根。后放假，与何竹祺去东莞。游人民公园。寄母亲、瑛材、承郇、承烈各一函。

夜　开第六排会（红黑类、军事化、妇女、工资问题）。

十一月十九日　星期三

上午　捉萝卜虫。

下午　在英联开会——王裕怀传达中大人民公社代表大会。批评了对公社种种不正确的看法。继宣布今后的安排：打破六小时劳动制，通过劳动树立共产主义劳动观点（不计报酬的风格），平等关系、思想，要务虚（每隔五天）。不强调晚上出勤。老教师一视同仁，有所不同。萧致治补充发言。

寄科学院江苏分院一函。

十一月二十日　星期四

上午　削蔗。

下午　2:30 小队讨论，到张春波、李松生、萧致治、杨典求、周宏雁、何竹祺、方仲、谢济、张桂枢，评上、下、中游。

夜　朱杰勤、陈华①来访，一均、守为陪来。贺母亲寿信。

十一月二十一日　星期五

上午　7:00 至 9:30 写小结。

下午　写大字报。

---

①　朱、陈两位时均任教于中山大学历史系。

夜　评上游、中下游。收沪人民出版社、瑛材函。

十一月二十二日　星期六

上、下午　深耕（绳索牵引机、轮盘转犁机）。

夜　评下游（李□□、赖□□）。

十一月二十三日　星期日

上午　10:00 前堆禾秆堆，以后写标语。

十一月二十四日　星期一

上、下午　深耕（初步学驶犁）。

夜　睡绝早。

十一月二十五日　星期二

中午　深耕后往东莞开会，寓人委会招待所 50 号房。

夜　在红星饮牛奶。与陈残云第二书记讨论修志事①。

十一月二十六日　星期三

早　9:00 早饭后历史系会，王裕怀传达陶铸书记报告，谈今后做法。

夜　党委召开座谈会。谢健弘（拔蚁窝）、杨琇珍②（政治照顾、农民拥护党及风格）、陈必恒（学习农民）、黄（西语系）、一均（劳动组织、工具管理、生产、文教）。

林若报告东莞形势：全县每亩平均 1,200—1,300 斤（去年仅 326 斤）。全县耕地 95 万亩。木薯 3,500 斤/亩、甘蔗 1 万斤/亩、花生 30 斤/亩、香蕉 3,500 斤/亩。农民每一社员大小平均收入 120 元（上缴国库后公共积累与供农民消费之对比为 6.4：7.3：8.2 不等）。去年

---

① 指修东莞县志。

② 杨琇珍，时任中山大学外语系副教授。

农业生产增20％。今年翻一番以上。少种、高产、多收。高产经过斗争得来：1. 政治挂帅，破除迷信，解决两条道路斗争，批判右倾思想，走群众路线。2. 以密植为纽带动一切技术改革。3. 大评比，大竞赛。工业抓钢铁，钢完成2,000—3,000吨。虽经济上得不偿失，但从政治上看，组织群众，训练干部，准备大批钢铁工人，使农民也办工业，通过群众运动，才能搞工农业。缺点：工具改革落后，发展不平衡，落后地区之存在，政治不挂帅，由于基层不纯，最根本原因为富裕中农当家，他们认为施肥比密植重要。个别地区有瞒产、虚报现象。农工业、思想大丰收，农民共产主义风格提高，热烈响应人民公社，坚决拥护党，打大捞劳动比旧制计公分好。制定过高指标，好处多于坏处。九个指头与一个指头问题。去年不够吃说由富裕中农提出。

寄母亲、小七、承烈、四叔函。

十一月二十七日　星期四

早　8：00至9：15　坐电船去道滘镇。

尹第一书记报告：总平均产量1,300斤/亩。田多人少，3万余人，每人平均6亩。甘蔗亩产30万斤，世界最高纪录。参观水稻、甘蔗田。

下午　4：30返莞城。夜吃糯米饭、鲤鱼。

十一月二十八日　星期五

6：30早点，7：10开船，9：50到中堂陈屋槎滘。

文书记报告：土地面积8万多亩，种稻田7.3万多亩，每亩平均产量2,170斤。红砖窑57间，每月产2,000万块。香蕉1万亩，亩产4,000斤。黄麻6,000亩，亩产800至1,000斤。甘蔗9,000多亩，高者亩产5万斤，平均1万斤。公社总人口6万多人。砖每人每日3,500块。

4：30洗澡。

十一月二十九日　星期六

7:00 坐汽车去常平，经良平。9:00 到达。

常平乡常平仁元坝大队，正在搞水稻插秧试验田（超美试验田）。指标 10 万斤，估计实收 3,000 斤（一说 4,200 斤），这次试验失败了。

到东坑。彭书记报告：（常平公社田）常平、横沥、桥头三个大乡合并起来，合社于 1958 年 9 月 27 日成立。2.3 万多户，9.3 万多人。贫下农 15,504 户，占总户数 75%。党员 1,077 名，团员 1,317 名。全社纵横 50 公里，水田 11 万亩，旱地 7 万亩，储水面积和荒山各 4 万亩。稻田 7.5 万亩，旱地 5 万多亩，荔枝 7,000 亩。过去自然灾害甚严重，如洪水。过去一般 200—300 斤/亩，旱地更低。今年产量平均 1,500 斤，甘蔗 1 万斤。番薯过去几百至 1,000 斤，今 10 万斤。木薯 7,000 斤，花生 400—500 斤。

白泥、钨矿、砖瓦窑 50 间。

展览会（公社 1958.9.27 日成立）：

土产生铁 1,169.67 吨，超额完成三年生产任务。炼铁：高炉 114 个，土坯炉 1,311 个，总产值 350,901 元。参加人数 20,213 人。厂数 3 个。炼钢：日产 18 吨，22 天炼出 135 吨。总产值 81,000 元，参加人数 356，炉 67 个，厂 3 个。出现肥料、农药制造、农械、造纸、谷糠榨油工厂。水泥工业上的创举：石炭 64%、黏土 15%，无烟煤 20%、铁矿石 1%，入窑烧 1,400—1,500 度，烧四小时，日产 10 吨。

白泥每天开采 1,150 吨，现已发现 230 亩〈指含白泥之田〉。

水松木 40 亩　已采 9,800 斤。

工业战线上人数：

钢铁　3,754 人

白泥　3,475 人

其他　7,176 人

合计　14,395 人

水稻平均亩产 1,300 斤，比去年提高 325%

甘蔗平均亩产 25,000 斤，比去年提高 227%

番薯平均亩产 12,000 斤，比去年提高 375%

木薯平均亩产 8,000 斤，比去年提高 325%

公社第 4 营第 3 连大丰收：

水稻（430 亩）　　每亩产 1,800 斤

甘薯（210 亩）　　每亩产 35,710 斤

番薯（250 亩）　　每亩产 34,200 斤

木薯（150 亩）　　每亩产 5,600 斤

归途看：东坑长安塘番薯亩产 10 万斤（面积 1 亩 5 分）。

5:00 回县委会，晚饭后理发。

8:30 座谈会。

十一月三十日　　星期日

早饭前本系谈今后工作规划。

12:00 返抵三元里。

14:00 小队讨论"共产主义小组"规划。

夜　开全连群众大会，评上下游。后访汤明樣等。

十二月一日　　星期一

放假，到英联社领本月份工资。与明樣到田甲（填涌）太史第。全营运动会。

下午　在广义饮茶，扫地。

十二月二日　　星期二

同学往槎滘（中堂）参观水产稻，我全日深耕。

夜　开小队红专规划会。

十二月三日　　星期三

整天深耕（总支指示老教师劳动六小时）。

夜　开干部会议（同时开全连会议），布置教育方针讨论。

十二月四日　星期四

上午　早饭前阅读党决议及陆定一文。临时通知 11:00 到田间深耕。

写标语，夜宿卫生场。

十二月五日　星期五

上午　锄地，搬泥土。

夜　8:00 我一人休工。

接四叔函，言统计表①已寄出。

十二月六日　星期六

上、下午　搬泥。总支会搬回三元里住宿。

夜　访何竹祺，9:00 许睡。

十二月七日　星期日

上午　搬泥，往指挥部写标语。

下午　写关于教育方针大鸣放大字报共二十条。寄沪出版社、瑛材函。

十二月八日　星期一

上、下午　锄土、搬泥。

夜　写民歌二首。

十二月九日　星期二

上、下午　焚（焗）土、搬泥。

---

①　指作者的《中国历代户口、田地、田赋统计》一书校稿。

写民歌共三十五首。

十二月十日　星期三

上午　搬泥。

下午　本系两班进行锄土竞赛。

夜　听黄锐连长报告亨美自解放后到人民公社之经过。听讲后，全组撤回三元里。

十二月十一日　星期四

早饭后全班会议，讨论元旦献礼办法。

下午　继续开会。

十二月十二日　星期五

准备献礼。

十二月十三日　星期六

上、下午　到田头（亨美村寮前）访问农民七人，准备写农民翻身史（与谢济、杨经琦、邹希奋①合作）。

十二月十四日　星期日

上午　访问李康，拟为其写翻身史。

下午　金应熙、何肇发来访。去后，我访李康之兄。

十二月十五日　星期一

是日农民放假。

下午　与明樾往麻涌背岺看罗亨信神道碑。

_____

①　谢、杨、邹三人当时为中山大学历史系学生。

夜　赶献礼，仅睡一小时许。

十二月十六日　星期二

上午　与谭惠霞、陈松筠讨论制统计表图事。①

下午　将"收获"〈指下放农村之思想收获〉写成。

夜　吃鸭炒河粉。

十二月十七日　星期三

上午　写民歌8首。12:00去莞城开修志会。

下午　5:00返村。

夜　终夜赶民歌及《参观三个人民公社的体会》一文（仅睡一小时许）。写小七明信片。

十二月十八日　星期四

上午　搬家至田心村。

下午　2:00在东英联社开全体师生大会。杨荣国报告。黄瑜②传达陈彬关于贯彻党教育方针进行教学改革报告。

夜　继续突击写民歌，共成一百零四首（累计数）。

十二月十九日　星期五

上午　搬破屋瓦片及樑木。（过河一次）

下午　休息睡觉。

夜　小组会讨论毛主席下届不担任国家主席候选人。总结本小组两个多月来在贯彻党教育方针上所取得之成绩及问题。

---

① 谭、陈两人当时为中山大学地理系职工。制统计表乃《中国历代户口、田地、田赋统计》一书中的有关表。

② 黄瑜，时为中山大学历史系总支委员之一（副书记）。

十二月二十日　　星期六

早 7:00 至 9:30　参观献礼展出（元美营部）。

上、下午　洗旧瓦片。

夜　小队会。

十二月二十二日　　星期一

今天　冬至放假。

早　同学自做汤圆吃，早饭加肉 1 角 5 分。

下午　到莞城洗衣及理发。

晚饭三元里农民请吃。

夜　10:30 小组会，写决心书。收《文物参考资料》来信。寄母亲、承烈函。

十二月二十三日　　星期二

5:50 分起床，到英联社开评比大会。从早到晚 11:00 许，共汇报了九人。晚饭后开小队会。

收中华书局函。

十二月二十四日　　星期三

继续评比（11:00 后微雨）。

下午　小队作排队。

夜　小队漫谈及写应战书。

十二月二十五日　　星期四　　阴雨

早　王裕怀宣布评比经过，及教学改革运动进行办法。早饭后，一均、杨荣国宣布评比结果及发奖，各排表示决心及挑战。

下午　至夜 1:00 许，写大字报六十三张。

十二月二十六日　星期五

上午　小组漫谈。早饭后古代教研组会至下午止。

夜　教〈农民〉普通话。

十二月二十七日　星期六

上、下午　谈历史系专业规划。应该"多面手"。

午饭后　教〈农民〉普通话。

晚饭前往元美购布。

十二月二十八日　星期日

早饭前　全小队谈劳动与专业结合问题。

早饭后　在英联开全系大辩论"教育与劳动生产相结合的方针如何贯彻"。

午饭后　一均总结,立场、观点、方法是直接的结合。吃饭也吃不出秦始皇。

夜　6:30至7:00教〈农民〉普通话。

收沪人民出版社函。开社员大会。

十二月二十九日　星期一

上午　教研组会。早饭后老教师座谈会(在英联)。自我检查:教育思想(四结合、思想根源、克服方法)。自觉革命,客观帮助,对不合理部分,可以提出反驳,采取正确态度对待批评,互相帮助。

午　午茶于广义楼,与刘、何等俱。午饭后挑泥、挖土。

夜　作贺新年诗二首。

十二月三十日　星期二

早饭前搬泥、饭后与刘、何等结队搭3:03分火车返穗。

在陈序经家晚饭。访谢〈文通〉、容〈庚〉、谭〈彼岸〉诸家。

十二月三十一日　星期三

上午　到市场看书。

下午　往广州购物。

夜　承烈回家，同看电影。

一九五九年

整理者按：本年1月份所记同样来自上年工作日记本。

一月一日　星期四

早　希白来谈，与吴印禅①谈教育方针问题。往陈序经、冯乃超、商承祚、许〈崇清〉校长、陈寅恪、姜立夫诸先生家拜年。参观文科各系下乡展览会（元旦献礼）。四叔来谈统计表事。寄沪人民出版社航函。

夜　与承烈谈话。收拾资料，准备明天回东莞。

一月二日　星期五

搭8:52特快车到石龙。县委招待午餐，参加者有杨康华部长、黄焕秋、曾桂友、陈序经诸同志。

下午　3:00后杨部长召集座谈会（老教师与排级以上干部）。

夜　杨部长对全体师生作报告，黄焕秋、陈序经讲话。

一月三日　星期六

整天劳动，砌泥堆。

夜　全排学习党八届中央第6次全会文件。收瑛材去年29日来信。

一月四日　星期日

上午　与刘节等谈检查书写法。往元美取袄，访杨荣国、王裕怀等。寄母亲、承烈函。

午睡后　起草检查大纲。

夜　陪序经往元美购物。报载苏联于2日发射宇宙火箭成功。

---

①　吴印禅，江苏沭阳人。时任中山大学副教务长。中山大学生物系教授兼任中国科学院华南植物研究所副所长。吴氏与作者结识于20世纪40年代四川李庄同济大学。

一月五日　星期一

早　7:30 金应熙报告教学改革第二战役（方向、与劳动结合等）。讨论问题：①中国史专业课程。②暂行教学进度表（有两个方案）。③加强党领导及改革机构。应着重：①发展方向、专业内容、中大特点（东南亚反殖民斗争史）。②学习年限、培养目标、规格。③劳动、理论学习、休息的具体安排、劳动基地（地点、数目）、半工半读。④教学及学习方法（单科突击法）。⑤组织机构，加强党的领导。⑥国庆献礼问题，以献礼为纲，带动其他工作。

早饭后　往夜小队讨论课程、学历、组织等草案。

一月六日　星期二

早晨　小队讨论毕业年限等问题。

早饭后至夜间　教研组讨论。教研组全体午茶于广义楼。

晚饭前　与刘、何、董往美亨访陈序经等人。

一月七日　星期三

上午　教研组讨论教学及学习方法、献礼等问题。

下午至夜　写思想检查。4:00 序经来访，送其回亨美。

一月八日　星期四

整天写检查。

一月九日　星期五

整天写检查。

夜　史四蒋珍禧等四人来。

一月十日　星期六

早饭前　写总结。饭后　在英联食堂听杨荣国、刘节自我检查。

下午及夜　写检查。收小七函。

一月十一日　星期日

早　10：30 陶铸书记在英联报告。

下午　2：00 时自我检查于英联。收承烈、瑛材函。

一月十二日　星期一

上午　抄录同学小字报对我所提之意见。10：30 至 12：00 许，与史四吴光耀、庞朝斌、刘继耀、刘水源、梁中文等五人会谈。

午饭后　授妇女普通话。

下午　参加刘节座谈会。

晚　补写前数日日记。

一月十三日　星期二

10：30　对我检讨座谈会在英联花园进行。

午　2：30 王裕怀动员报告：此次开论后进行教学改革，老教师多半自觉悟提高，小字报质量提高了。18 日回校，这几天内作全盘鉴定。鉴定内容：三个方案任择一个：

1. 下乡几个月你感觉有哪些体会：

a. 政治思想方面怎样提高？

b. 劳动中最突出的收获是什么？

c. 对党的教育方针（教育与生产劳动相结合）的认识。

d. 群众关系——以普通劳者自居？

e. 主要优点、缺点。

2. 从四个观点检查（群众观点、阶级观点、劳动观点、辩证唯物观点）。

3. 四个脱离检查。

要注意贯彻自觉革命精神，深刻进行批判缺点，虚心接受意见，敢于相信别人进步，大胆肯定优点，不算老账。

晚饭后　与刘、董、何三人在长堤上散步。灯下写致瑛材一函。寄承邺、承烈函。

二月一日　星期日

上午　10:00 讨论标点《旧唐书》。

下午　越秀山看北京—广州足球赛（4：2）。

夜　读《天地集》等书。

寄邺儿函。

二月三日　星期二

夜　抄《明实录》屯粮额数。

二月四日　星期三

为商藻亭丈致罗尔纲一函。

夜　校统计表。

二月七日　星期六

上、下午　看明史讲义。

夜　承邺自武汉回。

二月八日（初一）　星期日

上午　团拜。

下午　四叔、二嫂等来。与东莞农民第四饭堂晚餐。

夜　看明史讲义。

二月九日　星期一

早　〈东莞〉农民廿余人来。

二月十日　星期二

早　农民第二批来。

上午　李龙潜来。

下午　陈序经请饮茶。

二月十四日　星期六

承邺早 11:40 火车去武汉。

上午　张维熊来。

承烈夜回家。

二月十五日　星期日

上午　写讲义。梁沅凌①（梁石姐）来送〈黎〉砂甥赠承烈礼物。

二月十七日　星期二

写讲稿。

二月二十六日　星期四

审查中国通史陈列大纲草案、中国通史陈列计划草案（中国历史博物馆筹建小组，1958.12.20）。

二月二十七日　星期五

下午　陪市政协参观本校。

三月一日　星期日

阅读八届六中全会文件。

三月二日　星期一

今天雨停。

下午　小组讨论。

---

① 梁沅凌，作者外甥黎砂丈夫梁石之姐，时在广州一小学任教师。

改明樾《粮长制》的批评①。

三月四日　星期三
上午　理发。

三月五日　星期四
看《天工开物》研究论文集。

三月十一日　星期三
寄陈守实②、十四妹、业勤〈黎砂〉信。
上午　明樾来谈。
夜　彼岸来谈。

三月十二日　星期四
寄沪出版社、四叔信。

三月十八日　星期三
下午　金医生来诊母亲。
承烈晚车去沪③。

三月十九日　星期四
金医生来。

---

　　① 指对作者《明代粮长制度》的评论。在学术思想批判（运动）中，多数老教师的著作都被拿出来批评，作为年轻教师、助手的汤氏自难以置身度外，必须有所表态。作者所记此话，或是事前替汤文提出若干写作意见，或是事后对汤文的意见，自己作一些思索或答辩。无论哪种情况，作者对汤氏并没有太大的反应（不满）。后来关系一直很好。
　　② 陈守实，江苏武进人。复旦大学教授。长期从事明清史和中国古代关系史的研究。
　　③ 作者之女梁承烈时在华南师大附属中学读高中，被广东体委抽调入广东省女子垒球队集训，准备参加全国第一届运动会。去沪之行乃与当地球队友谊赛，以作备战。

三月二十日　星期五

上午　教研组会。

下午　金医生来。

三月二十三日　星期一

上午　理发。

下午　教研组会。

三月二十四日　星期二

读诗。

三月二十五日　星期三

作统计表。

三月二十六日　星期四

作表。

上午　校务会议。

三月二十七日　星期五

上午　作统计表。汤明檖来谈工作。

下午　往南区结核病防治所取照片。

三月二十八日　星期六

上午　作表。

下午　工会小组会议。

三月二十九日　星期日

校阅《东莞县志》。

三月三十日　星期一

校阅《东莞县志》（同学写）。

上午　座谈西藏叛乱事。

三月三十一日　星期二

下午　务虚会①。

四月一日　星期三

校阅《东莞县志》。

寄三联函、沪人社函。

四月二日　星期四

寄〈李〉文治函。

四月三日　星期五

作元代户、丝户抄表。

四月四日　星期六

烈女自沪回。

夜　看电影《两姐妹》〈疑为《舞台两姐妹》〉。

四月五日　星期日

夜　承烈回队〈广东省女子垒球队〉。

四月九日　星期四

上午　汤明樾来。

---

① "务虚会"一般指谈感想、谈思想认识之类会议，与"务实会"（谈工作具体事宜）有所区别。

四月十三日　星期一

下午　政治学习小组会。

四月十四日　星期二

王裕怀来午餐谈。

下午　理发。

四月十六日　星期四

下午　市协王德报告（副食、生产、西藏）。

四月十八日　星期六

下午　陈彬报告。

四月二十日　星期一

座谈陈彬报告。

四月二十一日　星期二　雨

明樾来。

作均田表成。

四月二十三日　星期四

下午　4:00 后劳动（除草）。

四月二十五日　星期六

下午　陈彬总结〈八届〉六中全会学习。

四月二十六日　星期日

上午　室内清洁。

下午　教师之家清洁。

四月二十八日　星期二

下午　2：00 至 6：00 西藏座谈会。

夜　睡绝早。

四月二十九日　星期三

下午　陈彬总结学习第一单元。

五月一日　星期五

下午　四叔来。

今日　整天不适。

五月二日　星期六

夜　师生联欢大会。

五月三日　星期日

下午　钟一均报告，西藏问题。

五月四日　星期一

上午　讨论陈彬报告。

五月六日　星期三

明檖上午来。

五月七日　星期四

寄〈中国科学院历史〉第一、二所黄册图片。

上午　理发。

五月九日　星期六〈是日内容摘自一小记事本所记〉

晨早　往〈顺德〉大良参观人民公社。

上午 7:30 去大良，10:45 到。午饭后到大良人民公社亏给生产队。〈19〉57 年禾 600⁺斤，桑 300⁺斤，甘蔗 1 万余斤；〈19〉58 年禾 1,200 斤（全年亩产），桑地 5,000⁺斤，甘蔗 23 斤，鱼塘 600 斤（鱼产）。

"三鸟"每户 8 只（〈19〉57 年），12 只（〈19〉58 年）。

〈19〉57 年每劳动力 150 元（每年平均），每户平 300 元。〈19〉58年每劳动力 200 元，每户 400 元（小孩包食在内，每月 7.5 元）。工资一级 15 元，二级 12 元，六级 7 元（平均 10 元）。

每人每日粮食平均 20 斤米。

粮食缺点：①浪费（每亩 50 斤）。②吃得无计划了。③（按：缺记）。

基建：①农具。②肥料。③砖厂（1 年 60 万）。④蒸酒厂（蔗头蔗脚利用）。⑤水电厂。

体制下放后生产积极性提高，实行五包（产、成本、上调、总工资、生产措施），损坏农具减少。工资由六等级改为二十等级（最高 20 元，最低 3 元）。

鱼每人每日 3 斤，猪肉 4 两。

新滘欧阳大队长报告：

与金桥社合并，后者为居民式。牛乳著名，前者为沙田区。该大队有禾田 450 亩、鱼塘 817 亩、甘蔗 750 亩、桑地 135 亩、杂收地 240 亩、菜地 100 亩。

今年禾包产 1,350 斤，努力方向 2,000 斤（全年亩产）。

今食堂包两餐，每人每月 18.9 斤米，余为杂粮（伙食费 6 元，菜及柴火不在内）。

晚饭钟统战部长报告：

番禺县共 80 多万人口，20 多万户。其耕地面积 120⁺万亩，禾田 46⁺万亩，甘蔗地 23⁺万亩、鱼塘 20⁺万亩、桑地 8⁺万亩、香蕉、大蕉地 1⁺万亩、杂地 20⁺万亩。

四大作物；（经济作物区）以甘蔗、蚕、桑、鱼、猪为五大生产。

〈19〉58 年特大丰收：

蚕丝达到 7A 丝（5A 丝国际水平），今年准备跃进到 8A 以至 9A

标准，超过华东，压倒日本（3A）。

〈19〉58 年稻谷比〈19〉57 年总量翻一番，亩产达 1,200 斤。（早造 500，晚造 700 斤）

〈19〉58 年鱼塘产鱼 500 斤/亩，〈19〉57 年 300 斤/亩。

〈19〉58 年甘蔗亩产 13.6 万斤。

蚕桑亩产 4,000 斤（〈19〉57 年 3,200 斤）、每担桑饲出蚕平均 6 斤（〈19〉57 年 4 斤）。

〈19〉58 年渔塘亩产 500 斤，〈19〉57 年为 300 斤（增加 40%）。

去年 9 月公社后，大人小孩均饭费 6.5 元/月。

工资今改订，分 10 级（16－3 元）。平均 10 元。

公共食堂共 2,500$^+$ 间。托儿所 1,590 间，幼儿院 1,160 间，每公社有人民医院。中、小学 600$^+$，中学 30$^+$，完全中学 3。

〈19〉59 年奋斗目标：

稻田每造千斤，包产 650 斤。鱼亩产 1,200 斤，包产 700 斤。桑 7,000 斤，包 5,000 斤。蔗 25,000 斤，包 18,000 斤。担桑茧 8 斤，包 6 斤。少种、多收、高产与广种薄收相结合（两条腿路线）。

〈19〉59 年分配原则：少积累、多分配（45%～50% 左右给生产者，经济作物 40%）。成本 20%，国税 5%，公共积累 25%～30%。

体制下放——三级所有：公社、大队、生产队（公积 20% 归公社，10% 归大队）。

粮食吃紧原因：1. 多吃——每人每月有至 80$^+$ 斤者。2. 粗收、粗打。3. 种子有每亩下 200 斤者，今春秧苗冻死七八十。4. 瞒产私分，〈19〉58 年比〈19〉57 年翻一番至 30% 不等。

五月十日　星期日

上午　容奇丝厂，了解工序及其产量。

自大良返抵本校。

五月十一日　星期一

上午　小组讨论中印西藏问题。

六月三日　星期三

上午　理发。新华社来问邹伯奇事。

下午　陈彬报告。

六月五日　星期五

下午　中国近现代史教研组现场会议。

六月六日　星期六

下午　古代史教研组讨论（黄焕秋教务长出席）。

夜　看法影片《三剑客》。送四叔二十元。

六月九日　星期二

承烈午车去武汉①。

六月十日　星期三

省国民经济计划委员会主任黄冕农报告《本省经济计划及当前经济生活》。

六月二十日　星期六

下午　杨荣国报告节约运动。

六月二十一日　星期日

上午　史学会在科学馆讨论汉代历史分期。

六月二十二日　星期一

上午　小组讨论翦伯赞、白寿彝两文。

六月二十七日　星期六

下午　苏联东方研究所北大进修女生来谈资本主义萌芽问题。

---

①　去外地友谊赛。

六月二十八日　星期日

交阿珍姐储蓄二十元。

六月二十九日　星期一

下午　本系座谈校务会黄焕秋同志报告。

夜　10∶30 烈女自汉口返。

七月一日　星期三

上午　中华书局陈向平①、吕贞白②等座谈会。

七月二日　星期四

下午　理发。

看明樋病。

七月三日　星期五

下午　〈广东〉史学会常委会。

七月四日　星期六

修理纱窗。

七月八日　星期三

下午　校务委员会。

七月九日　星期四

李龙潜来。

接小七信。

---

① 陈向平，时任中华书局上海编辑所副主任、副总编辑。

② 吕贞白，时为中华书局上海编辑所编审。

一九五九年

七月二十六日　星期日

交储蓄二十元（阿伟①手转阿燕）。

七月二十七日　星期一

上午　系会。

七月二十八日　星期二

寄沪人社航函，收沪人社航函。

七月三十日　星期四

下午　系会。

七月三十一日　星期五

下午、晚　教研组会。理发。

八月一日　星期六

夜　市协在新华四座音乐厅晚会。

八月二日　星期日

李汉章同志请喝咖啡。

八月六日　星期四

寄统计表〈校稿〉沪人社。

收仁井田陞②来函。

八月七日　星期五

夜　欢送毕业同学。

---

①　阿伟，即谢志伟，作者堂外甥（谢文通、梁丽金之子）。

②　仁井田陞，日本法制史专家。时为东京大学东洋文化研究所研究员、教授。20 世纪 30 年代与作者已在文字上有较多较深入的交往。该来函云，他作为日本法律家代表团，将有访华一行，极想与作者晤面。后来他送了其著作《中国法制史研究》给作者。

八月八日　星期六

寄沪人社函。

上午　教研组会议。

八月十一日　星期二

发烧，服中药。

八月十二日　星期三

十四妹、王德辉①来。

读《越缦堂读书记》。

八月十五日　星期六

民盟约往北园聚餐。

与王裕怀参观市博物馆。

八月十六日　星期日

十一叔婆、王跃埔②来。

八月十八日　星期二

夜　王重言、唐森③及同学来。

八月二十日　星期四

陈序经请吃晚饭。

八月二十一日　星期五

夜　反右倾松劲报告（李汉章）。

---

① 王德辉，海南人。政治学、历史学教授。历任南开大学、岭南大学、中山大学、暨南大学、华南师范学院历史系教授。

② 王跃埔，广东人，社会学、历史学学者。

③ 王、唐两人时为中山大学历史系青年教师。

八月二十二日　星期六

上午　小组讨论。

下午　理发。

八月二十三日　星期日

夜　小组会。

八月二十四日　星期一

上午　小组会。

八月二十八日　星期五

午　市政协文史资料委员会订研究题目。

与承邺在北京饭店晚饭。

八月二十九日　星期六

下午　游水。

八月三十日　星期日

发热（招凉）。

九月一日　星期二　大雨

标点《旧唐书·食货志》。

九月二日　星期三

夜　看《十万英镑》及《上尉柯纶》（电影）。

九月五日　星期六

小七早车去武〈汉〉。

下午　集体阅读。

九月六日　星期日

同市政协参观花县华侨农场及长岗煤矿厂。

九月七日　星期一

上午　集体阅读。

九月九日　星期三

下午　3:50至5:20 王裕怀反右倾鼓干劲动员报告。

九月十日　星期四

下午　教研组会。

欢送严梅和①于北园〈酒家〉。

九月十二日　星期六

上午　邬老师来。

九月十七日　星期四

请李汉章、杨荣国早茶。

下午　开经济史提纲座谈②。

九月十八日　星期五

下午　到广州购书。

九月十九日　星期六

整天讨论人民公社优越性。

寄沪人社函。

---

① 严梅和，时从中山大学调往北京师范大学任教。

② 估计指作者将其"14—17世纪中国经济史"授课提纲拿出来请历史系教师、学生提意见。

九月二十日　星期日

看《中国封建社会提纲》。

广州博物馆（电）30627。

九月二十二日　星期二

下午　教研组讨论老子。

九月二十三日　星期三

下午　4:00 至 6:00 黄焕秋传达八中全会公告。

九月二十四日　星期四

"14—17 世纪中国国民经济史"第一课上课①。

下午　理发。

九月二十六日　星期六

上午　小组会。

下午　告假在家看病。

九月二十七日　星期日

夜　写讲稿。

九月二十八日　星期一

收、寄沪人社函。

十月五日　星期一

寄沪人社照片②。

---

①　此课是作者为中山大学历史系学生所开的课。此课仅元代有关内容印出讲稿，这部分内容已收入《梁方仲文集——中国社会经济史论》一书中。明代部分仅写了提纲，并作了提纲式的报告。

②　所寄照片拟供其编著《中国历代户口、田地、田赋统计》用。

十月八日　星期四

与李崇淮①看吴印禅病，游黄花岗等地。

十月十三日　星期二

公祭吴印禅。

下午　送李崇淮行。

十月十六日　星期五

上午　7:30 至 11:30 听张志铮②关于总路线问题报告。

十月十九日　星期一

下午　理发。

十月二十三日　星期五

上午　张志铮报告。

十月二十九日　星期四

参观增城石滩公社。

寄沪人社函（稿件）。

十月三十日　星期五

在太平馆〈西餐馆〉晚饭，为瑛材庆祝生日。

十一月七日　星期六

下午　交心③。

---

①　李崇淮，江苏淮阴人，经济学家。武汉大学经济系、经济管理系主任，民建中央副主席。吴印禅之妻弟。

②　张志铮，广东梅县人。时为中山大学政治课教师。

③　指谈个人思想。

十一月十日　星期二

夜　写交心书。

十一月十二日　星期四

校庆日放假一天。

看通考。

十一月十三日　星期五

下午　李淑璧①科学论文报告。

夜　座谈会。

十一月十四日　星期六

上午　交心书。

下午　冯〈乃超〉副校长、李汉章报告。

夜　1:30 起床写交心书。

十二月十二日　星期六〈此日记录录自其小工作日记本〉

早　参观广州钢铁厂。

1958 年 3 月施工，7 月第一高炉成。同年第一期工程成。转炉 8 个，轧钢小型车间年产 4.5 万吨，焦炉 17 孔。

第二期基迁工程大 10 倍以上，年产钢 65 吨、钢材 50 吨、焦 65 吨〈按：原文如此，疑各项数学缺一"万"字〉。

一条龙比赛，高温 1,000℃上工作，30 多同志不下火线。义务劳动不计报酬。

---

①　李淑璧，时为中山大学历史系教师。

一九六〇年

整理者按：作者1960年案头日历记事久寻未见，或许在"文化大革命"中丢失了。庆幸找到一小记事本，记录了该年内某些活动（主要为4月10日至5月12日参加广东省科教团访问参观华东、华中和7月随广州市政协参观访问湛江、茂名等地的活动情况），现详细摘录如下。

四月十日　星期日

夜车　11:22 开广州车站。

四月十二日　星期二

早　9:30 抵杭〈州〉，寓华侨饭店225号。

午　参观都锦丝织厂：

职工　1,770人，女628，解放前共40多人。

历史　1922年试制成功（风景、人像）；手拉机器部。解放前17部。工人40多。

解放后　改电动生产①风景片30种颜色；②化学〈原文如此〉300多种；③台布、沙发、靠垫；④伟人像；⑤绸缎28种。

产量提高66%。

技术革新：提高质量，相对减轻劳动强度。

毛主席像：浮雕、立体，30多种色。

桌布5色、百子图、7色西湖风景片。

生活提高：劳动保险、福利设施（中西医务室）、托儿所、业余教育。

〈小结〉机械设备增加了18倍，工人数量增加了45倍，说明了社会主义生产的优越性。

〈工作（种）分工〉

第1部　制图

第2部　打图案（打纸版）

第3部　准备

第 4 部　织建成品

第 5 部　成品检查

丝织工业十字宪法：

挑　试　洁　工　操〈揉〉

燥　温　保　革　检

继参观岳坟。

四月十三日　星期三

早　8:00 往浙江大学（玉泉）。

王副校长介绍：

〈浙大〉为理工多科性大学。发展历史：1897 年求是书院，1902 年求是大学堂，1927 年第三中山大学，1928 年浙江大学。原有 7〈学〉院，1952 年院系调整〈一些学〉院整院分出去。1957 年有 17 系，增办数学、物理二系。1958 年数学改变〈成〉数学力学系、工程物理系、化学系。专业 32 个。师生员工 1 万多，教师 1,000 多，比解放前 7 院增加 10 倍。毕业生为解放前（工科）22 年总数之 3 倍，土地 1,045 亩。

革命传统——1947 年反饥饿斗争，1957 年粉碎"右派"进攻，1958 年贯彻党总路线三结合。

生产劳动：①参加修铁路等。②与专业相结合，在校内建立基地（机器工厂）。③在校外参加生产劳动。

科研：1957 年反右后，明确了方向，贯彻党路线，加强党领导，开展主席思想学习。

4,000 多人参加技术革命，完成 2,000 多项目。

刘教务处长：

两年来与工厂挂钩，教育必须与生产实践相结合，学习《人民日报》"从手工业到自动化、半自动化、机器化"，4 天中自愿下厂者 3,000 多人，后达 4,000 人，有 2—6 星期者。下厂与工厂结合搞技术革新之体会：先在技术科与设计科呆一星期，作出方案，证明不能用，后乃改下车间，不到一星期，便把自动化装备起来。工人7昼夜不休息把计划完成，先把生产关键抓住，进行技术革命。下厂后对设备的具体问题亦得到解决。不怕失败，失败也表扬。老技工的帮助，光根〈依〉据书本，过于复杂，不解决问题。

学习毛思〈毛泽东思想〉之展开。数学系基础课之改革，中、小教育之改革。各教研组教学法改革，分头准备，集体讨论，截长补短。加强各课与学生预习结合，红专小组，各个准备，小组讨论。

必须发动大家（同学）力量，改写讲义。

时党委书记：

群众运动：①方向问题——主要是红、专，高速度解决红的问题，以此策动群众运动，调动一切积极〈性〉。"方向对头，行动有劲头，领导有抓头，群众有奔头"。②抓思想以破条件论、紧张论、特殊论，发动群众是过程，干部树立不断革命思想。四大：大鸣大放、大辩论、大字报、万人大会，火烧中游思想，又表扬又批评。反右倾，破中游。抓得准，抓得紧，抓得广，举得高，栽得深。抓两头，带中间，抓得准确，抓总结情况。四个要求：红专小组、红专规划、红专检查、红专鉴定。红专四个矛盾：①认真鉴研与集体帮助。②大集体与小自由。③政治带动业务（政治挂业务帅）。④承认差别共同提高。教师亦有红专小组。红专鉴定，同学做的多。四会：现场会、经验交流会、献礼会、展览会。五抓：①抓方向。②抓思想。③抓苗头。④抓对立面。⑤抓总结推广。

抓基础课，先从数学系做起，物〈理〉、化〈学〉随后。中小〈学〉十年一贯制，托儿所大办。浙大人民公社新成立，两级所有制。

"学校是娘家，工厂是婆家，关系紧接上，往后是亲家。"

教育、思想（毛）、技术三个革命是分不开的。

参观机械制造厂，万能螺丝车床，大学自造，1个多月完成。

下午2:30　参观浙江医学院（医科大学）。

郭书记、李副校介绍，后者介绍：该校前为医药专科学校（1912

年），1946 年浙大之医学院、省立医学院合共 300 人。1952 年二者合并，共 500 名，医疗、卫生、药学三系，后二者不久外调他校。今有 2,700 多学生，五个附属医院：三个综合性的（中西）、1 儿童、1 妇科、2,000 病床。每年招生 1,000，将定增至一千五六百名。将迁至浙大附近。

教育革命后过程：1958 年前仍存在问题——三脱离。炼铁办工厂，批判资产阶级观点，修改教学计划、大纲、方法、创办卫星医院，现场（小班）教学，单科独进，5 年制今仍实行，临床考试（口、笔试外）。派往沪医院实习的学生一律得好评。加强普通基础课。去年批判只专不红，大搞群众运动。

1. 教材方面：根据三结合方式改编，教研组进行修改——由大纲写出教材，教学后又进行不同程度之修改。教研组组织起来学习辩证唯物主义。由临床中提出改进技术。普遍要求学习中医，鉴研文献。请同学参加提意见。

2. 教学法工作：集体备课、试讲、校评。青年教师有时关门试讲几次。讲课教案。增加新的试验，用兔、白鼠代替狗，降低失败率。对工农学生特别注意辅导（门诊、出诊对一般学生，还有病床辅导）。下基层（卫星医院）。毕业实习，最后一段放手用学生作。学生红专小组（30 人一小班），学生参加科研工作（科研小组，全班或一部分参加），与教研组挂钩。急病调查、急症分析等，三班共完成论文 1,000 篇，去年 923 万多字，高血压、肿瘤等十余万字。

生产劳动：低年级生工农业生产，三四年级与业务结合。教师与同学一起参加。

郭书记补充言：

教学改革中主要强调〈毛〉主席思想之学习。教材边教边改。抓四大观点：阶级、劳动、群众、辩证唯物主义。

三八节光护士写 713 篇〈论文〉，其中 90 篇有一定水平。

师生关系之改进。

科研重点 16 项：肝炎、新药品、除四害卫生运动。

反右倾、中游思想。

去年抢救 2,000 多〈名〉重病人。医生三四夜不睡。消灭差错，〈无〉事故〈者〉达 300 多人。

技术革新四万多件，重要的千多件。

校址原 100 多亩，新 700 多亩。

每一专区设立医学院，各县设医专。

参观技术革新展览室。

夜　看越剧《百花公主》。

四月十四日　星期四

上午　8:00 净慈寺（人面金鱼、□□古刹）、六和塔（铁□）、定慧寺（虎跑）、灵隐寺、玉泉观鱼、黄龙洞。

下午　2:30 三潭印月、花港观鱼（牡丹园）、西泠印社（四照楼）、平湖秋月。

晚　7:00 至 10:00 小组座谈。

四月十五日　星期五

早　9:50 离杭，12:50 到沪。自车站径赴江南造船厂参加万吨远洋轮"东风号"下水典礼。（船台周期 49 天。船重量＋装货量＋排水量。吃水深度 8.5 公尺）。

四月十六日　星期六

早　〈上海〉教育展览会（交通大学内）7 室 12 部分，4,000 平方米，1959 年 12 月开始。

第六部分　高等教育（第 18—31 厅）。

同学　1957 年　39,300 人　　　1959 年　56,000 人

专业　140 个　206 个①

学习毛思。

市委负责同志讲政治课 41 人。

请工人农民讲课，和工农座谈、组织参观访问。

配合教学科研登高峰，建立现代化工厂：交大办了机械、电机、冶金等四个工厂。该校 1959 年有 2,047 个学生　1,268 个教职工参加了专业劳动、制造教学设备和加工高、尖、精产品，为国家生产，为兄弟学院加工。

第二室　工厂与企业　南洋兄弟烟草公司史料；公社与里弄调查（上海社会科学院）。同济大学《胶凝物质工艺学》。烧出特高标号水泥（超过 400 号）。同心圆——双曲线粮食合理调运法，节约 20 多万元（华东师范）。

第四室　煤综合利用新途径（华东化工学院）。

1958—1959 年复旦、交通等 9 校共完成 8,600 个科研项目，等于过去 8 年的 4 倍以上。

高等学校学 1949 年 2 万人　1959 年 5.6 万人。

往豫园（旧城隍庙）。

下午　参观肿瘤医院。

病床 145 张，3 科：放射、外科、病理。中医。放射手术，化学治疗，中药（中医）抢救晚期病人，破除迷信。地方限制，大部分为门诊。本市放射性治疗病人大部分集中此院。

研究所实际为一大协作机构。9 组：中医、中药、预防复查、总临床、口腔癌、妇科癌等。打破条件论。研究所 1955 年 5 人，今 34 人。进修班 3 班已毕业，子宫颈癌为中心。

夜　看越剧《彩霞飞虹》《叫化子抢亲》（上海越剧院演出）。

---

① 此部分数字估计是指上海市所有高校者。在记事本该月尚有如下字样："工业部门建立 7 所以工厂为基础的高等工业专科学校，农业部门建立农业专科学校，科学部门建立科技大学。"

四月十七日　星期日

早　8:30 参观上海工业展览会

展出 5,800 多项，十展馆，25,000 平方公尺。第十馆，工人生活馆（红旗馆）已取消。展出馆有：交通、节约金属、建筑木头、电气、基建、冶金、化工、纺织、轻工。从成就中看变化，从变化中看成就。

政策性、思想性、艺术性。

四结合：大中小、普及与提高、集中与分散、会内与会外。

机械化、自动化、综合利用。

遇见夏坚白①，2:00 往华东医院继往万国殡仪馆看陶孟和先生遗体。

夜　寄尔纲、中平、承烈函。

四月十八日　星期一

交通大学杨教务长介绍〈该校〉概况：

该校 9 系，学生 7,500 人，教师 800 人。去年教育会议精神决定：1. 将教课时数压缩，多自由支配时间，免去负担过重；2. 为适应需要，科研时数增加，低年级一或二单元，高年级三、四单元，将五年课程提前在四年级内讲授，五年级全部投入科研。（编者按：以下介绍教改情况，省录）。

易书记：

目标以毛〈泽东〉思〈想〉指导，1958—1959 年教育革命之继续，把毛泽东思想插到自然科学来。科学内容、设备现代化、因材施教——工农〈生〉特别辅导，对又红又专的要求更高。

不举行革命，不能满足学生要求。

几个措施：①贯彻毛思，继续深入批判资产阶级教育思想。初时

---

①　夏坚白，江苏常熟人，大地测量学家。历任同济大学教授、校务委员会主任、副校长，武汉测绘学院院长。学部委员（院士）。作者清华大学同学，又是在四川李庄同济大学时期的同事。

只注意自动化，今回到上面〈指深入批判资产阶级教育思想〉，必须反映中国社会主义建设需要。②教育内容现代化，首先要解决思想问题，如教师下放，如讲新内容，学生主动，教师被动；讲旧内容，学生被动，教师主动，主讲与辅导教师之矛盾。课程改革必须反右倾，外行挂帅超过专家挂帅。发动群众必须充分揭露矛盾。大鸣大放、大字报消误会，在党领导师生共同搞。③群众意见必须集中综合相结合。不停课搞运动。④在充分揭露矛盾基础上，以专业为单位作出革命方案，订出教学大纲，把五种课程合并为一种。⑤不是马上执行，还须与中学革命结合起来。

参观电机实验室、精密仪器实验室、金属实验室、船舶内燃机室。

下午　往复旦大学。陈望道校长、统战部同志接待。

该校 50 多年历史，拥有 11 系、3 研究所、4 研究室、1 附中、5,800 学生、教员 698、职工 700 多、党员 1,000 多。解放后比解放前：基建增 4 倍多；图书增 10 倍多（今 80 多万册）。

1958 年开展毛泽东思想著作后，变化：（1）端正政治方向。右派分子 200 多，其中教师 30 多。明确"三不得"：共产党反不得；右派当不得；资产阶级思想要不得。订红专规则，特点：①政治与业务统一起来，方向是改造社会观。②破资产阶级思想，提高毛泽东思想水平。③自我教育与相互教育结合起来。（2）参加生产劳动：基地、调查研究，如无锡，宝山人民公社。劳动不能代替参加实际斗争，只有后者才能锻炼思想。（3）贯彻理论与实际联系，克服三多、三少（古代多，近现代少；讲得多，独立思考少；教条多，××少〈编者按：原稿缺字〉）。（4）贯彻教学与科学研究相结合，一年级学生亦可搞科研，必须加强党的领导。

参观工厂、生物大楼、学生饭堂。

夜　座谈会，刘节：直观教学法。郑曾同：除迷信、中西医。

四月十九日　星期二

往上海汽轮机厂。

前身：伪资源委员会桐油公司，1946 年开建，1948 年基建完成，职工 306 人，面积 5,000 多平方公尺，今增 10 万平方公尺。职工 6,700 多人。生产值 1.24 亿。主要产品：①汽轮机（6,000 千瓦），捷克专家帮助下，两年后自行设计（最大 10 万千瓦，争取国庆前产 20 万千瓦）。②鼓风机。车间 4 个：升平炉。汽轮机。鼓风机。为鼓风机服务之冶金车间。

今年产量决定翻一番。

老工人不能设计、画图，但能作模型。

革新项目 2 万多条，采用者已过 8,000 多。可以节省 220 多万元。

现在工作：巩固、推广、提高。

工人废寝忘食，对革新热情，把小孩送到派出所。工作时间过长，赶亦赶不走。体力劳动越重的地方革新越彻底。

午饭后　到闵行一条街。78 天基建完成，由黄浦江通上海，过去为一落后农业区，今为工业区，且为卫星城。该处有大小厂 19 个，主要为化工、机器两大类。1—7 号路，综合性剧场、公园、大礼堂建筑中。

复往上海电机厂。余厂长介绍：

该厂 1951 年建，原属资委会电机制造局。职工原 173 人，今 7,000 多。生产发动机（5000—10 万瓦千）。产量 1959 年比 1958 年翻一倍以上，今年预计又一倍以上。半月前，22 万伏高压变压器试验成功。主要生产五大品种：变压器、电器机、7 吨火力发电机、电灯机。从满足电气需求，远感不够。

毛泽东思想及大跃进鼓动了机械化、自动化，首先在体力劳动甚繁重之部门完成。"三天搞高潮，一星期改面貌"，思想改变了最基本。从打秋千悟出自动化原理，从抽水马桶悟提重原理，"开窗推柄悟出半自动化"、"人人入迷"。

参观锅炉厂。

夜　参观大世界，看红色杂技团。

四月二十日　星期三

下午　小组漫谈。

陶孟和先生今日大殡及火葬。

四月二十一日　星期四

上午　到福州路古籍及古旧书店购书。

下午　1∶50 搭慢车自沪去宁，夜 10∶00 许到达。下榻中山陵附近省委招待所（前南京饭店）108 号房。饭毕已 1∶00 许矣。

四月二十二日　星期五

上午　参观雨花台烈士陵墓、中山陵、无樑殿、霞谷塔。

下午　参观南京机床厂（仪表机床研究所）。

王厂长介绍：

10 年历史：1952 年开始出产机床。解放前为农业机械厂，工人约 100。1952 年从仿造苏联的开始，今已进入自行设计阶段。品种 60 多种，六个系列：①六角机床。②〈原文缺记〉。③由小寸至大尺寸。④精密机床。⑤仪表机床。⑥内燃机修理等。1958 年后有重大发展，以前仅五六百台；今则数千台，超额完成国家计划。现有职工 3,000 多人。最近大搞技术革新、革命运动。初步规划：产量翻一番，能力再翻一番，技术上要求高、精、尖。由月产 50 台要求至 300 台。"大战三年"建 10 个（工厂）、百（种优质产品）、千（人规模的学院）、万（年产 6 万台）。必须解放思想。

复往玄武区政府新村胶丸厂、军属计算打字机厂（仅此二位修理工人为基础）。玄武区多处参观访问。得知大行宫街道生产收入分配情况：

一、收入：1958 年 1，1959 年 2.7 倍，1960 年 4.2 倍。

二、分配：

1959 年：100%

工资福利　68.78%

上缴利润 16.25%

交纳税金 4.54%

再生产 6.98%

扩大流动资金 3.45%

玄武区新建电机机械厂：1958 年组织成立，全民办工厂。最初只有三四人，工具只有台钳一把，现已增到一百余人，大部分手工生产改变为机械化、电动化。劳动生产率提高五倍以上，每月产值 50 多万元。在 1960 年还要增加机器设备，达到电动机床 22 台，铇床 9 台、铣床 2 台、冲床 9 台……工人数扩至 700 多人，产值每月 150 万元左右。

电讯仪表塑胶厂〈略〉

寄母亲及承烈各一函。

四月二十三日　星期六

上午　参观访问南京大学。校行政领导介绍：

该校 1902 年成立，初名三江师范，后改名两江师范，1915 年改南高师，1925 年改东南大学，1928 年改为中央大学，1949 年 9 月改南京大学。

1952 年院系调整，原有 7 学院、40 多个系。现 10 系（科）、30 个专业、34 个专门化，学生 5,500 多人，其中五年制 5,400 多人，研究生 50 人。各级老师 700 人，学生比解放前增加 8 倍，工农成分由 1952—1953 年的 9.8%，增至现在的 41.4%—53%，1951 年办工农高中。至 1959 年止，基建增加了 127.28%，学生增 728%，图书原有 70 万左右，现 120 万册。实验室增加 27%。

大跃进后，①巩固了党的领导地位。②教学工作走群众路线。③劳动、科研、教学三结合，有校内劳动基地、11 个工厂、1 个综合农场（在栖霞山），另与工厂、农场、人民公社挂钩。地理、生物等系与外挂钩甚广、甚远。

学生成绩：以前有留级，今大减少，今年底，优、良占全校 73.95%（满堂红则全部 5 分）。师生合作编教材、写论文、做教学工具。

师生思想面貌根本变化，轻视工农群众与劳动的思想大大减少，人的变化特别显著。

总结：（1）坚持党的领导（并加强之）。这是一斗争过程，两条道路的斗争。（2）群众路线，掌握三个动态：①革命要求（一定时期提出明确目标和口号）。②进行组织深入细致的思想工作。③两个结合：党领导和师、学生（全体）。（3）合理安排劳动、教学、科研，克服薄弱的环节（关键在那里），不断提高质量。（4）建立平衡原则，高速度发展，不是少、慢、差、费的平衡。最近提出以教学为主加强科研工作。

大力培养师资，以前培养方式可校内校外等为多，今以思想为主，自力更生为原则。

将来南大成为 8,000 多人的学校。

党委负责人介绍：

〈19〉52—〈19〉57 年为逐步调整阶段。

〈19〉57 年后三阶段：①反右斗争（红专）。②为无产阶级政治服务（〈19〉58 年）。③生产劳动与教学、科研结合（〈19〉59 年）、文科 3 个月，理科 2 个半月。数、理、化三系今天事实是一工厂。与国家生产形势相结合，如云南亚热带动植物之研究，三门峡有关研究、安徽人工造雨等。

优点：①丰富了知识面。②提高独立工作能力。③从生产中提出科学研究问题需解决，创立了中国地质学，没有劳动不可能出现。数理化搞生产有时有矛盾，因为工厂生产较稳定，时时刻刻发展。

另一结合是党、师、生的三结合，人的关系改变了。60 多岁搞不出成绩，半年内便搞出内河养家鱼。创造发明东西年轻人搞了不少，家鱼人工孵化也有年轻人参加。课程有 48% 由青年人担任。

目前又进入一新阶段，以高速度发展为中心。中文系中诗词有许多可以不必学，更主要的是毛泽东思想的贯彻。三方面：①加强毛泽东思想学习，去年毛选 1—2 卷从头到尾看一遍。②抓教学检查——

一九六〇年

133

难关、难点，是学的比较吃力的学科（难关），难点是某章、某节、还有"难人"（指学生）。分为治标、治本两种。③抓试点工作，文科抓中文系，理科抓数天（数学、天文）系。

改革的不是学制，因为中、小学的改革必然影响大学。教学内容、方法亦必须改革。

思想问题：①政治思想（害怕还是促进?），怕困难。②学术思想批判，能否普遍自我革命。

历史系：学生 250 人，教员 40 人，四个教研组。老教师在家工作。目前工作：批判尚钺。教育改革：每年劳动 2 个月，拟增加些，以附城人民公社为基地。课堂讲授拟减为每星期 15 时，论文改单干为教研组的集体研究。中国通史（古代史缩为一年半）。两门通史缩为三年。

每星期三下午学习政治课。

学生出路多为师专师资。

专门化：农民战争史、元史、南明史等，不宜过细。

培养历史系学生：理论工作者。今年加毛主席著作介绍。明年拟加"历史科学概论"。

"毛泽东史学思想"（比南开大学充实）已二校。

下午　南京木器厂。

赵厂长：

1956 年 26 户合并而成，246 职工，工具半数以上为落后的。今 1,270 多人，工具 85$^+$% 已达到机械化、半自动化。1958 年后生产大批出口到苏联的缝纫机衣框，亦有输到东南亚资本主义国家的。为北京生产 1.65 多万件，供人民大会堂之用。莫斯科友人说："普通（土）工具，制造了高级产品。"技术革命，1958 年开始，起初干劲不高，两种思想斗争。1958 年要求增产五倍（比 1957 年），且生产出口家具。同志中要求增加三个高级职工，及入口高级工具，但相反地，调去了 500 多人去炼钢，而入口工具须数年后才可到达。由于思想不统一，不明确，所以派了干部到各工厂参观，回来后大加改革，但有些到过国外的职工，认为木工具不好，制不出好木家具。但亦有一老职工（汪姓）具雄心壮志，力求先进，在 10 天 10 夜中干出两个机器（得全国一等奖），及自动双轮机器刨（亦得全国奖）。由于汪师傅当时只认识一千多字，对皮带盘的速度计算有错误，更引起一般嘲笑。三天内写了四万张大字报，展开辩论。潘师傅（原持异议者）至此首先检讨，但亦自制四十余件机器，今更进入自动化阶段。1958 年厂中有 203 台土设备，1959 年只有 148，今年第一季度仅 119。今年搞了一条自动线。

1959 年上缴利润 245 万。1959 年劳动力为 729 人（由于外调支援而比前减少），但产量仍提高。工资人均五六十元，最高八十多，最低四十多。按等级不是按件，每日工作 9 小时。

参观第六等车间。

夜　赴政协江苏省及南京市委会招待晚会。节目单：评弹、扬、锡、淮剧共四出。

四月二十四日　星期日

上午　谒明太祖陵。参观南京汽车制造厂。据介绍，该厂现有工人 9,000。1957—〈19〉59 年主要从事汽车修装及修炮。今年业务收入 6,000 多万元。1958 年大跃进后，同志干劲冲天，自愿夜间不回家而在厂睡觉。为了解决技术上困难，特派人往沪等地汲取压力机等经验。

1958 年产车 500 辆；1959 年 1,000；今年 3,000（国家计划，但争取超额完成）。计划 1962 年 3 万辆（今天工序有部分已达到这水平；第三个五年计划 8 万辆）。

排溉机器 6,000—10,000 台。

增产不增人，不但不争，且要支援别单位。开展技术革命，少花钱，多办事；用土法代替洋法。生产出"跃进"牌汽车。

球墨铸铁技术方面尚有困难。

下午　南京教学仪器厂。

解放前仅 20 多台机器，将入口仪器修理装配。今有 2,500 职工，400 多台机器。

生产除中、小学教学仪器外，尚有精密的，如多种显微镜（20 万倍电子显微镜、偏光显微镜）。

技术革命包括四方面：（1）四化，今机械化达到 80% 多。（2）车间结构之改造，原有 100 多零件，今省为 40 多零件；显微镜原有零件 1 万多，今省为 100 多。（3）专业设备、高速率、万能效力，以土代洋。（4）加工之改造，减去金属之使用量。

此外，搞科学研究，人员指定为 1,500 人，脱产研究人员 300 人（最近可以达到）。

坚决做到上马后不下马。

继往参观小红山南京精密光学仪器厂，观摩磨玻璃过程。

最后，游玄武湖五洲公园（在梁洲喝茶）。

夜 8:00 至 10:30 小组讨论。

四月二十五日 星期一

上午 参观南京化学工业公司。

该公司由八个单位组成：（1）永利碱厂。（2）炼肥厂。（3）煤厂。（4）化工机械厂。（5）建设公司（基本建设）。（6）公用公司（运输、铁道）。（7）化工学院（三系）。（8）华东化工设计院。另有车间若干。职工约两万。

该公司最早基础乃范旭东、侯德榜始于 1937 年开创的造碱业。

硫酸今年生产 90 吨，肥料六七百吨。现为综合性企业，原只有 4 种产品，今增加甚多。

今年奋斗目标：（1）尖端。（2）教育体系（由幼儿园至大学、职工班、护士班、研究所 4 个——教育成果、研究成纲）。（3）三番（产量、质量、产种）。（4）四省（省材料、省技术、省时间、省人力）。（5）三无（无废物、无废气、无废水）。

参观程序：宁厂（硫酸等）、化工机器制造厂。下午，磷肥厂合氨车间。

　　　　　40 万吨　硫酸氨

　　　　　　　　　硫酸

年产　30 万吨　硝酸　四种主要产品

　　　　　　　　　磷肥

　　　　　　　　　氮肥

归途游鼓楼公园及夫子庙。

夜　苏省政协招待晚餐。写发言稿至 12∶00 许就寝。

四月二十六日　星期二

上午　在省政协开联组座谈会：卓观培、周乐怡、林应强、谢申、汤泽光、黄庆云、蒋相泽、郑曾同。

下午　雨　访罗尔纲。

夜　夜车去徐〈州〉。

四月二十七日　星期三

车误点，下午 1∶00 入大同街徐州人委会第一招待所。午饭后民政局孟局长报徐州社会福利生产情况：

解放初，徐州原为消费城市，贫民、游民较多。根据中央生产自救方针，除救济外，曾作了一次调查，有 23.4% 属城市贫民，当时人 40 多万，救济费 40 多万元。生产自救后改为工业生产。自 1956 年起全面组织起来，全市分区分街道组织，从无到有，从小到大，生产是无定型的，从最贫人口作起。1958 年起 1,000 人以上为大厂，小厂则 10.8 人不等，共有 764 个厂。三级领导：（1）市民政局。（2）区。（3）街生产小组。市领导的约 30 个，人数约 500。街道生产为服务性的加工的。

1956 年起，生产单位逐渐增多，以前 23.4% 贫民的生活基本上已获解决（除年老丧失劳动力者外，但不是由政府救济，而是从生产节余来救济）。

以前每人每月救济为 4 元，多 1 人多 3 元，今每人每月平均生产为 20 元以上。

生产自救，调动了城市一切积极因素。城市中老弱残废不少，亦组织之使其生产，不致受家中之歧视，且足以维持自己生活有余，觉悟也提高了。全市聋盲人五百多（郊区在内），今 90% 多都组织参加生产了。另外，国民党留下来的兵匪、流氓亦被安排到打石厂、烧砖瓦等劳动力较强的工厂里，每人平均收入每月 50 多元。

有 1.8 万人纳入街道办事处生产体系。

有 7,000 余人××××××××①生产体系，合共 2.5 万多人。生产品种 2,000 多，产值 8,000 多〈原文如此〉。属聋哑残废体系。市直接领导的有 12 厂，内有综合利用厂。

大山菜园：1.2 万亩地，前为不毛之地。1955 年起组织一部分游民开荒，种果及粮食。今有 5.3 万多棵果树，以苹果为最多，水蜜桃亦多。养猪 8,000，鱼塘多个（五六万尾鱼）。

工艺工厂：生产手提袋、玩具。有哑巴工人。

地委提出目标及其口号："粮竹，双百元，五业育发展，跨淮河，赶江南"。"煤炭挂帅、二百三，轻重〈工业〉全发展，产量翻一番"。"跨长江赶南京，创造奇迹上北京"，"荒山变景园"，"赶南京、赶苏州，不夺冠军不罢休"等等。

继往地方国营徐州市社会福利工艺工厂宝素珠车间（云龙山东山西会馆旧址）：

全厂 350 多人。对象：（1）贫民。（2）烈属。（3）复资军人。（4）聋哑。一半生产，一半福利。产品：钮扣、装饰品、颈圈、拖鞋、钱包。去年出口，今年内销为主。

再往泰山果园，姚主任介绍：

解放前，该地下午 5:00 前后没敢走路的。没人耕种。1953 年收 53 人于此，劳动改造。现土质得根本改变。去年生产 10 万斤蔬菜。

---

① 原文缺记，估计为市等其他有关机构。

人亦改变，85%—90% 的人转为园艺技术工人，每年一评（有时二评），男女有 5 对结婚，有 5 人达到技术员水平。现有 2,500 多方土地，人员一百多，树 5,200 株，品种有天津黄桃、无锡水蜜、本地黄桃。1959 年收入 11 万元。另生产干果（核桃、板栗）。

夜　地、市委招待晚餐及看本地戏。

四月二十八日　星期四

上午　往贾口煤矿（离徐州市东北约 30 公里）。郑书记介绍：

徐州煤田，开发今已 62 年（1898 年开始）——苏轼《石炭歌》已记此。最高年产量 523 万吨（平均 40 万吨）。1948 年 11 月此地已解放，之前他为体力劳动，解放后一手抓生产，一手抓改建，不久改机械运输，先为柴油车，后为无极线，最后为加线回车。现有康拜因割〈挖〉煤机。徐州煤田主要有：徐州东区——已查明蕴藏量为 30 亿吨。今有 9 个矿，21 对井，设计能力 497 万吨，今年准备出 760 万吨，力争 800 万吨。西区——徐州之西部九里山（西楚霸王）大煤田。18 对井，今已开 7 对，用最新技术，矿工不下井，矿汽化。徐州再往西北——丰、沛县今年特有两对井。以上三地区二年内特生产达两千至两千五百万吨。

现有生产工人 4.2 万，连打井等共 536 个工人。煤属石盒子系，不为山西系，其下为太原系，最适合工业用。大黄山之煤经过洗后，可以炼焦，硫成分比较低，灰分低。

养老院，16 人，每人每月饭费 15 元，有鸡、蛋等。

复往夏桥煤矿参观：

丁书记介绍：已开发 30 年，设计能力以前最大为 60 万吨，以前最高生产量为 45 万吨（国民党时期），最高日产为 2,000 吨。解放后设备能力年产 70 万吨，1957 年出 91 万吨；1958 年 124 万吨；1959 年 165 万吨。

以前采煤用残柱式，今改用长壁式，浪费大为减少（以前仅收 60% 左右）。

1958 年用水力开煤，效率更高，工序简单。

"三无"：无人、无坑木、无水。

今有工人 6,500 多。煤井深 85 公尺，最深的达 250 公尺，将要达到 300 公尺。大量运输用直流电车。巷道分风道和运输道。

口号："老井变新矿、薄煤夺高产。"

晚　小组讨论问题。

1. 对参观徐州生产福利事业的体会：从组织群众，改变自然到改造自己。

2. 对参观夏桥煤矿的体会：甲，技术革新。

3. 工人阶级的跃进精神。

夜　与何天相①往澡堂洗澡。

四月二十九日　星期五

早　参观铜山县筑港工程局。

1958 年底决定建港，因东南西北有煤矿区。1959 年施工，提出 7〈月〉1〈日〉将主要工程完成（即一年多时间），初步要求每年运煤 220 万吨，土方 250 万方。与东海县共有 1 万多工人。开展技术革新运动。今年第一季度计划提前 16 天完成。

搞动力，马达缺乏，今用风动机、土式起重机。

可靠两艘 2,000 吨船位，深至 9—10 公尺。

运河底宽 46.5 公尺，港地底宽 290 公尺。

下午　参观徐州市汉石画像室及云龙山（山顶为放鹤亭）。

茅村汉墓画像石、韩信点将台……送晖亭、试衣亭、放鹤亭（有石刻东坡遗像，乾隆己酉关槐摹。坡仙笠屐图，洪武十年宋濂题，光绪丁丑重刻）、饮鹤泉（有潘季驯题壁诗）。

石佛像，在云龙山东兴化寺内，面东向，东三丈余。是北魏太武帝南侵时（451 年）到了徐州，今劳动人民就着山岩巨石雕刻成的。

---

① 何天相，广东中山人。曾在中山大学和中央研究院植物研究所工作。曾任华南农学院、中山大学教授。

与栖霞山石佛像雕刻风格相同。山曾被命名为石佛山（见《五代史》）。城西北有燕子楼，又有王陵田墓，均未往访。

夜　7:00至9:30小组讨论。10:00夜车去郑州。

四月三十日　星期六

早　9:00抵郑，寓经三路1号省人委招待所。

午　饭后参观治黄展览会，听下游修防"宽河固堤"的方策。游高城故址。

夜　自由活动。是日咳嗽，身体殊不适。

五月一日　星期日

早　8:00往花园口参观枢纽工程。

东风渠（单纯灌溉）、人民胜利渠（主要供灌溉）、共产主义渠（河南、河北、山东灌溉外，且供工业用水）。1958年修。

工程在新黄河桥下8公里，离蒋匪1938年炸毁之决口上游约三公里，当时受浸人口1,250万，灾害时间9年。

由6个主要工程组成：（1）泄洪闸，钢根混合土造成。18孔，每孔10米，总长108米。控制水流量之用。（2）拦河大坝，用土筑成。（3）溢洪堰，在坝中间。（4）防护堤，在河之北岸。（5）发电站。（6）船闸，在发电站之旁。

栏洪大坝，长度4.8公里，顶宽20米。

溢洪堰，长度1.4公里，起太平门作用。

发电站，6万—7万瓦，可供农村气化用。

大坝修成后，可沟通南北岸交通。将来南北运河（北京至广州）在其上游（黄河铁桥之上游）。

工程去年11月重点开工，今年1月全面开工。本工程特点：技术高且繁杂，采用苏联先进经验。施工劳力两岸共13万人，技工2,000余人。工人中有两代被黄河淹死者。预定5月间合拢。回家投资5,800万元，河南省主办，全部工程1,000万方。归途在花园口展览馆参观。

东风渠1958年4月7日正式开工。9月11日竣工放水，全闸五孔，正常输入水能力为300—600秒公方，最大可达1,000秒公方。能灌溉郑州市和开封、许昌、商丘三专区18个县市的800万—1,500万亩耕地，并可发电、航运和发展多种水产经济。东风渠是民办公助的大型水利工程，除首闸和一段总干渠由国家投资434万之外，其余工程完全是受益地区群众自办，以每年增产16亿斤粮食，将近国家投资的40倍。

下午　原规定时间写总结，我因引凉，发热38°6，中午午睡，梁绮诚医生为打针，服退烧药。

夜　豫省政协招待看梆子戏，我在招待所休养，未出席。

五月二日　星期一

上午　本团参观国棉三厂，我仍休养，未有参加。闻该厂有纱锭10万，线绽3.5万，织布机2,500台，2,500余人。

下午　精神仍甚疲乏，浏览日记，整理资料，构思腹稿。

五月三日　星期二

上午　参观砂轮厂，我仍休养未有参加。砂轮厂投资1.3亿元。

下午　参观红旗人民公社。

党委书记介绍：

1958年8月10日建立，以居民为主。3万多人，20条街道，回民5,000多人，余为汉民，满、苗和朝鲜族等3,000多。解放了3,460个劳动力，其中妇女2,000余，安排到托儿所等地，不花国家一文。最大工厂有200多人，中小型则10余人。产品由7—23种（1958年）；23—240种（1959年）；1960年头三月产值超过1959年全年产值。产品包括化工、火药等。

现有58个食堂，90%多人参加食堂。幼儿院15个，文化宫、图书馆、剧场各1。

发展起来原因：提高社会主义觉悟以后，青年男女积极要贡献力量；工厂吸收不了。

碰到五个问题：（1）资金。（2）设备。（3）劳动力安排。（4）技术。（5）原料。

名字经毛主席指示后决定。

1959年结算，公社公积金200多万元。

从经济地位看，妇女有当厂长者。

成立时，提出苦战三个月不要工资。今天平均工资27元/月，最低23元/月，最高70多元/月（共7级）。劳动时间：8:00至12:00。

工业产品产值2,300多万元，1962年将提至二亿元。

参观该社化工厂（制碱）烧碱车间、刷鞋粉车间、幼儿院、电机修配厂、市前街第一食堂、敬老院。

夜　7:30至9:30小组讨论。

五月四日　星期三

早　参观郑州大学。

党委王书记介绍：

1956年下半年开办，今年暑假有第一批毕业生。初设数、理、化三系，1959年后大增。全校教职员工学生共3,000多人。9系：汉语文学系、政治历史系、工科4系（机械、电机、土建、水利）、数、理、化系。教授、副教授20多人，连讲师50多人，助教120多人。计划学生数不超万人，14个系（拟增生物、无线电、外语），基建面积12.13万平方公尺。

去年49门课中有37门得优良。科研质数量大有提高，"大跃进"以来共完成1,010项，其中尖端220项、国际水平28项、国内水平205项、服务生产424项、服务教学478项、技术革新162项，包括电子计算机、黄河下游流量演算仪、立体测量仪的附加自动装置、静电加速器、r-谱仪、电模拟计算机、超声波探测仪、超纯锗的物理提纯扎设备（土洋并举三大优点）、丙酮（转化率87.5%，世界最先进水平）、合成工业原料、橡胶塑料人造丝的熔剂等。1960 年声势浩大，大兵团作战，且校内外工厂企业合作，以任务带动科研，这半年科研与技术革新紧密结合起来（"到工地去，到工厂去"）。

政治历史系情况：专业：政治理论（本系拟改为政治系）。课程：历史学部分。

中国古代史 1 年，每周 4 小时。

近代史 1 年，每周 4 小时。

现代史（党史）五四运动止，1 年，每周 4 小时。

1949 年后，1 年，每周 3 小时。

世界史分期同，现代以国际工人运动为中心。

十月革命前，1 年，每周 5 小时。

十月革命后，1 年，每周 5 小时。

政治理论三个专业：

1. 党史（资产阶学术思想批判、毛泽东思想、党的建设、经典著作选读）。

2. 政治经济学（中国、世界经济思想史，资本论，社会主义经济研究）。

3. 哲学（中国、世界哲学史，心理学，自然科学讲座，逻辑学）。

毛泽东思想分 19 专题（对马列主义的发展）。

教师 30 多人，教授 1 人，学生 130 多，四年制，三年学习完毕。

主要研究及其论著：《毛泽东论阶级斗争、思想改造》《毛泽东思想万岁》《郑州大学校史》《二七大罢工斗争史》（已出）《1919—1938 年豫本纱厂工人斗争史》《大跃进中的郑州机械厂》《登封大金店人民公社调查资料》《郑州街道人民公社的几个问题》《红专大学简明哲学课本》《河南现代工业发展史》（及资料合编）《郑州市解放十年史料汇编》。

下午　联组座谈：黎献仁、张人鹤、许天禄、刘节、罗潜、陈俊民、翟克、梁绮诚、何绍颐。

夜　7:00 离郑搭快车去汉。

五月五日　星期四

晨　8:00 抵汉。寓武昌解放路武昌饭店 117 号。9:30 参观长江大桥：

25 个月筑成，大型管柱钻孔法（与压气沉箱法不同）。经费 6,580 万。全长 1,670 米，正桥 1,156 米，两桥墩相距（跨度）128 米，8 桥墩 9 孔共 1,152 米。分上下两层，上层可以并行 6 部卡车，下层可对开两列火车。桥高 80 公尺，可以通万吨巨轮。

下午　参观重型机床厂。

1955 年 4 月建厂，去年完成，今年投产，提前一年半。边建边产。

1958 年国家原定生产 43 台，实际出 65 台；1959 年产 436 台（超过本厂原有设备能力 425 台）。由于技术革命，效率提高到 45 倍。1960 年国家计划 600 台，预定可达 670 台。每台机床重 400 吨，最轻者亦 20 吨。8 公尺螺旋齿轮，三四年之间便将全部超过英国。16 公尺、重 1,000 吨机床。12.5 半铣床为世界少有。厂房面积 50 万平方公尺。

超重型机床将于明年出现。

加工直径 25 公尺（小型运动场之大小），世界少有。

职工 750 多人，培养出整套技术，管理干部。两个人技术学校及代外厂培养人才。苏联帮助设计。

投资 1 亿余。

工人平均年龄 23 岁，工资平均 59 元，最高 104 元，最低 34 元，总工程师 200 多元。

参观第一加工车间、铸造（翻砂）车间、锻造车间、工具车间、齿轮加工装配车间（龙门刨铣床，长 20 公尺，宽 5 公尺）。

夜　谭葆宪[①]来访，写总结。

五月六日　星期五　武汉低压锅炉厂

4 个大气压以下为低压；4—40 个大气压为中压；40 个大气压以

---

① 谭葆宪，广东新会人。时任武汉铁路局总工程师。与作者是天津南开中学、清华大学时期的同学。

上为高压。

杜书记介绍：

该厂乃 1986 年随"大跃进"形势而产生，由 6 个小五金合作社〔（1）产量小金属产品。（2）自行车。（3）修理木船。（4）鞋扣等〕合并而来，当时名华中锅炉厂，400 工人，有二人略懂锅炉。合并时一穷二白，贷款将近 40 万元，车间及工人住的席棚，政治、经济、组织……上都混乱，设备仅一两破旧机器。

今新生产 10 吨简单锅炉（6 月后将产 20 吨的），18 根无缝钢管。

技术革新：从体力劳动转到 90% 以上自动化。

如（1）铸工：加料机代替了肩挑；（浇铸）吊车代替了浇铸；节砂用节砂机。（2）冷作车间：风压机、电焊反转台，1 个人作 8 人工作，无缝。（3）金工车间：四头钻床（自制土设备）、旋风车丝床（提高工效 15 倍）、车摇臂（提高工效 7 倍）、三头龙门铣（提高工效 3 倍）等。

全厂 600 多人，缴给国家利润一季 1,000 多万元。

下午　往看轻工局机械厂。

党委陶同志：

该厂从无到有、从小到大、低级到高级，从手工业到机械化发展。

1950 年 4 月由 14 个挑铜匠工人组成，修锁配匙，当时名为武汉市五金修配业合作小组。

易主席讲：在政治上虽已翻身，经济上则未，每人凑 13 元，借 182 元，租下 20 平方公尺小房子，到外接任务在家制作，碰到困难很多，有 8 人退出；剩下 6 人坚持到 1952 年。其时政府对合作社大力补助，工人觉悟亦有所提高，从而合作就有所发展，"三反"后社员发展至 23 人，盈余 1,000 多元。1953 年在此基础上继续发展，成武汉市第一五金合作社（低级的）。1954—1956 年合作化高潮中由低级发展为高级。1956 年，社员 250 人，资金 50 多万，第四五金合作社亦合并进来。1956 年生产单铧犁等农具及门窗、大锁等，厂房亦扩充，地址仍在城中。1957 年搬到今地（韩家屯，菜地），厂址 4,000 多平方米，部分草蓬，部分砖瓦房，生产水管子、配件等。

1958 年 4 月新变化：高级社巩固下来，党全民大办工业时，要求转为国营，批准成立了"武汉市汉口机械厂"。1959 年改今名，因生产任务改为面向轻工业。改国营时职工 350 人。

1958—1959 年之变化：职工 930 人，一度发展到 1,000 多人，后支援他处。厂房 14,000 平方米、6 个车间、设备 120 多台（大部土设备）。

困难之克服：转国营后，生产少数车床，技术力量薄弱，工程师、技术员全无，技术员今仅有 4 人（原工人）。同时无内行人指导、设备不行，厂房也不行。在思想斗争，克服条件论后，徒工成了干部。设备由小变大，厂房扩大、边生产边建设，面貌大变。6 月将生产日产 40 吨造纸机。1958 年产值提高 1.3 倍，生产 240 台。1959 年产值（70 多万）提高 70% 以上，产品 400 台。1960 年产值翻一番（1,600 万），产品 54 种，配套 627 台。

夜　饭后承邺来。看汉剧《穆桂英智破天门阵》。

五月七日　星期六

上午　9:30 到武钢。

交际科李科长介绍：

武钢原地名为青山，1957 年 8 月开工，离今二年许。分二期建设，包括矿山、选矿、消解、炼焦、化工、耐化、炼铁、炼钢（各种产品钢材）。主要厂有 18 个，另车间。

产量翻一番，投资省一半。预定 1961 年完成第二期工程，产量 350 万吨。

〈口号〉："人人动脑筋，天天有革新"，"毛工消灭声音，电焊消灭火花"，"土法上马，土洋并举"。

以 14 个月时间把一号高炉（73 公尺高）提前到 1958 年 9 月 13 日出铁，比原计划提前 10 个多月。接着以 140 天的高速度建设二号高炉，并于 1959 年 7 月 14 日出铁。今年建第三号高炉，2,500 吨，小炉 4 个，每个 800 吨。今年工业产值将增 35 倍。

下午　武汉大学。

张〈勃川〉书记：

学生不足 4,000 人，教师 500 多，10 个系（暑假后添 1）。化学系最大，学生 800 多，物理 700，生物系不足 400。经济系学生不多，教师多。图书馆系、外文系较小。理：文 = 6.5：3.5。化学、物理、生物近年新专业设得多。数学系方向 1958 年大改变。

师生关系变化显然。

过去不重视生产、实验，现得到改进。

干劲大。

中央教育会议后，离教育改革要求甚远。

理科新设专业多，摸不到头绪。抓科研，带动培养师资。最近下乡、厂去的已三百多人。

校内基础课有问题，因与生产结合较难，做得不够，特别是试验方面。物理系搞的主要是试验室。"五化"试验的太繁杂，不准确。

理科抓技术科学，数学系亦如此搞。

理论课亦甚活跃，经济系与湖北省合作，编写教科书。

哲学系担负写教科书。

中文系搞中国文学概论。问题：（1）体系。（2）方法。（3）思想性与艺术性、政治性。（4）遗产与革新。

历史系：（1）如何对待历史？写历史？（2）从上层建筑或经济基础？（3）劳动人民创造什么？教育革命怕搞到自己头上，甚至领导也不够明确，与政治运动不同。

没有毛泽东思想，没法下手，没有力量。

红五月学习毛恩居多，三篇文章上《红旗》。

究竟什么是多快好省，尚未接触到。

"一条龙"——幼儿园、附小、工农中学、大学。

不要认为老先生改造已够了，要逐步深入，不断提高。

历史系：压缩内容，提高质量，学习毛泽东思想，如何建立人民历史体系？不是统治阶级内部矛盾，以人民为主体的教学大纲，写出新的讲义。学生边上课，边鸣放。

中文系，党委抓，灵魂课（文学理论），学毛泽东思想，青年学生做得好。拟仿中文系将中国近现代史作灵魂课试点。论列宁主义三篇文章，一论再论。刘少奇：马列主义在中国的胜利。中国古代史以陈寅老思想批判为中心；近代史以尚钺思想批判为中心。世界史以客观主义、经济史观之批判为中心（个人英雄史观）。

夜　与承邺登蛇山。

五月八日　星期日

上午　参观湖北省武汉市技术革新、技术革命展览会（中苏友好大厦）。

1960 年 4 月 1 日展出，停展了一段时期，因技术不断革新。9 馆（交通、农业、教育馆等）。

面积 3,000 多平方米。

机械化（半）、自动化（半）不断提高例子：（1）财贸馆，市三届党代会二次会议以后两个月革新项目 25,339 件，联动作业线 538 条。（2）轻工业馆，轻工业机械化程度由原来的 40.5% 提高到 61%，手工业由 23.10% 提高到 51.63%，同时在向高、大、精、尖、新、名进军。新产品 700 多种，新花色 1,500 多种，提前 22 天完成了第一季度国家计划。（3）化学工业馆全系统机械化程度到 3 月底止已由 1959 年底的 43.31%，提高到 80.86%。大搞综合利用，反复利用。

下午　写总结，寄〈张〉培刚①、〈陈〉国强、小七函。
夜　7:30 至 9:30　小组漫谈。咳嗽，颇觉寒冷。

五月九日　星期一

上午　武汉（高压）锅炉厂。
筹建于 1953 年，1954 年抽调干部（从广东调来），实际生产从

---

① 张培刚，湖北黄安（今红安）人，"发展经济学之父"。时在华中工学院（现华中科技大学）工作。是作者的老友。

1957 年开始。解放前不能自造锅炉，今有 35 吨锅炉，把水变成蒸汽，另二种：65 吨及 125 吨，争取产 600 吨锅炉。原设计蒸发 4,000 吨蒸汽，今年生产能力争取达到蒸发量 6,000 吨。

技术革命（革新）：尚未达到完全机械化，手工操作不少。厂内运输，原用人抬，今改车子化。有了龙门吊车、钳工万能机床。食堂已机械化（蒸馒头、切菜等）。

本厂基本上自行设计，规模比上海的大，不及哈尔滨。面积 10 万平方米，工人 5,000，老工人师傅登记者只 5 人，1,000 多技术职工皆为青年。

下午　本团游东湖，我发烧没有参加，在旅馆抄总结，夜睡绝早。

五月十日　星期二

上午　联组发言：文端书、容庚、李卓豪、王德辉、林模、何竹林（中医科学化、西医中国化、中西团结）、谢梦驰、利家和、王崇和、何天相、梁方仲、陈励刚、高琼珍、肖祖徽、桂灿昆、李敦化、陈坤培、黄景夫、梁宗岱。

下午　刘隆凯①、张培刚来访。下午仍觉阵寒阵热。交际处招待本团晚餐，我没出席。

五月十一日　星期三

上午　团总结（朱明团长）。

收获：总起来说，每一个同志在原来思想基础上有进一步提高，对三大法宝有较清楚的认识，对自我改造有更迫切的要求。一月参观胜读十年书，受到了生动的直观教育。

1. 对祖国伟大重工业建设之飞跃巨大发展有了认识（上海锅炉厂、南京化工公司），史无前例。

---

① 刘隆凯，作者在中山大学历史系的学生，时在武汉教育系统任教师。

2．生产发展之高速度。杭州都锦新丝织厂、江南造船厂、上海汽轮机厂以两年时间完成了英国几十年工作。

3．产品精、高、好。上海广泛应用了超声波的设备，施工越来越快。

4．大搞土洋结合，土法上马，对总路线怀疑肃清，"耳听三分假，眼见十分真"。

5．文教方面和工业同样有大发展。浙大学生由少数增至三千多，今年将增至一万，该校连贯性的教改有特色。

各学校皆在搞技术革命（新），与教育革命相结合。毛泽东思想之收获，反动时期之对照。文化（上层建筑）革命现在刚开始，办各种学校是必需的。

6．对城市人民公社有了认识。全民办工业之前景：不需再救济，修路，城市绿化，改变了人民的思想，和睦互助，是历史发展的必然趋势。不是很久，而已在各大城市已办起来的问题。汉府新村和红旗人民公社原来都是贫苦地区。能制造磷，不简单。80多岁老人参加生产，不容易。

7．对热火朝天的技术革新（命）有了新的认识，它可缩短国家建设的历程，对发展生产力有决定意义。联带厂七天完成机械化，南京"中国风格"的产品，节省劳动，降低成本。

8．党和群众路线的正确和伟大。关起门来革新不能有成就。千千万万的诸葛亮隐藏在群众中。

9．工人群众的智慧是无穷无尽的。汪师傅高小文化程度，创造了40多件工具。

工人敢于破除迷信，不迷信书本，不迷信资产阶级专家，有革命乐观主义、革命干劲。孙子病不管，结婚也忘记了。

"困难像弹簧，看你强不强。"

党的政策为群众所掌握时便成为巨大的力量。工人阶级的共产主义风格：困难留给自己，贡献让别人。

工人阶级高贵品质之来源，为谁服务，我们尚未解决。党不只进行了政策的领导，而有具体的领导。

为什么取得这样（这次参观）的收获：

1. 省委关心，下决心帮助我们。

2. 每一地方党和政协给我们很好的安排，提供了突出的项目和舒适的生活条件。

3. 本团贯彻了集体领导，工作人员付出大量劳动。

几点体会：

1. 必须特别强调参观的目的性（提高政治思想性，进行思想改造）和端正参观态度（以普通劳动者身份出现，虚心学习），有的放矢，学习劳动人民的思想感情。存在的问题：（1）强调业务，对口参观。（2）不够虚心，联系自己思想实际较少。

2. 参观过程就是学习过程。必须抓小（联）组漫谈，个人总结、团总结。否则便会浮光掠影地过去。

3. 根据团员不同情况，在条件许可下，结合了对口参观（但以集体参观为主），但这一方面绝对不能强调，否则失去了政治教育意义。

存在问题：个别同志态度不端正，写总结不认真，对工人阶级感情仍格格不入。

11:00 陈国强来访，小七随来。

下午　访彭雨新、丁文治、李崇淮、陈永龄①、夏坚白、王之卓②。继与雨新游洪山宝通禅寺。

夜　9:45 火车离汉。

五月十二日　星期四

夜　9:45 快车抵穗。就寝时已 12:00 矣。伤风咳嗽仍未愈。

---

① 陈永龄，北京人。历任岭南大学工学院院长、武汉测绘学院副院长、国家测绘总局总工程师、中国科学院学部委员等职。与作者结识于清华大学，后为同济大学、岭南大学时的同事。

② 王之卓，直隶（今河北）丰润人。历任青岛大学、武汉测绘学院航空测绘系主任、副院长，武汉测绘科技大学荣誉校长。

五月十三日　星期五

上午　明樨来谈。

下午　2：00 开"三反"大会（本系）。

王裕怀：90 多大字报，对领导提意见，官僚主义（党代表大会第 19 次），被宣布为共产主义死敌，集中表现为脱离实际、群众。反贪污、反浪费当为次要。

1. 对贯彻党的教育（科研）方针不够深入细致，放弃领导。两次教学改革及劳动锻炼收效是大的，但未能充分暴露矛盾和经常继续解决之，不集中力量而使用力量分散。1959 年教改四大措施：（1）单科独进。（2）重点讲授、专题讲授。（3）亚洲史与世界史合并。（4）厚今薄古，从现代史讲起。问题不在这四个措施正确与否，而在于不了了之。对科研与教学，抓一头，放一头，表现在集中力气标点《旧唐书》，后才大搞教学大纲讨论。对生产劳动、对教师方面抓得不紧，对青年教师之培养做得差，古代史教研组本来可以开课，估计不足。

2. 对教师、同学政治思想情况关心不够，对生活亦然。

3. 有计划，无措施，没贯彻下去。无总结，无长期计划，被动得很。对党方针、政策研究得不够。开会多、长，调查研究少，学习少。忙乱。

4. 个人（按：王自己）有依赖思想，认为教学、科研应由党内专家负责。必须主观努力与群众路线相结合。懒于学习、高高在上，不踏实，不够深入。试验田，亚洲史没贯彻。

政治修养差，好争辩，不给人下台。特权、剥削思想严重。

钟一均检查：行政方面应为贯彻、体现党总支的决定和意图，将工作组织起来，仅满足于一般会议。3 月前 12 天中，开会 26 次，但行政会议没开过一次（系务会议亦如此），不深入细致。课程内容有重复，科研没总结、评定。学术思想亦然，干部处理得过且过。劳逸不均，青年教师培养不具体，没检查。

右倾保守思想是主因。剥削阶级表现为怕困难，图方便，极力缩小自己的管理范围，集中在亚洲史研究。

五月十四日　星期六

上午　在家看书，未上课。

下午　分组写大字报：土地制度论文，《明实录》农民起义资料总结，经济史存在问题，与研究生关系。

夜　继续小组漫谈。

五月三十日

爱女承烈不幸去世（早 1:55）。致死病名：流行性脑炎，中毒性心肌炎（填表单位：中山一院传染病科二区）。

七月十五日　星期五

早　7:30 自市政协开车。

（广州—阳江　　　263 公里　　　¥8.06

阳江—赤坎　　　238 公里　　　¥7.21

阳江—茂名　　　202 公里　　　¥6.12

湛江—茂名　　　115 公里）

12:00 在鹤山沙坪午餐。

5:30 抵阳江，寓两阳旅店。

参观猪场（母猪城，肉猪村）。

1955 年 3 头母猪，今有 6,700 多，实有 1 万多（全大队计算）。

猪场 10 个。

每人管母猪 20 头，肉猪 80 头。

晚饭于南强酒店，饭后游街。

七月十六日　星期六

寄母亲信片一。

早　8:25 离阳江。中途在织篢休息。

午饭于水东。因早点包子不干净，同行疴者甚多，予亦疴，幸尚不呕。

中午 2:00 离水东。在黄坡休息。4:30 抵霞山（西营），寓海滨招待所 407 号。

七月十七日　星期日

早 7:30 参观东北大堤堵海工程。

堤长 6,820 米，土方 176 万立方米，石方 44.4 万立方米，将东海岛连起来。

盐场总体规划示意图：

总场 11,000 公顷。

临定分场 1,500 公顷。

东海岛（排水闸）。

东参（?）分场 1,100 公顷。

民安分场 2,000 公顷。

西南大堤：

堤长 15,560 米，土方 265 万立方米，石方 63.3 万立方米。

南三岛，南三分场 5,000 公顷。

搬运工具最初依靠粪挑、扁担，今改用输送带——木输送机、木挑。

由 11 个人民公社搞，地方投资，民办公助，中央补助，统一劳动，统一组织，民工不计报酬，共产主义工程。

潮水发电站 装机容量 6,000 千瓦。

鱼年产 11 万担。

铁路专线长度 11.5 公里。

码头年吞吐量 450 万吨。

每天 5,000 多人作工。

游湖光岩，有李纲题石。

下午 游赤坎全市，西〈鸡〉山公园、寸金桥等。

夜　参观团座谈①。

七月十八日　星期一

港务局王局长：

湛江港乃自己设计之南方大港之一。过去我国许多港口依靠外国建成，如大连靠日本，秦皇岛为英国，青岛则靠德国。湛江由法国建码头（100公尺长，3公尺宽），日本占领时又建一码头，两者合起来仅五六公尺宽。

1953年我来此地，职工初时30多人，后扩至60—70人，再后达1,000多人。吞吐量7.8万吨，后至30万吨。

1954年第四季开始施工，1956年开始使用，边建设边使用。

吞吐量原设计每年为150万吨，9个仓库（今仍如此）。湛江港今改为综合利用码头（五金、煤炭、白面、杂粮、化肥、香蕉、矿砂等）。今年吞吐量比1956年增加五倍，比1957年增加100％，五金（钢材）进口一年比一年少，化肥进口一年比一年多。

设备：8部调动机，10台吊车。

去年新建帆船码头。

吞吐量去年240万吨，今年预计超过300万吨，超过1956年的10倍以上。

建港前，此地原为一沙滩，无树、无房，建港后，绿化并建成海员俱乐部。

港口每次可靠大船5—6条，小7条。

化工厂李书记介绍：

三个厂联合起来——1958年"大跃进"产物。现由磷肥厂、纯碱厂、石油化工机械厂构成，为全国第三化工基地。

筹备、设计、施工时间共计二年多。

产品：化学肥料。磷肥年产20万吨、氮肥24万吨、硫酸年产16

---

① 梁方仲有发言。

万吨（先成立小硫酸车间，每年 4,000 吨）、纯碱每年 16 万吨（今年暂定 8 万吨，将来可发展至 32 万吨）。

发电站　6 千瓦。

水工房，投资 280 万元。淡水，打了八口井（湛江全市仅二口）。

纯碱制为硝碱，15,000 吨，尚未开工。全国只有大连、天津及木厂有纯碱。

碳石来自黎塘，磷来自云南，硫来自英德。

厂内一共 7 道铁路。

全部投资 1.5 亿元。

工人 2,000 多人，全部建成时将约有 1 万人。

厂占地面积　200 公顷。

下午　亚热带热带作物研究所试验站。

董主任介绍：

职工 300 多人，面积 7,000 多亩。研究对象以橡胶、香料、木本油料三种为主。

1954 年一次讨论，有人认为此地不适宜种橡胶。过去一年橡胶树直径增长了 0.1 公分，树干增长 3.7 公分，乃至 4.3 公分。

现在看来，用不着 10 年胶树便可割胶，4—5 年便可（南洋为 5 年）。

香料作物有 100 多种，但主要为三种：（1）香茅（用作医药、食品）。（2）丁香（一公斤 100 元）。（3）香根（蒸油）。香根 1947 年从印尼引种，今种有 2,000 亩，作定香剂用。每公斤 380 元，一年起一次根。在印尼种在沙地中，拔根容易，此地种要 80 多劳动力，加工费劲。

木本油料：（1）油棕——植物油为主，含油量 50% 多。（2）腰果，含油量 70% 多（种皮 30%，种仁 40%）。（3）油梨，蛋白质 30% 多。

此外其他作物有木薯（淀粉用）、剑麻（纤维）、咖啡；药用植物：罗敷木、丹宁、绿肥（500 多品种）。

职工生活不断提高。1953年每人一凉席、一绑条包。今年每人每月平均工资27元，高者50多元，提高3—10倍等。口粮国家供给每人每月34斤，每人平均10斤木瓜。

种植面积：去年3,000多亩，今年4,000—5,000亩，人数不增，劳动强度不改。

夜　自由活动。寄家中、明樋、小七各一函。

七月十九日　星期二

电州（白）青年运河。

1958年总路线产物。5月决定建设。廉江、遂溪、海康、湛江市四县（市）参加。6月开工。

水库：

集雨面积：1,410平方公里。

水库积水：122平方公里。

平均年产水量：17亿公方。

有效用水量：保证率75%有效用水量（118亿公方）。

正常水位：珠基高程40.5公尺，相应库容8.76亿公方。

最大水位：库容10.32公尺。

水库水面积宽：122平方公里。

溢洪量：900公方/秒。

大小土坝：32座，共长67公里。

灌区：

运河全长　178公里。

灌溉面积　250万亩，其中水稻田80万亩。甘蔗80万亩，花生、番薯、其他90万亩。

灌溉正常流量　110公方/秒。

发电量　1万瓦

通航　运河178公里及7条干渠均可通航。行400吨船只，北通广西，南达南渡河，东至湛江港，西通安铺。

运河宽度：（最宽）32 公尺。

土程全部 4 亿土方。民办公助，国家给 1,700 多万元，全部工程需 3 亿元，余皆公社自筹。

运河建成解决了湛江市自来水水源问题。

70 多岁老翁带孙子亦来参加工程建设，许多人表示不修好运河不结婚、不回家。

靠群众，靠公社，技术人员自理。

养鱼 12 多亿（尾），今年计划放 5 亿尾，种果树：橙子 13 多万株，有沙梨、菠萝、荔枝、香蕉等。养牛、羊、三鸟、兔。建风景区、疗养院。

下午　5:00 湛江市统战部部长梁槁栋介绍：

解放前面积 3 平方公里，人口 5 万。1898 年法国租借 99 年。1940—1945 年日本占领，赌馆 120 多间，烟馆 700 多，乞丐 1,000 多人，每天有自杀案，"水鬼塘"今改制冰厂。法人育婴堂二间，多为弃婴。解放前工商业不发达，工厂固定工人不超过 10 人，连最大的发电厂在内（临时工 70 余人，发电量 500 千瓦）。工人与店员人口仅占总人口的 1.2%。植树 2,000 多株，码头甚小，物价狂涨。存在烟馆、赌馆、妓女"三多"现象。

1949 年 11 月解放后，建设面积 12 平方公里（大 4 倍）。市区人口 14 万（固定），流动人口 6 万，共 20 万，连郊区 30 万，全市共 50 多万人。国营工厂 97 间、公社 199 个。化工厂为全国三大基地之一，建设面积 200 万平方公尺。车间 53 米（比广州爱群大厦高 5 米）。糖厂由修理厂跃进为大厂，工人有 700 多人。

将来建设造船厂，工人预定 3 万人。

交通直通欧、非洲。港口去年使用。油库码头 17 米深，可泊 2.5 万吨，有防水设备（自动），一天装卸量等于以往一年装卸量（最高 2.8 万吨）。

黎湛铁路直通全国，长 314 公里，9 个月建成。

民航飞机　直通全国。

一九六〇年

159

堵海工程、盐业基地。海面宽 6,800 多公尺。"腰斩南海",从没人敢想过。每年产盐力争 300 万吨。海鱼 11 万担。

湛江市将成为渔业、盐业、化工基地,工人占城市人口 30%,工人们住宅已投资 890 多万元,面积 16 万平米,可住 3 万多人。

路植树 40 万株,绿化款 700 多万元。

南三岛以前为穷、灾之岛。种木麻黄树,1950—1957 年共种 150 万株;1958 年人民一天种 550 万株,完成 1960 年计划。

市委及市政协公宴于海滨招待所餐厅。

七月二十日　星期三

早　8:00 坐轮往南三岛,10:00 抵灯塔岛。

周书记报告:

全岛 1 万户,4 万人,盐民 1,500 户。

农业生产大队 13,盐业生产大队 15,盐场 1。

耕地面积　6,000 亩水田,8,000 亩旱田。

以前 11 孤岛,往有受灾饿死人情况,解放前尤甚。

解放后塞海连岛,从小至大。1958 年基本消灭了灾区,"没有共产党,我们至少饿死一半人",民众如此说。土方 160 多万立方米,围堤 15 道,长 15,000 公尺。新扩滩地 2,800 公顷;增加盐田 600 公顷。养鱼面积 2 万亩。

现每年产盐 40 万吨,产值 50 万—60 万。种树 3,600 万株。林场正建设畜牧场(综合利用),1959 年农产(谷物)比 1958 年增加 25%,1960 年预计增加 30%(谷物)、番薯 50%。

连岛时政府帮助 60 多万元,今公社完全自办。公社盐场收入约 20 万元,渔场收入 30 万元,连交通运输及其他收入共计约 100 万元。谷物基本解决。猪今年 1.6 万头,比去年 4,000 头增加了 4 倍。公社经济今占大队总收入 30%,明年 50%,1962 年预计 60%。

1965 年全部消灭茅寮,一律改建二层洋楼,建立居民点。从而老话"有女莫嫁南三佬"将成历史了。

夜　7:30 小组漫谈。

七月二十一日　星期四

早　7:30 自湛去茂名，中途车修理 1 小时，12:00 抵茂名，住招待所。

下午　3:00 露天煤矿。

1958 年 4 月开办，土法上马。1959 年 1 月，铁路铺好。此矿为露天开采式，采用苏联提供的最新设备和技术。苏联提供的电铲一铲 80 吨，电铲本身 180 吨重，一人操作便可，直接操纵，装一列火车不超过 30 分钟，翻一列土仅两分钟，一车 60 吨。

夜　8:00 茂名方市长报告：

1958 年下半市 10 月（茂名石化工程）正式开始，建筑面积 80 余万平方公尺，茅房 40 多万平方公尺，人口 8 万多，郊区 10 多万人。工程得到全面支援，各地工人、钢铁厂、机械厂、水泥厂参加支援，党的领导，各兄弟支部支持，连柬埔寨也支援木料。

原定年产 100 万吨石油，今增改为 300 万吨，（油）储藏量可供 50 年。人造石油从石油母岩蒸馏出来，与天然石油（钻探打井，如玉门）投资相同。

试验厂现有一平炉、一方炉、一小方炉、大小共 70 多干镏炉。油厂占地面积 4,000 亩，世界上最大的。据说西德有一个，比这小。将来仍再设第二、第三厂。副产品为化工原料，可出 30—50 万吨硫酸钙、人造橡胶 12 万吨。初步拟建立 9 个厂收回副产品，可作洗涤剂（肥皂）用。

地下有一层煤，可炼焦，储量 2 亿吨，每年采二三百万吨，可采五六十年。

需要 40 万—50 万瓦电，今年 9 月底有 2.5 万千瓦投入生产。

还需要水，一秒钟需 40 立方，水库已建成，11.4 亿千万立方。

需要附属工厂（如机修厂）甚多。

露天煤矿今有一个，今明年将有 3 个，电气化及火车（每 4 分钟开一列车）均为世界第一，列宁格勒设计院代为设计。

大小厂共 200 余，交通成大问题。将来粤全省公路干线可铺沥青（柏油）路。

房屋一般三层为限。设立各种学院。福利方面有整套安排。今年建电影院二间，医院三间。

75% 工人其家眷未来。

七月二十二日　星期五

茂名天然油页岩油厂主体工程：

一、干馏炉装置（二平炉、二方炉，将来四方八圆）。

二、破碎装置（接近完成）。

三、冷凝系统（全面开工）。

此为全厂性工程，如去污、排水、电线等。

每部方炉须 640 吨水泥，2,000 吨钢，每部方炉基础面积为 13 公尺（长）×14 公尺（宽）。今建厂长 260 公尺，宽 60 公尺，高 30 公尺，最高炉 40 公尺。投资约 8 亿元。

下午　12:50 离茂名市，中途在织篢休息，5:50 抵阳（两阳），宿南强饭店 409 号。

七月二十三日　星期六

晨 6:30 离阳江，午餐于沙坪，下午 3:30 抵石围塘。

返校后，明櫈来谈。夜洗澡，大雨。

一九六一年

一月一日　星期日　阴雨

下午　在广州购物。

一月二日　星期一

修改户口统计表。

一月三日　星期二

修改统计表。

一月四日　星期三

上午　校对统计表。

下午、夜　讨论和战问题。

一月五日　星期四

上午　全系"战争与和平"〈问题〉大辩论会。统计表三校寄出。

下午　社联"劳逸结合生活座谈会"后聚餐，流花俱乐部饮冰。〈按：高校"六十条"后，广东省社会科学联合会（社联）为贯彻中央有关精神组织召开了一些专题座谈会，在生活上亦给高级知识分子予以力所能及的照顾，在流花俱乐部给饮食、购物（食物为主）的优惠照顾（补贴）。〉

一月六日　星期五

上午　"和平与战争"总结。

下午　漫谈。

夜　致沪人民出版社函。

一月七日　星期六

上午　杨生民①来。女工杜英离职，区顺英上工，但下午 3:00 始回来，我终日忙于家务。

夜　写寄小七函。

一月八日　星期日

看中国农民战争论文。

一月九日　星期一

上午　开备课小组会（讨论明末农民战争）。浏览杂志。

一月十日　星期二

上午　修改统计表。

下午　小组集体阅读，请假回家。

夜　母亲神志昏乱。

一月十一日　星期三

早、午、夜　蔡医生三次来看母亲。马医生亦来一次。②

二嫂夜来旋去。

一月十二日　星期四

早　蔡医生 6:10 到诊。

午　1:15 金医生③来。

下午　5:00 梁医生④、马医生到诊。

夜　起看母亲尚好。

---

① 杨生民，山西人，首都师范大学历史系教授。时为作者在读研究生。

② 蔡、马医生皆中山大学校医室医生。马医生为校医室负责人之一。

③ 金医生为中山大学附近一开业中医师。

④ 即梁绮诚，中山大学校医室主任。

一月十三日　　星期五

收小七函。

中午　马医生来。

梁彬①母亲来伴母亲。

一月十四日　　星期六

上午　容太〈容庚夫人②〉来。

一月十五日　　星期日

上午　蔡医生来。

下午　金伟民医生父子同来诊视母亲。中午梁彬回去。

夜　间　四婶来看夜。母亲夜服去热药水（马医生开）。

一月十六日　　星期一

上午　母服蔡医生药。

午　二嫂来。

夜　半　母亲又喊冻（一般情况比昨天好）。

一月十七日　　星期二

午后　四婶去，梁彬母亲来。

下午　4:00 蔡医生特来诊视。

一月十八日　　星期三

上午　出席老教师代表座谈会。

夜　过希白家与李天马③谈。四婶、梁彬回去。

————————

①　梁彬，中山大学总务处职工。

②　容庚夫人，即徐度伟（徐汉英）。

③　李天马，书法家。广东番禺（今广州）人。曾任职广州美术学院，晚年移居上海，上海市文史馆馆员。

一月十九日　星期四

母亲食量略进步，但时作呓语。

寄春晗、万国鼎①《度量衡》②论文及黎砂信。

一月二十日　星期五

母亲病尚稳，入夜又烦躁。

《度量衡》论文寄夏鼐、彭雨新、徐中舒。

一月二十一日　星期六

母亲无变化。

市协招待试代制品点心〈指用非传统的粮食等用料而配制出的点心〉于北区食堂。到流花俱乐部购饼干。三庶母携外甥女来，四婶去。

一月二十二日　星期日

早　蔡医生来诊。服药后母亲又呻吟不已。

下午　1:30 蔡复开方，4:30 服新药。陈绮霞佢嫂来。寄〈严〉中平、〈李〉文治函附论文③。

母亲夜发高烧39.5℃，马医生来打针。

一月二十三日　星期一

早　6:00 看护来打针。7:00 马医生来。陈序经夫人先，汤明樾后来。寄小七航函。

午　2:30 梁医生来，打针及消炎。

6:00 马医生来。

_____

① 万国鼎，江苏武进人。历任河南大学、南京农学院教授，中国农科院农业遗产研究室主任。

② 《度量衡》乃作者所撰论文初稿，送出请有关友人专家提修改意见。

③ 所附论文，即作者的《度量衡》（草稿）一文。

一月二十四日　星期二

早　8:00 马医生来，母亲体温 38.2℃。彼岸代请许锦世①医生来。

二嫂、侄嫂晚饭后去。

写致五姊②函。

一月二十五日　星期三

早　8:30 杜护士来打针，蔡医生亦来，母仍呻吟不已。

下午　马医生来，护士来打针（应打六次，此为第一次）。

侄嫂来，4:30 去；四婶来，三庶母去。

一月二十六日　星期四

母整天熟睡，比较平稳。金应熙来，马医生来，看护打针三次。

寄葆姊信、沪人民出版社《度量衡》一文。

一月二十七日　星期五

母亲整天呼吸急促，甚少说话。马医生来，打针三次。久病经年的母亲夜 11:50 断气。梁、马医生、钟一钧、彼岸来。

夜　2:00 写寄葆姊函。

一月二十八日　星期六

早　容〈庚〉太、冯〈乃超〉副校长夫妇、商锡永、王裕怀、金应熙夫妇、胡守为、刘节、董家遵等来。

午　4:00 母亲出，葬于父亲坟③之右。

夜　杨荣国回来。寄小七函。

---

① 许锦世，福建同安人。时任中山医学院第二附属医院内科主任。

② 五姊即作者的姊姊梁翘葆（医生），时在香港行医。

③ 指中山大学内原岭南大学坟场。

一月二十九日　星期日

上午　容庚、陈序经、张仁杰来。收承邺、李文治信函。

一月三十日　星期一

今日母忌三朝，三庶母携十一妹、女婿来，同往完坟。许〈崇清〉校长夫妇来唁。冯秉铨夫妇来。

夜　汤明樾来（昨日他入城编讲义①）。四婶回去。

一月三十一日　星期二

中午　陆跃华携阿B②来，郭威白③来。

看王光祈④《中国音乐史》。

二月一日　星期三

看《中国音乐史》。

午　何竹淇、董家遵、曾庆鉴来。

收五姐电报。

二月二日　星期四

看《中国音乐史》。

二月三日　星期五

三庶母、四婶、二嫂等来作头七。金伟民医生来献花。

读郑觐文⑤《中国音乐史》［民国二十七年（1938）铅印］。

---

① 入城指汤氏入住沙面胜利宾馆住宿，专心编讲义。
② 陆跃华，作者十一妹之丈夫，阿B为其长子。
③ 郭威白，江西黎川人。时为中山大学历史系东南亚研究室教授。
④ 王光祈，四川成都人，音乐家、社会活动家。
⑤ 郑觐文，江苏江阴人。擅长江南丝竹、琵琶、古琴，尤以古琴最精。

二月四日　星期六

读田边尚雄①《中国音乐史》〔陈清泉译，（商务印书馆）中国文化史丛书第二辑，民国二十六年初版〕。

裴孝先、彼岸来。

二月五日　星期日

读田边尚雄《中国音乐史》。

午后，吴印禅太太携其长子来。

二月六日　星期一

早　8：00 小七自武汉回。

午饭后偕小七去广州。

夜　陈序经夫人来。

二月七日　星期二

上午　浏览昨购得旧书。

下午　细嫂及二庶母相继来。

留吴文晖②在跃进楼吃饭。

工人阿英去工。

二月八日　星期三

看林满三《隋唐燕来调研究》。

下午　小七作代表请二庶母、细嫂、吴千③于利口福晚饭。

二月九日　星期四

中午　小七去广州。

---

① 田边尚雄，日本音乐学家。一直致力于音乐的研究与教学。

② 吴文晖，广东梅县人。华南农业大学教授。

③ 吴千，吴印禅之长子，时在北京医学院学习，寒假回穗省亲。

读完林满三文。

二月十日　星期五
读李俨①《中算史论丛》第一、二集。

二月十一日　星期六
下午　与小七去广州购书物。

袁溥之及容元胎②来未遇。

二月十二日　星期日
访容庚，不遇。

看《岭南三大家诗选》。

收万国鼎、缪彦威〈缪钺〉函。

二月十三日　星期一
上午　汤明檖来。

下午　与小七、国伟③收拾房间，搬运书籍。

吃晚饭在丽金家，同小七。

二月十四日　星期二
汪国栋、林模④、段云章⑤、谭彼岸、三庶母、〈李〉龙潜、吴节〈按：吴节为吴印禅次子〉来。

夜　小七往看篮球比赛，我读《岭南三大家诗选》。

---

① 李俨，福建闽侯人。中国科学院自然科学史研究室主任。

② 即容肇祖，广东东莞人。中国科学院、中国社会科学院哲学研究所研究员。容庚之弟，其夫人袁熙之为袁溥之的堂妹。

③ 国伟即谢国伟，作者堂妹夫谢文通、堂妹梁丽金之长子。

④ 林模，时为中山大学物理系教授。

⑤ 段云章，湖南安仁人。时为中山大学历史系研究生。

二月十五日（初一）　星期三

早　周连宽、陈锡祺来。

下午、夜　收拾书籍。

二月十六日　星期四

早　裴孝先①来。

下午　张仁杰来（为写书签），留晚饭。容希白、容元胎来。

二月十七日　星期五

母亲三七，到三庶母、十一妹、十四妹、阿B、四婶（二子、一女）、二嫂、承燨夫妇，文通、阿十。

二月十八日　星期六

收拾书籍。

二月十九日　星期日

收拾旧书。

二月二十日　星期一

上午　校务委员会扩大会议，马〈肖云〉② 副校长作传达报告（北京教育部指示）。

下午　系务委会座谈。

小七到广州。

二月二十一日　星期二

序经来。汤明檖春节后第一次来。

---

① 裴孝先，时为中山大学历史系考古学教师。

② 马肖云，直隶（今河北）新东人。时任中山大学副校长、党委第二书记。

收到〈梁〉承浩①猪油二磅装一罐。

整天收拾书籍。

二月二十二日　星期三

收拾书籍。

二月二十三日　星期四

收拾书籍。

二月二十四日　星期五

收拾书籍。

二月二十五日　星期六

上午　蔡医生岳母来。

下午　希白、吴印禅太太来。小七去广州。

收拾书籍。

二月二十六日　星期日

收拾书籍，晒书。

明樾来（修改宣统年户口统计）。

二月二十七日　星期一

小七早 4:00 起，早车去汉。

烧水，收拾书籍。

傍晚，明樾、彼岸来。

二月二十八日　星期二

收拾书籍。

---

① 梁承浩，作者侄儿，时在香港经商。

三月一日　星期三

收拾书籍。接翘葆姐给小七信。

下午　杨生民来。

瑛材入城宿，准备明早车去汉。

三月二日　星期四

经济史讲义（元代部分)① 寄三联。

下午　集体阅读，请假。

收拾书籍及房间。

三月三日　星期五

收拾书籍，打扫房间。谭彼岸借九元。

三月四日　星期六

上午　理发。阿英告假一天。

整理旧书。

三月五日　星期日

上午　与希白往看商老太爷。

整理及阅读旧报纸。

傍夜　瑛材自汉返。

三月八日　星期三

到广州购物。

三月九日　星期四

接二兄信并转侄嫂函。

---

①　作者经济史课"十四至十七世纪中国国民经济史讲义"，仅写印出元代部分发给学生。

上午　8:00 至 10:30 开课题小组会。

下午　读清《唐诗别裁》。

三月十日　　星期五

阅读《丛书集成》数种。

阿英下午告假。

三月十一日　　星期六

下午　与瑛材去流花俱乐部。阿英告假。

夜　孙儒①、杨樾②及《光明日报》记者午饭后来访。

三月十二日　　星期日

检阅旧报纸。

早　容太〈容庚夫人〉来。蔡医生早及午来。

三月十三日　　星期一

检阅旧报纸。洗澡。

三月十五日　　星期三

上午　彼岸、希白来。

下午　市、省政协文史资料会议。

晚饭太平馆。看《二姐妹》宽银幕。

三月十六日　　星期四

上午　访夏敬农，看《度量衡》文。③

---

① 孙儒，生于新加坡，广东普宁人，华侨作家、经济学家。历任广东省哲学社会科学所（后广东省社会科学院）副所长、所长、副院长，研究员。

② 杨樾，广东潮安人。时任广东省《理论与实践》《学术研究》杂志负责人。

③ 估计作者曾送其论文《度量衡》初稿给夏氏，两人为此展开讨论。

下午　何思贤《国内形势》报告。收到二兄寄红茶两磅（税十元九角二分）。

夜　文通来。

三月十七日　星期五

看黄巢起义史料。

三月十八日　星期六

看农民战争理论书。购煤一百斤。

三月十九日　星期日

早　5:10 起床。准备讨论黄巢讲稿。到系始知讨论会延期举行。

蒋祖缘①来，将《度量衡》稿索去。〈按：后来《度量衡》一文先发表于《羊城晚报》上，再于《学术研究》上登载。〉

三月二十日　星期一

夜　看恩格斯《德国农民战争》。

阴雨。预支阿英工资十二元。

三月二十一日　星期二

读完《德国农民战争》。侄嫂来。

晚饭后访希白。

三月二十二日　星期三

读《起源论》②两邻邦。10:00 至 11:30 教研组老教师会议。

夜　半狂风。收拾旧书。

---

① 蒋祖缘，湖南平江人。时为《学术研究》杂志编辑。

② 《起源论》即恩格斯所撰《家庭、私有制和国家的起源》一书。

三月二十三日　星期四

上午　8:00 至 10:00 教研组会议（全体）。

下午　在招待所开预备会，讨论明天讲话内容。

三月二十四日　星期五

区梦觉书记邀请座谈双百方针，早 8:30 至下午在〈省〉迎宾馆举行。

三月二十七日　星期一

上午　蒋祖缘来催稿。

下午　党内整风运动报告（金应熙、王裕怀、刘军①）。

三月二十八日　星期二

寄十四妹、侄嫂各一函。

上午　修改《度量衡》论文。

下午　小组漫谈党内整风。

夜　修改论文。

三月二十九日　星期三

上午　修改论文。杨生民来。

下午　小组讨论。

夜　胡守为、夏敬农来谈修改论文。②

三月三十日　星期四

下午　小组漫谈（老教师）。

---

① 刘军，时为中山大学党委有关负责人（副书记）。

② 指作者《度量衡》论文之修改事。

三月三十一日　星期五

上午　修改论文交给黄又琚。

四月一日　星期六

上午　三庶母，二嫂、侄等来扫墓。

杨生民来。

四月二日　星期日

读向达《龟兹苏干婆琵琶考原》《论唐代法曲》。

序经借二百元。张仁杰借五十元。

夜　看粤剧《宝莲灯》。

四月三日　星期一

上午　中山纪念堂听罗范群①《国内外形势》。与郭威白午饭于太平馆，去流花俱乐部配眼镜框、购书。

四月五日　星期三

看 *Science and Society*（《科学与社会》）1960 年末期。

上午　访商藻亭丈。阴雨。

四月六日　星期四

与二庶母、十二妹两人（从香港回穗）扫墓②。在大同酒家晚饭，回来已 9:00 许矣。

四月七日　星期五

看《曾刚甫③诗集》。

---

①　罗范群，时为中共广州市委统战部部长。

②　作者父亲（梁广照）和母亲（黎淑婉）之墓。

③　曾刚甫即曾习经。字刚甫，号蛰庵。广东揭阳人。曾任大清银行监督、税务处提调、印刷局总办，创办税务学堂。工书法。

5:00 后明樾来。买煤一百斤。

四月九日　星期日

读《中史初稿》① 第二册。

下午　开整风小组会（老教师座谈）。

预付阿英工资十二元。

四月十日　星期一

读《中〈国历〉史〈初稿〉》第二册。

下午　校务会扩大会议，传达省委高教工作会议及本校整风情况。

蔡克轩②来访。

四月十三日　星期四

读《中〈国历〉史〈初稿〉》第三册完。

四月十五日　星期六

读《中〈国历〉史初稿》第四册。

四月十六日　星期日

《中〈国历〉史初稿》第四册读完。

上午　生民、明樾来。开教研小组会讨论《中〈国历〉史初稿》。

十一妹送鹅（特购证买的）来，午饭后 3:00 许始去。

---

①　《中史初稿》，即郭沫若主编的《中国通史》。为确定定稿曾将初稿送致全国各地有关院校、科研部门广征意见。

②　蔡克轩，岭南大学经济系1950届毕业生（归侨）。时在黑龙江省安达市三道街煤木公司工作。

四月十七日　星期一

读《中〈国历〉史初稿》第六册。

收《羊城晚报》稿费六十二元四角（《度量衡起源》一文）。

四月十八日　星期二

《〈中国历史〉初稿》第六册读完。

下午　小组集体阅读《省教育工作会议区梦觉报告》（《南方日报》本月 11 日）等。

四月十九日　星期三

读《〈中国历史〉初稿》第五册。

四月二十日　星期四

《〈中国历史〉初稿》第五册读完。

下午　整风第二阶段（第一阶段上月 17 日起）。

四月二十一日　星期五

上午　小组讨论《〈中国历史〉初稿》。

读〈郭沫若〉《青铜时代》。

四月二十二日　星期六

读经学书数种。

上午　钟锦源①来访。大雨。

四月二十三日　星期日

下午　小组谈整风（老教师）。阴雨。

读宋人文集。写黎砂证明材料。

————————

①　作者亡女承烈（1960 年病逝）之中学同学。

四月二十四日　星期一

读宋人文集。理发。大雨。收沪人社相片及函。

四月二十五日　星期二

下午　老教师整风漫谈。

读宋人笔记。

四月二十六日　星期三

读宋人文集。

下午　佟嫂来（交六元托其买物）。

四月二十七日　星期四

上午　古代史教研组讨论《中国历史初稿》。

下午　老教师谈整风。

夜　睡绝早。

四月二十八日　星期五

上午　到广州为小七买书。

下午　古代史教研组讨论《〈中国历史〉初稿》。

四月二十九日　星期六

重读《〈中国历史〉初稿》。

五月一日　星期日

上午　小组讨论《〈中国历史〉初稿》。

下午　写意见书。

半夜起来续写。

五月二日　星期二

上午　汤明檖、胡守为来。

下午　党委召集整风座谈会（小礼堂）。

夜　睡绝早。

五月三日　星期三

下午　党委整风座谈会。

赶写《〈中国历史〉初稿》意见书至早 4:30 始就寝。

五月四日　星期四

收到葆姊寄母亲放大相片。

下午　党委整风座谈会。

夜　文通来。9:30 睡。

五月五日　星期五

母亲作百日，二嫂十一妹、十四妹及阿 B 等来，食午饭。

晚饭后坐小车去越秀宾馆住 329 号房。

与刘子植〈刘节〉访杨向奎①谈。

五月六日　星期六

上午　8:30《中国历史初稿》中南区讨论会开幕。

下午　在宾馆写意见书。

五月七日　星期日

上午、下午　开小组讨论会（封建社会后期）。

五月八日　星期一

小组讨论会第二天。

夜　往十一妹家中领取十二妹寄物，后返中大，11:20 回宾馆。

---

① 杨向奎，直隶（今河北）丰润人，历史学家。历任山东大学教授、中国科学院、中国社会科学院历史研究所研究员、副所长。

五月九日　星期二

分组发言大会第一天。

晚饭后十一妹、十四妹来。

五月十日　星期三

分组发言第二天。

晚饭刘导生①副主任邀请老教师座谈会。

五月十一日　星期四

上、下午　经济史分组讨论（我下午告假）。

晚饭后阿 B 来。

五月十二日　星期五

上午　外省同志往出口商品展览会参观，予与金灿然②在房间闲谈。

下午　讨论会闭幕。

晚饭后　往古籍书店购书后即返家中。

五月十五日　星期一

上午　明樾来。

下午　到广州购物。

晚饭于太平馆。

五月十六日　星期二

上、下午　为陈达超③修改《中国封建社会始于春秋战国》

---

① 刘导生，江苏丰县人。时任中国科学院哲学和社会科学部副主任。

② 金灿然，山东金乡人。历任国家出版总署编审局办公室主任、文化部出版局局长、中华书局总经理兼总编辑。时任职于中华书局。

③ 陈达超，时为中山大学历史系青年教师。

一文。

夜　读恩格斯《起源论》。

五月十七日　星期三

读《起源论》。

下午　本系老教师座谈会（金应熙主席）。

五月十九日　星期五

上午　教研组宣读周扬、陆定一对文史科报告（六点关系）。

下午　党委会（马肖云副校长主席）召集民主人士座谈会。

收小七函。

五月二十日　星期六

上午　读《起源论》。杨生民来。

下午　讨论开《中国历史初稿》参考资料书目。

夜　看电影。

五月二十一日　星期日

上午　读《起源论》。

下午　四婶来。

夜　草《中国历史初稿》参考资料（唐代经济）目录。

五月二十二日　星期一

上午　钟锦源来午饭。

明樾、希白、蔡医生来。

沪人民出版社社长长途电话催稿①。草参考书目。

_____

① 指《中国历代户口、田地、田赋统计》一书的总序、参考书目等。

五月二十三日　星期二

草参考书目。

明楼、生民来。

夜　听马思聪小提琴会数节。

阿英借二十元，以前只借十五元。

五月二十四日　星期二

为《羊城晚报》写稿《为史学界新生力量迅速成长而欢呼》。夜4:00许始就寝。

五月二十五日　星期三

上午　继续写《羊城晚报》稿。

下午　黄又琚来催稿。

与文通在小港路茶馆晚饭。

五月二十六日　星期五

读《起源论》。

夜　区顺瑛离工。

五月二十七日　星期六

读《起源论》。

夜　明楼来，交还定期存款。

五月二十八日　星期日

读《起源论》毕。

下午　理发。收沪人社寄来《统计表》第三校样。

五月二十九日　星期一

与市政协参观花县花东公社。

晚饭于太平馆。

抄曾刚甫诗。

承烈爱女逝世一周年。

五月三十日　星期二

上午　抄陈叔通《百梅书屋诗存》。明樾来。

借给钟锦源十五元（瑛材送去）。

五月三十一日　星期三

翻阅材料准备写总序。

下午　市委崔自山、凌跃伦两同志来了解张遂五①情况。

夜　睡甚早。

六月二日　星期五

上午　到图书馆看英美百科全书。

冼玉清请吃午饭，到商老〈商衍鎏〉、序经、应熙、〈周〉连宽。

寄四叔一函。

夜　看《罗马史》（Kovolev 著）②。

六月三日　星期六

上午　雨声中浏览杂文。

下午　看人口论文。

夜　彼岸来。

六月四日　星期日

上午　明樾、希白、庆鉴来。

下午　十一妹、十四妹来。

---

① 作者远亲（表叔），曾任广州市副市长。估计与了解张瑞权之情况有关。

② 科瓦列夫，苏联史学家。

夜　看《政治经济学批判》①。

六月五日　星期一
看希腊罗马史。

下午　三年级学生来。

六月六日　星期二
上午　生民、明樾来。

看王亚南《马克思主义的人口论与中国人口问题》。

夜　蒋祖缘来（明末农民起义稿一篇待改）。

夜　梦承烈。

六月七日　星期三
是日写《总序》五百余字。

晚饭前四叔来取抄件（《中国历史初稿》参考资料）。

六月八日　星期四
看阿甫基耶夫②《古代东方史》第十三章《古代巴勒斯坦》及梅因《古代法》（导言）。

六月九日　星期五
上午　到图书馆看英美百科全书及 Chambers 百科全书。

六月十日　星期六
上午　四叔来交抄件，午饭后去。

看蒋祖缘《明末农民战争特点》一文（略加修改）。

---

① 卡尔·马克思公开发表的第一部政治经济学著作。

② 苏联史学家。

六月十一日　　星期日

写总序 200 多。

看希腊罗马史。

六月十二日　　星期一

上午　明檖来。改写总序第一页。

六月十三日　　星期二

改写总序第二页。洗澡。

下午　四叔来取抄件，晚饭后去。

夜　蒋祖缘取论文。

六月十五日　　星期四

写总序。

傍晚希白送粽子、粉条、花生来。

六月十六日　　星期五

写总序。

看敦煌户籍文献。

六月十八日　　星期日

收沪人社来函及寄赠《南洋兄弟烟草公司参考资料》一书。写
《总序》。

夜　姜伯勤、刘序琦、杨生民来谈。①

六月十九日　　星期一

上午　明檖来。

---

①　姜、刘、杨三人皆为 1959 年入读中山大学历史系的研究生。姜氏师从岑仲勉、董
家遵；刘氏师从刘节。

下午　与王裕怀往流花俱乐部及太平馆。

夜　翻看自古籍书店购回诸书。

收张仁杰还款三十元、《羊城晚报》稿费七元。小七来函。

六月二十日　星期二

上午　商藻亭丈来。

下午　侄嫂来托其交 20 元为十一妹入院用。

读《中国近代经济史研究集刊》明清档案专号，1934 年 5 月三卷二期。①

六月二十一日　星期三

写总序。

下午　到图书馆看 *Domesday Book*② 参考资料。

六月二十二日　星期四

写总序。

上午　彼岸来。

中午　文通来（翻译题画文字）。

六月二十三日　星期五

四叔来，托交三十元与十一妹入院用。

希白来谈。总序第二节写完（四千余字）。

六月二十四日　星期六

修改总序第二部分。

看《唐书》《元史》等。看赖家度③《唐寓之起义》一文（谬误

---

① 　该期《集刊》由作者负责编校。该期为明清档案专号。

② 　中文译名为《末日判决簿》。

③ 　赖家度，山东福山人。时在河北天津师范学院历史系任教。

颇多)。

六月二十六日　星期一

总序第二部分改定。

下午　明槎、生民来。

寄上海人社及三联各一航函。

六月二十七日　星期二

参观东圃①人民公社。

夜　看杂书。

六月二十八日　星期二

邓颜来清洁。

上午　明槎来。寄小七剪报（生物学论文）。

六月二十九日　星期四

看明清史。

下午　列席民盟预祝党生日座谈会。

六月三十日　星期五

看明清史。

上午　明槎来。

夜　大雷雨，停电。

七月一日　星期六

早起捡堕（树）枝，大雨不停，仅中午放晴。

读明史。

———————————

① 东圃为当时广州市东郊一乡镇，现属广州市天河区东圃镇。

夜　停电。

七月二日　星期日

读明史。

四叔来午饭。

夜　电灯仍停，今第三晚矣。

七月四日　星期二

上午　9：30至11：45为四年级补课，讲"明代历史上几个重要问题"。

下午　与谢健弘在新丰晚饭。

七月五日　星期三

上午　休息。

下午　到广州购书物。寄四叔一函（抄写费收据及鱼票）。

夜　看书。

七月六日　星期四

上午　理发。

下午　寄小七、黄占欢函。

七月七日　星期五

精神疲乏，上午没读书。寄小七函。

下午　刘军报告（征兵及黑户粮）。

夜　序经来。

七月八日　星期六

读《太平御览》。

下午　四婶来。

七月九日　星期日

上午　明樋来。看胡肇椿①《东汉的楼梧与坞壁》并提意见。

七月十日　星期一

上午　胡守为、曾庆鉴来。

下午　汤明樋来。

夜　读《东方杂志》。

七月十一日　星期二

数日来精神甚坏。

下午　读刘少奇庆党四十周年讲话。

夜　读钱基博《纬志》。

七月十二日　星期三

与胡金昌②在利口福午餐后，看百花会。

夜　看《印度之发现》③。

七月十三日　星期四　大雷雨

今日精神仍不振。

上午　没看书，仅赴电力科办理修理电灯等手续。

下午　洗澡。明樋来。

七月十四日　星期五

为《辞海》审阅（五页，共八十一条，明代赋役制度）。

夜　访希白（早上其夫人急病），顺看电影约一小时后回家。接小七信。

---

①　胡肇椿，广东新会人。时为中山大学历史系副教授。

②　胡金昌，广东顺德人。时为中山大学数学系教授。

③　印度总理尼赫鲁之作。

七月十五日　星期六

上午及夜　为杨生民等三人讲明清史料。

胡友石同一何同学来，午饭后去。

寄中华《辞海》审查件。

晚饭后访希白。

七月十六日　星期日

上午　疲甚，没看书。校工来修理洗身房及电线。

访希白不遇。

夜　文通来谈。承邺 10:30 抵家。

七月十七日　星期一

上午　没看书。（梁）香生①送鸭来，市政协饶、熊两同志来。

夜　访希白。雷雨。

七月十九日　星期三

读遐翁②诗乙稿。

下午　小七去广州。

夜　访希白。

七月二十日　星期四

与希白往看容太病。

午饭在东山酒家（容氏父女俱）。

回家后看购得新书。

七月二十一日　星期五

白天精神不佳，没看书。

① 梁香生，作者之堂弟。

② 遐翁即叶恭绰。

夜　访希白，告容太已于今天 5 :45 去世。

七月二十二日　星期六

早往粤光殡仪馆送容太丧。

今日精神仍不佳，只看《东方杂志》。

七月二十四日　星期一

与小七、瑛材、明樵在利口福午饭。

下午　开教研组会（讨论下半期功课安排）。微雨。

七月二十五日　星期二

上午　生民（借二十元）、胡肇椿、张维持①、明樵来。

邓赋华来午饭，为其子入小学事。

傍晚，陈华②来。

七月二十九日　星期六

读 Quebec 完。

希白请吃午饭。

留王裕怀吃晚饭。下半天雨。

七月三十日　星期日

早上　十二妹、陆耀华③来，小七同学来。

下午　随手翻书。

夜　历史系四年级欢送大会。

---

① 张维持，广东珠海人。时为中山大学历史系考古学教研组讲师。

② 陈华，广东茂名人。时为中山大学历史系讲师。

③ 陆耀华为作者十二妹之丈夫、律师。

七月三十一日　星期一

上午　人大韦庆远来。

请金伟民医生在跃进室午饭。

夜　读元史。

八月一日　星期二

四叔子女来午饭。读元史。

夜　韦庆远、张克谟①、彼岸、明橤来。

八月二日　星期三

收侄嫂函。

午饭后自煮水洗澡。

文通携 Boboo② 来。

小七整天在石牌。

八月三日　星期四　大雨

读元史，补注《元代屯田》志。

八月四日　星期五

早上　序经、彼岸来访。

下午　董家遵来。

今天起继续写《总序》（第三节），但精神仍甚疲乏，仅写出二百余字。

八月五日　星期六　阵大雨

写《总序》。小七下乡玩。

---

① 张克谟，广西兴业人。时为中山大学历史系教师。

② Boboo（谢韵清），谢文通、梁丽金夫妇之长女，时在北京钢铁学院学习，暑假回穗休假。

八月六日　星期日

上午　校务委员会马副校长传达高等教育六十条。

黄占欢、《南方日报》记者来访。写《总序》。

八月七日　星期一

与邺在太平馆午餐。

夜　金应熙来谈修改《总序》。

八月九日　星期三

改写《总序》。

八月十日　星期四

上午　希白、张仁杰来。改写《总序》第二节。

下午　佺嫂来。

八月十一日　星期五

明橚来。改写《总序》。阿十来帮工。

下午　十一、十四妹来，夜饭后去。

八月十二日　星期六　下雨

全家在二嫂家中晚饭，之后往东山湖公园散步。

八月十三日　星期日

改写《总序》。

下午　陈国强①（袁家襧陪）来。

夜　本系游园晚会。

---

①　陈国强，广东南海人。作者任教于中山大学经济系时的学生，时为中南财经学院教师。

八月十四日　星期一

早　阅世界史。

与小七、吴千看立体电影。

晚饭于听雨轩。理发。

夜　修《总序》第二节。

八月十六日　星期三

梁沅凌 8:00 许来。韦庆远 9:00 许来，午饭后 4:00 许去（张克谟、彼岸陪，在怡珍）。

八月十七日　星期四

改写《总序》。

上午　明樾来、梁钊韬来。

下午　3:00 至 5:00 教研组讨论《中国历史初稿》参考资料审定计划。

阿六婆下午来上工。

八月十八日　星期五

何竹淇早上来。

校订《〈中国〉历史〈初稿〉》参考资料。

八月十九日　星期六

改写《总序》第二节完成。

下午　聂菊苏、孙儒、杨樾、叶于林①来。

小七与瑛材游珠江夜游。希白来。

八月二十日　星期日

读世界史。

---

① 聂、孙、杨、叶四人时为广东省社会科学哲学联合会负责人。

上午　蔡医生来。

八月二十一日　星期一

读世界史。何国文来还《总序》①。

夜　文通及 Boboo 来。

八月二十二日　星期二

读柴尔德②《远古文化史》。

八月二十三日　星期三

读《远古文化史》。

李龙潜来午餐。

到图书馆看百科全书。4:00 后狂风雨。

入夜灯停。梁石、黎砂夜来（11:30 到）。

八月二十四日　星期四

读《远古文化史》。

王明株带〈吴〉达元③函、物来。

八月二十五日　星期五

李国平来，录写游仙诗相示。

下午　周秀鸾④来。读柯斯⑤之《原始文化史纲》。

下午　阵雨。

----

①　可见作者曾将《总序》交给何氏阅看。

②　柴尔德（Childe，Vare Cordon），澳裔英籍考古学家。曾任伦敦大学考古学院院长，爱丁堡大学教授，英中友好协会副主席。

③　吴达元，法语言文学家。时为北京大学西语系教授兼系副主任。是作者的清华大学同学、挚友。

④　周秀鸾，福建厦门人。作者在岭南大学经济研究所的研究生。时为中南财经学院教师。

⑤　苏联人，史学家。

八月二十六日　星期六

上午阴雨，下午仍然。

小七陪业勤〈黎砂〉、梁石等往流花俱乐部。

读《原始文化史纲》。

付阿六十五元。

八月二十七日　星期日

早　9:00 船开往湛江，同行十七八人（历史系王裕怀、董家遵父子）。〈梁宗岱亦同行。〉

夜　八级风，小七呕吐。

八月二十八日　星期一

下午　1:00 许抵湛江，住原海滨招待所。

九月八日　星期五

早　8:50 自湛江飞广州，10:20 抵至白云机场。

午睡后　洗澡。

夜　彼岸来。与〈黎〉砂、〈梁〉石谈至 1:30 始就寝。

九月九日　星期六

读李亚农①《中国的封建领主制和地主制》。

下午　杨生民来。

夜　序经来。风雨。

九月十一日　星期一

上午　明樾来，冼玉清来。

下午　2:30 教研组讨论隋唐史参考书、注释问题。

---

① 李亚农，四川江津人。上海社会科学院历史所所长，中国科学院哲学社会科学学部委员。主要从事甲骨文、金文和中国古代史研究。

小七自湛江坐船回。

希白来谈至夜 10:00 许始去，食芝麻糊。

九月十三日　星期三

上午　教研组小组会。

下午　蔡医生来诊小七。收到承浩寄饼干，承顺寄淡菜①。阿六购来虾，食后生酒膜②。

九月十四日　星期四

看《远古文化史》。

九月十五日　星期五

看《远古文化史》（作笔记）。

请王裕怀、高弥夫妇〈高和黄瑜〉吃饺子。

夜　梦见承烈。

九月十六日　星期六

上午　陆耀华及阿 B 来。

小七午后到广州订车票。

领取葆姐寄来奶粉二磅半及砂糖一公斤。

九月二十三日　星期六

小七及砂、石晚饭后入城住宿，准备明晨搭车去汉。

九月二十四日　星期日

小七、砂、石等早车去汉。

---

① 淡菜，一种海产贝类干品。

② 酒膜乃吃异性蛋白所产生的反应。

九月二十七日　星期三

下午　陶铸书记报告（科学馆）。

在太平馆晚饭。

九月二十八日　星期四

上午　党委会座谈会。

九月二十九日　星期五

中午　沪人社来长途电话，谈合同事。

填丁声树证明书①。

九月三十日　星期六

早　彼岸、序经来。

今日精神极坏，晚上《总序》略作修改。

十月一日　星期日

上午　修改《总序》。

下午　乘车至从化温泉（陶铸书记招待），寓湖滨大楼 305 号，与刘节同房。

十月二日　星期一

上午　座谈。

下午　参观流溪河水电站。

夜　看电影。

---

① 丁声树，河南郑州人，语言学家。历任中国科学院、中国社会科学院语言所研究员。1944 年丁氏与作者赴美考察访问研究前同在国民政府为出国人员特开的中央训练团受训。其时团方规定未入国民党者，一率得申请加入，否则不予发批护照。全团中仅丁氏、全汉昇、樊弘、作者和一梁姓上海医生五人拒不照办。"填丁声树证明书"当指此事。

十月三日　星期二

上、下午　座谈。

夜　看印度影片《两只牛的故事》。

十月四日　星期三

上午　座谈（陈郁〈省长〉主持），至午后 1:30 散会后午餐。3:00返校。

夜　明樾来谈。

十月五日　星期四

上午　教研组会议。

下午　看报纸。

夜　调停文通夫妇纠纷。

十月六日　星期五

上午　看市政协文史参考资料第二辑。胡守为来谈，明樾续来。

下午　本系宣读人民公社六十条①。

岑仲勉于午后 3:05 逝世于中山第二医院。

十月八日　星期日

修改《总序》。

下午　公祭岑仲勉先生于粤光殡仪馆。

请邬伯健师晚饭于大三元②。

十月九日　星期一

修改《总序》。

----

①　为了克服 1958 年开始的"大跃进"所带来国民经济的严重困难局面，中共中央于 1960 年冬决定对国民经济实行调整、巩固、充实、提高的方针。各项工作围绕这个指导方针进行了全面的调整，制定出各项有关草案、规定。"人民公社六十条"全称为《农村人民公社工作条例（草案）》（简称《农业各行各业六十条》）。

②　大三元酒家位于广州市闹市区，离中山大学约 10 公里。

夜　明樾携其子来。

十月十日　星期二
上午　列席市人代第四届第二次会议。

下午　出席市政协第二届第四次全体会议。

十月十一日　星期三
上午　收拾书房，改作挽岑仲勉诗：

（一）

书难尽信奈书何，秦汉而还伪史多。

驳正胡书存信史，如椽大笔泻黄河。

（二）

转对音词百妙该，商量旧学合新裁。

隋唐二代兴亡迹，辨证旁通见史才。

（三）

闭门著述老弥勤，力疾犹思惠大群。

薪火递承传绝世，手栽桃李郁芳香。

（四）

当年避寇两家亲，漓水湘江共济频。

我失北堂萱荄后，老成顿失复伤神。

下午　校党委会座谈（王兰西①部长讲话，冯乃超主席）。

十月十二日　星期四
下午　市协全体会议闭幕。

聚餐后在东乐戏院看京剧（武汉剧团演出）。

十月十三日　星期五
四叔午膳后去（为抄挽岑诗）。《南方日报》、新华分社李××来

---

① 王兰西，时任中共广东省委宣传部部长。

为我及明槿摄影。

十月十五日　星期日

上午　理发。明槿来。

连日不适，没有看书。

十月十六日　星期一

上午　到医院看病。

下午　马肖云副校长传达北京教育工作会议精神（六十条），于志忱①、李汉章补充。

邬老师来午饭。

十月十八日　星期三

上午　生民来，十二妹、陆耀华来。

下午　社联座谈会（在越秀宾馆）。

十月二十日　星期五

下午　社联送打字稿来。杨生民、刘序琦来。

十月二十一日　星期六

上午　彼岸来。

十月二十四日　星期二

下午　小组讨论六十条。文教部同志（张姓）访问。

十月二十六日　星期四

上午　明槿来。

北园晚饭与瑛材。

―――――――

① 于志忱，山东黄县人，植物生理学家。时任中山大学教务长。

十月二十七日　星期五

早　10：00 至 12：00 教研组讨论研究生培养计划。

下午　杨生民来。寄黎砂信。

夜　看电影《乌沙科夫》。

十月二十九日　星期日

改《总序》。

上午　明樾来。

十月三十日　星期一

上午　史学会扩大会议（在〈省〉科学馆内）。

午饭在北园。

晚　浏览旧书。

十一月五日　星期日

改写《总序》第二节。

十一月六日　星期一

下午　瑛材请希白、商老太爷、陈〈序经〉太、十一叔婆、启叔、三庶母、十一妹及其子女、明樾夫妇等来作生日。

十一月七日　星期二

下午　小组讨论六十条。

十一月八日　星期三

下午　理发。往护养院看彼岸病。

请蔡医生晚饭。收承邺函。

十一月九日　星期四

市协参观圆村珠江造纸厂及广州化工厂（同胡金昌）。

夜　看购得新书。

十一月十日　星期五
上午　沪人社刘伯涵①来。
下午　付阿六工资完毕（多十日），阿琼上工。
饭后　到流花俱乐部。

十一月十一日　星期六
请沪人社李启华②、刘伯涵、汤明檖晚饭于北园。饭后到流花俱乐部。

十一月十二日　星期日
夜　为黄启臣、杨生民授课（7:30 至 10:30）。

十一月十九日　星期日
下午　授杨、黄两生课。

十一月二十日　星期一
上午　《学术研究》编委会。
下午　广东人民出版社座谈会于太平馆。
阿琼借支十元。

十一月二十二日　星期三
改写《总序》（准备在《学术研究》发表）。

十一月二十三日　星期四
全日改写《总序》。

---

①　刘伯涵，时为上海人民出版社历史编辑室编辑，作者《中国历代户、田地、田赋统计》一稿的责任编辑，专为该稿的最后印样等事宜而到中山大学。
②　李启华，时为上海人民出版社负责人。

下午　三庶母、十一妹来。曹国祉①来。

十一月二十五日　星期六
晚饭于新丰〈酒楼〉。

十一月二十七日　星期一
四叔及嘉鑱②来。
下午　小组讨论苏共二十二大。
付阿琼十元。

十一月二十九日　星期三
下午　《知识丛书》座谈会（太平馆）。
晚饭于北园。

十二月一日　星期五
下午　粤光殡仪馆追悼胡肇椿。

十二月三日　星期日
本校党代表大会（第三次）邀请参加。

十二月四日　星期一
上午　10：00至12：00系召开研究生培养计划会议。
下午　看报。
夜　赶写《总序》。

十二月五日　星期二
赶写《总序》。教研组集体参观阿尔巴尼亚展览会，予未去。

---

① 曹国祉，时为中山大学历史系学生。
② 作者之堂弟。

一九六一年

十二月六日　　星期三

写《总序》。

十二月七日　　星期四

下午　校务委员会。

付亚琼工资五元（连前共付二十五元）。

十二月八日　　星期五

晨 2：30 起，赶写《总序》。

十二月十日　　星期日

夜　校党代表第三次大会招待看粤剧于风雨操场。

十二月十一日　　星期一

上午　10：00 至 12：00 教研组讨论唐代参考资料编纂事。

下午　授课杨、黄二生。

十二月十二日　　星期二

写《总序》。

上午　理发。

下午　洗澡。

十二月十三日　　星期三

写《总序》。

十二月十四日　　星期四

与希白、健弘在三如〈茶楼〉午饭。

付阿琼工资五元（共三十元）。

十二月十五日　　星期五

夜　与王裕怀在胜利大厦住宿（543 号房）。

十二月十六日　星期六

早　与王裕怀、金应熙、钟一均游文化公园。

夜　与裕怀返校。

十二月十七日　星期日

上午　修改《总序》。

下午　本系期中总结（金应熙）。

十二月十八日　星期一

汇承邮百元。

十二月十九日　星期二

郭沫若召集座谈会，请吃午饭（迎宾馆）。

往中山医学院第一附属医院看十一妹。

十二月二十三日　星期六

上午　教研组会。

下午　陈彬报告（我已听过，未去）。

十二月二十四日　星期日

下午　为杨、黄两生讲课。

十二月二十五日　星期一

下午　往中山医学院附属第二医院检查（王承恩[①]教授）。

晚饭于太平馆。

十二月二十六日　星期二

今天精神不佳，没有看书。

---

① 王承恩，中山医学院（医科大学）教授、主任医生。

十二月二十七日　星期三

上午　三庶母、阿 B 来。

与王裕怀在太平馆晚膳。

付阿琼十元（共四十元）。

十二月二十八日　星期四

下午　赴广东社联第一次联合年会。

夜　宿沙面复兴路 18 号（胜利宾馆）522 号房。

收沪人社寄来插图书籍等。

十二月二十九日　星期五

下午　在宾馆与吴三立①谈诗。4:00 往访陈伯康②。

夜　购物。

十二月三十日　星期六

上午　往梯云路购猪肉。

下午　理发。

晚饭后返校。

---

① 吴三立，广东平远人。时为华南师范学院教授、中文系副主任。

② 陈伯康，浙江奉化人。历任中山大学、广西师范学院生物学系教授、系主任。

一九六二年

一月一日　星期一

天将亮梦见承烈。

上午　杨生民、黄启臣、汤明檖夫妇、谭彼岸来。

陈伯康携其外甥女来午饭。

下午　胡守为来。

夜　审阅《辞海》稿。

一月二日　星期二

校正《辞海》。

上午　明檖、生民来。

一月三日　星期三

校正《辞海》。

上午　序经来。

沪人社稿费五千元①汇票收到，托本校储蓄所代取。

一月四日　星期四

上午　希白来。

下午　授杨、黄两生课。

伯健师来午饭。

夜　看黑龙江对河北女子篮球邀请赛（与梁彬俱）。

一月五日　星期五

上午　精神不佳，仅看报而已。

下午　史学会宣读论文，散会后与希白晚饭于太平馆。

购《全上古三代秦汉〈三国〉六朝文》及《明史》。

---

① 指《中国历代户口、田地、田赋统计》一书的预付稿酬（约为预计总数的三分之一）。

一月七日　星期日

整天陪陈光祖①，午饭于太平馆，晚饭于北园。

一月八日　星期一

与钟一均等公宴田汝康于马岗顶〈中大一饭堂〉。

下午　侄嫂来。

夜　往市二宫看篮球比赛。

一月九日　星期二

上午　陈乐素来。

午餐于太平馆，冼玉清陪。

一月十日　星期三

与乐素、应熙午饭于大三元。

吴半农②来校。

夜　访吴半农于羊城宾馆。

一月十一日　星期四

上午　乐素夫妇及姚薇元来。

下午　系务会议。

黎砂甥女早上抵校（来自西安）。

付阿琼工资十四元（共两月五十四元付清），另多付一元。

一月十二日　星期五

杨、黄、汤、谭诸君相助搬书架及整理书籍（新订购书架三个，

---

①　陈光祖，作者清华大学时同学，时任上海教育学院副院长。

②　吴半农，安徽泾县人。外交部国际问题研究所顾问。1938 年曾与作者等四人合译斯诺《红星下之中国》（又名《西行漫记》）。译完后，另一译本已抢先出版，故其译本未印行。

共一百五十余元，分三个月扣薪）。

一月十三日　星期六

上午　乐素来系座谈，公宴于马岗顶食堂。

下午　听时事报告（国际形势）。

夜　看电影，未终场即回家。

梦见烈女，悲不自胜！

一月十四日　星期日

先母作周年，二嫂暨侄等全家来此，并请姚薇元、容希白午饭。

夜　砂甥女来。

一月十五日　星期一

上午　校阅唐代经济部分参考资料。

下午　授杨、黄、蔡课。

夜　睡绝早。

一月十八日　星期四

校唐代经济史资料。

下午　听姚薇元之报告（史学与史料）。

一月十九日　星期五

上午　听裴文中报告。

校五代经济史资料。

付蔡民制表费四十元。

天寒甚，摄氏六度。

一月二十日　星期六

上午　社联年会闭幕。

下午　听贾兰坡山西芮城匼河发掘报告。

一月二十一日　星期日
上午　校阅唐代经济史资料。

一月二十二日　星期一
上午　唐代经济史参考资料小组讨论。
下午　授杨、黄课。

一月二十三日　星期二
上午　理发。校唐代经济史资料。
陈越平部长请饭（陪姚薇元、何干之①）于胜利宾馆。
送汤明檖稿酬五百元。

一月二十四日　星期三
校唐经济史资料。
刘序琦②借八十五元。付阿琼十元。

一月二十五日　星期四
上午　乘校车去罗浮〈山〉（社联组织，同行十人），宿狮子山
十号楼，游冲虚观、会仙桥。

一月二十六日　星期五
上午　游狮子峰。
下午　游象山、梅花山。
夜　梦见母亲。

————————

① 何干之，广东台山人。中国近现代史研究专家。历任中国人民大学教授、研究部副
部长、中共党史系主任。
② 刘序琦，时为中山大学历史系研究生，师从刘节。

215

一月二十七日 星期六

上午 座谈会。

下午 在招待所休息，未出游。

去年今日夜 11:50 母亲弃养。

一月二十八日 星期日

上午 游黄龙洞、桃源洞。

午饭于增城，看挂绿荔枝树①。

3:00 许返抵本校。承邺昨天自汉回。

一月二十九日 星期一

天将明时梦见先母。

上午 校务委员会第一次全体会议，中许陆跃华来，托其送十一妹三十元。

中午 陆跃华又来，托其送十一妹二十元。

一月三十日 星期二

准备唐代经济史资料。

夜 杨生民来帮忙。

一月三十一日 星期三

上午 开资料编谈会。

今天精神甚差，不能看书。

二月一日 星期四

上午 序经、李龙潜、张仁杰来。

午饭于回民饭店，请仁杰。

---

① 挂绿荔枝为荔枝品种中最珍贵者，且仅有一棵树而已。

下午 《南方日报》记者巫××来访问。

二月二日 星期五
上午 顾颉刚来。
公宴颉刚于泮溪〈酒家〉，饭后与希白、锡永访黄明白①。
付阿琼二十元（内三元节赏，至本月 12 日工资）。

二月三日 星期六
上午 彼岸来。略读唐人文集。
下午 与承邺往沙面复兴路 18 号寄宿。
四叔来谈。与瑛材看花市。

二月四日 星期日
早 李龙潜来。
上午 与邺儿游文化公园。
下午 在胜利宾馆洗澡。
晚饭后 回家。邺儿往看《文成公主》。瑛材去广州未归。
送陆跃华二十元。

二月五日（初一） 星期一
早 裕怀、应熙、守为等来。
下午 团拜。
二嫂及燨侄全家来。

二月六日 星期二
上午 邵循恺②、聂菊荪等来。

一九六二年
——

---

① 黄明白，小画舫斋主人，文物收藏鉴赏人士。
② 邵循恺，经济学教授。时为岭南大学和中山大学经济系教师。

下午　四叔，铸叔①来。

请〈谢〉韵清甥女等全家晚饭。

聂菊苏借去《中国社会经济史文稿》②一册。

二月七日　星期三

三庶母、卫君立③来。挈小七往访容珊④。

二月八日　星期四

收韦庆远对《总论》⑤所提意见书。收到十二妹寄来蓝布十四尺四寸（六码）。

与瑛材、小七晚饭于太平馆。

二月十日　星期六

郴儿早车（7:02）去武汉。

今天精神不佳，夜睡绝早。

二月十二日　星期一

上午　二兄嫂及爔侄等来。

下午　《学术研究》编委会会议。

二月十三日　星期二

上午　明橼、王裕怀来。

请二兄全家及三庶母、十四妹午餐于回民饭店。

---

① 铸叔即梁广铸，作者之堂叔。终生从事教育工作，曾任教于广州广雅等中学。

② 即作者之中国经济史讲稿（草稿）。

③ 卫君立，作者十一妹丈夫。

④ 容珊，广东东莞人。华南农业大学研究员、教授。专长作物遗传育种学。容庚小女儿，时在其父家。

⑤ 作者曾将《中国历代户口、田地、田赋统计》书中的《总序》（《总论》）草稿分送各地有关人士征求修改意见。

郭沫若约在希白家谈话①。

寄沪人社稿约。

二月十四日　星期三

上午　在希白家陪张奚若看画。

下午　与二兄、〈成〉顺侄访希白、文通。

夜　希白、业勤等来。

二月十五日　星期四

上午　看汤明檖经济史提纲②。

希白请二兄、成顺午饭，饭后往拜父母亲坟场。

宴刘节、杨荣国、容庚、应熙、一均、裕怀、俊鸣③、〈王〉正宪④、明檖、守为、仁杰、聂菊荪于胜利宾馆晚饭（八十六元六角三分)⑤。

收小七来信，告已抵步。

二月十七日　星期六

上午　明檖来访。

下午　略看恩格斯《自然辩证法》。王裕怀来访。

夜　业勤来候二兄等，仍不见来。

---

① 作者曾告编者，此次谈话时间较长，主要询问作者近期研究项目等事宜（包括《中国历代户口、田地、田赋统计》等），详细内容并没有告诉编者。给后者留下的印象是交流双方并没对对方有很多好话或"吹捧"之语。

② 指汤氏所开的中国古代经济史课的讲稿提纲。

③ 俊鸣即徐俊鸣，广东梅县人，经济地理学家。时为中山大学地理系教授，为作者编写《中国历代户口、田地、田赋统计》一书的统计图的绘制以及若干资料上给予了助力。

④ 王正宪，湖南长沙人。经学管理学家。中山大学地理系教授。为《中国历代户口、田地、田赋统计》一书的表格制定，向作者提供过不少有益建议。

⑤ 作者曾告编者，此为其《统计》一书的完成而举行的答谢和庆功宴。

二月二十日　星期二

早餐后自宾馆返校，听明樾经济史第一课。①

午睡起床，李龙潜过访。

夜　看报。梦见承烈。

二兄、成顺早车回港，未送行。

二月二十一日　星期三

上午　王裕怀来。

下午　洗澡。

夜　文通、彼岸来。

二月二十二日　星期四

编辑隋代经济史参考资料。

夜　《南方日报》记者来访，10:00许始去。

二月二十三日　星期五

编参考资料。

夜　在希白家中见聂菊荪、杨樾等。

二月二十五日　星期日

今日伤风咳嗽。

早上　杨生民、黄启臣来。

参考资料（清代部分）交四叔抄，与其在流花俱乐部饮糖水，后往看张为申②。

雨中返家，得附中一女生护送。收沪人社寄索引两份。③

---

①　作者在《中国历代户口、田地、田赋统计》一书完成后，将其原先负责的中国经济史课主动交由其助手汤明樾接手，以尽大力扶持之责。

②　张为申，江苏吴县（今苏州）人。西北农学院教授。

③　指《中国历代户口、田地、田赋统计》之索引。

夜　梦见承烈复生。

二月二十七日　星期二

上午　听明樾课。

下午　校阅唐经史资料。

付亚琼工资二十元。

二月二十八日　星期三

上午　序经来。

上、下午　校唐经济史资料。

晚饭前　王裕怀来，访希白。

夜　清理旧书，去虫。

三月一日　星期四

校参考资料。

午饭前明樾来。

夜　睡绝早。

三月二日　星期五

上午　陈永龄、王之卓、张为申来①，李龙潜来。

下午　往东山达道路广州军区礼堂听周总理报告。

夜　业勤来。

三月三日　星期六

校阅隋唐五代经济史资料。

上午　李龙潜来。

夜　风雨操场看电影。

---

①　三人此时来广州参加制定国家科技长期规划研讨会，抽空到中山大学作者寓所看望作者。

三月四日　星期日

上午　嘉鑴交来抄件。

午睡后洗澡，看市政协文史资料第四辑。寄小七函。

三月五日　星期一

上午　备课，理发。

下午　系务扩大会议。

请杨生民、黄启臣二生晚饭于回民饭店（瑛材、业勤俱）。

三月六日　星期二

上午　授杨、黄、蔡①课。

校阅参考资料。

三月七日　星期三

校阅资料。

应陈永龄约往羊城宾馆晚饭（秉铨作东）。晤冯仲云②长谈。

三月八日　星期四

校资料。寄邺儿函。

夜　看电影。

三月十日　星期六

校阅参考资料。

上午　胡守为来。

晚饭前希白、锡永来谈。

---

①　蔡乃蔡家艺，时为中山大学历史系本科生。

②　冯仲云，江苏武进人。时任水利电力部副部长，来广州就是参加国家科技长期规划制定研讨会。在清华大学读书时，作者等人曾为冯氏通风报信，冯氏得以脱逃，免遭北平政府拘捕。

夜　看《柯山红日》电影。

三月十三日　星期二
上午　听明樾课。

下午及夜　看明樾《提纲》①。

三月十四日　星期三
上午　王裕怀、守为、明樾来。

下午　看《诗经》。

晚饭前　看希白。

三月十五日　星期四
上午　陪何遂②、顾颉刚。

下午　到第二院检查体格。

冼玉清请颉刚晚饭，作陪。

三月十六日　星期五
上午　到校长办公室访序经。

下午　蒋祖缘来谈，5:00许始去。

校参考资料。

三月十八日　星期日　阴雨
整天收拾旧书。

三月十九日　星期一
晨　早4:00地震，阴雨竟日。

---

① 指汤氏中国古代经济史课的提纲。为帮助汤氏讲好此课，作者不仅时时关心汤氏课的内容，也常常旁听其课。

② 何遂，福建闽侯（今福州）人，一说福建闽清人。社会活动家、文物收藏家。历任华东军政委员会委员兼政法委员会副主任、司法部部长。

上午　备课。

下午　授杨、黄、蔡课，课后在跃进室〈校内一饭堂〉晚饭。

夜　看书报。

三月二十日　星期二　放晴

上午　听明樾课一小时。

午饭于太平馆，理发、购书。

三月二十一日　星期三

张迪亚（中经史班代表）上午来。

下午　胡守为来。

三月二十二日　星期四

汤明樾来。

三月二十三日　星期五

上午　开青年师资培养规划小组会。

明樾送十二妹寄物（奶粉、糖、麦粉）来。

三月二十五日　星期日

肖步才携其爱人（邓姓）及侄来，请在大同午膳（瑛材同去）。

三月二十六日　星期一

备课。

三月二十七日　星期二

上午　听明樾课一小时。

下午　为杨、黄、蔡三生补课。

三月二十八日　星期三

上午　胡守为来。

留业勤午膳。

收小七函。

三月二十九日　星期四

上午　谢健弘来。

下午　教研组讨论培养师资计划。

步才《商品交换》一文交彭伊洛①转《学术研究》。

三月三十日　星期五

与希白、健弘骑自行车到大三元午饭。

夜　访希白送别②。

三月三十一日　星期六

曾庆鉴早上来借六十元。

与王裕怀在大三元午饭。

四月一日　星期日

裕怀请吃饺子。

夜　送希白行。

四月二日　星期一

上午　备课。

下午　开校务委员会第二次全会。

① 彭伊洛，时为中山大学历史系本科生。

② 容庚即将北上考察。

四月三日　星期二

上午　备课。

下午　校务委员会继开。

四月四日　星期三

上午　为杨生民等三人补课。

下午　经史组同学二十余人来访谈。

午梦见母亲。

付琼七之又二十七元，共三十四元（至本月 12 日工资付清）预付。

四月五日　星期四　阴雨

上午　承燨来，同往扫墓（彼岸助除草）。

下午　三庶母及十一妹来，云十一妹明日入院，送她一百五十元。

四月六日　星期五

与黄、杨两生到太平馆吃午饭（瑛材同往）。

在新华〈电影院〉看《少女的春天》。新华书店购书后，与郭威白、谢健弘在回民饭店晚饭。

四月七日　星期六

上午　看购得新书。

王裕怀请吃午饭（面食）。

下午　明樋来谈。

晚饭后稍睡，起与瑛材闲谈。

四月八日　星期日

读元稹《长庆集》诗。寄小七函。

下午　三庶母送特种证、鸡、鱼肉来，晚饭去。

四月九日　星期一

上午　备课。

下午　给杨、黄、蔡三生练习作题。

四月十日　星期二

修改胡守为注（参考资料）。

下午　理发。

四月十一日　星期三

上午　读陈寅恪《元白诗笺证稿》，明樾来。

下午　陈彬报告《国际形势》。

夜　读〈马克思〉《资本论》第一卷十三章第一节。

四月十二日　星期四

上午　明樾、守为来。

下午　教研组讨论期中课程检查。

夜　开始备《马列主义名著选读》。

四月十三日　星期五

下午　作《中国历代人口、土地、田赋统计》看法报告。①

四月十四日　星期六

备课。

下午　陈彬报告没参加，胡守为来，四叔、四婶、燨侄来。

---

①　此次报告《光明日报》记者做了简要报道。刊于 1962 年 5 月 13 日头版《学术简讯》。题目是谷风：《梁方仲谈中国封建人口规律问题》。

四月十五日　星期日

上午　备课，明橽来。

下午　去广州住胜利宾馆①。

夜　看侯宝林相声（人民戏院），与瑛材。天阴雨。

四月十六日　星期一　整天阴雨

看《资本论》第一卷廿四章。

午睡起　瑛材送报纸信件来，坐片刻即去，收小七信。

四月十七日　星期二

上午　蒋祖缘来，为校订其所写演讲消息报道②。看《资本论》。

下午　天放晴。晚饭前至长堤散步，请瑛材、郭习萍、郑金祥③
（皆碰上也）晚餐于大同。

四月十八日　星期三

读《资本论》第二十四章毕。

瑛材、三庶母及外甥女来宾馆晚膳。

晚饭后　散步至下九甫、第十甫回。

四月十九日　星期四

读《殖民地理论》（《资本论》一卷二十五章）毕。返校午膳。

4:00 返胜利宾馆。

---

①　为贯彻高校《六十条》精神，广东省社会科学联合会（社联）为照顾省内一些老知识分子的生活休息和集中精力写作的需要，特于广州沙面胜利宾馆租下几间房，以几乎不用付费之廉价供有关人士使用。

②　估计是蒋氏为作者一次学术报告（演讲）所作的报道。可能即为《光明日报》1962 年 5 月 13 日报道。

③　郭习萍时为中山大学体育教研组主任，郑金祥为中山大学体育教研组教师。

四月二十二日　星期日

译稿。

瑛材与业勤在宾馆晚膳后往看电影，我与商锡永往看潮剧。

四月二十九日　星期日

午饭食虾，发风瘼，杨弘汉①陪往中山二院打针，食药。

四月三十日　星期一

上午　业勤来。

下午　瑛材来。

业勤留下晚饭。

五月一日　星期二

上午　明樯夫妇来。

五月二日　星期三

译第三节完。

伤风仍剧。今日瑛材未来。

五月三日　星期四

上午　9:00 回家，一均来（译稿②交去）。

4:00 返宾馆，伤风仍未痊愈。

五月四日　星期五

上午　吴三立来谈。借去《沧趣楼诗集》③ 四册。

译第四节完。

---

① 杨弘汉，时为中山大学历史系办公室工作人员。

② 指作者对《资本论》有关章节的译文。

③ 该诗集为陈宝琛之作。

五月六日　星期日

译第五节完。

下午　瑛材来，代带回书、物一部分。

伤风仍未痊愈。

五月七日　星期一

上午阴雨，10:00 四叔、四婶来宾馆，同往濠泮街买特种肉、鱼各一斤，香烟一条。

午饭于大三元，然后回家，留四叔、四婶及十一、十四妹在家晚饭。

校对译稿（油印本）。

五月八日　星期二

备课。

上午　胡守为来。

下午　明樾来。

五月九日　星期三

上午　第一、第二节上马列名著选读，讲《资本论》第二十四章（原始积累）。课后讨论招研究生事。

下午　〈中大〉民盟小组座谈（被邀列席）国内外形势。

夜　访序经。

五月十日　星期四

上午　马肖云副校长来谈。

下午　阅览书籍。今日精神疲顿不堪。寄小七函。

付亚琼本月份工资（二十七元）。

五月十一日　星期五　阴雨

译第六节。

伤风仍未痊愈。

五月十二日　星期六
译第六节。
下午　教研组谈本系规划及研究生招考事。

五月十三日　星期日
上午　梁溥①带一朋友来谈。
下午　王裕怀来。
今日工作效率甚低。

五月十四日　星期一
译第六节。
下午　杨生民来。

五月十五日　星期二
备课。出经济史研究生考试题目。
四婶来午饭（本系代付抄写费十元）。
序经来。

五月十六日　星期三
上午　第、二节授课。
下午　民盟小组国内形势座谈会（列席）。
太平馆吃饭，古籍书店购书。

五月十七日　星期四
译第六节。

---

① 梁溥，广东信宜人，地理学家。中山大学地理系教授。

夜　段云章来谈。

五月十八日　星期五

译第六节毕。

下午　黄启臣、明樾来。

夜　看《毛选》卷三《在延安文艺座谈会上的讲话》。

五月十九日　星期六　大雨

下午　出席社联座谈会（毛主席《文艺讲话》）学习体会，人多未有发言。

会后与杨荣国诸同事晚饭于北园①。

五月二十日　星期日

译第七节。

五月二十一日　星期一

市政协今天开幕（第二届第五次全体大会）。

五月二十二日　星期二

译《资本论》第七节毕。晨早3:50始就寝。

下午　赴晏公街市政协会，听陈秋安等报告。

五月二十三日　星期三

上午　市政协小组漫谈。

下午　回校。

五月二十四日　星期四

上、下午　市政协小组漫谈。

---

①　广州一著名园林式老酒家。

五月二十五日　星期五

上午　第六小组漫谈（我当主席）。

下午　陈一百当主席。

五月二十六日　星期六

下午　市政协休会半天。

五月二十七日　星期日

寄小七函。

五月二十八日　星期一

上、下午　市协大会发言。

下午　我冒雨开会，衣履尽湿。

晚餐于太平馆（越剧招待未往看）。

饭后购书于古籍书店。

五月二十九日　星期二

市协下午1:00闭幕。

午饭于陆羽居。

五月三十日　星期三

承烈逝世二周年。

五月三十一日　星期四

备课。

下午　听系总支传达陈毅、陶铸《文艺工作报告》。

以特种餐券交瑛材约业勤、黄、杨、蔡三生到大三元午膳，至4:00始将饭菜携归。

六月一日　星期五

备课。

下午　马副校长召集培养研究生会。3:50 至 5:50 补授《马列名著选读》毕①。

六月二日　星期六

下午　小组（列席民盟）座谈陈毅、陶铸《文艺工作报告》。

六月四日　星期一

读《宋诗选》② 完。

下午　理发。

夜　生民、业勤来。

六月五日　星期二

看《世界各主要国家工业化的条件、方法和特点》。

夜半　大雨。

六月六日　星期三

收拾书籍。出考题（明早杨生民口试）。

晚饭后　彼岸来。雨。

收雨新、〈金〉恒敦③函。覆恒敦函。

----

①　当时作者曾印出两份资料（文章）发给听课学生，两文的名字是《马克思主义关于资本主义萌芽的论点》和《〈资本论〉第 1 卷第 24 章〈所谓原始积累〉提要》（译文）。这两文收入《梁方仲文集——梁方仲文存》（中华书局，2008 年）中。

②　该书为钱锺书所撰。

③　金恒敦，北京人。铁道桥梁工程专家。历任天津铁路局工务处副处长，交通大学教授，北京铁道局副总工程师，铁道部科学研究院铁道建筑研究所研究员、副所长。是作者中学同学、老友，作者曾有长诗送之。

六月七日　星期四　雨

早上寄小七函。

上午　准备试题。

下午　杨生民毕业试（通史四分，经济史五分）。

六月九日　星期六　雨

十一妹、十二妹来，午饭后始去，业勤就来。

裕怀下午来，留其吃晚饭。

夜　浏览书报。

六月十日　星期日

王裕怀请吃午饭。

终日浏览书报。

夜　序经外出未遇，与姜立夫夫妇谈，9:00 始返家。

六月十一日　星期一　阴雨

上午及夜　浏览书报。明樵来。

下午　授黄启臣课。

六月十二日　星期二　阴雨，下午转晴

上、下午　罗培元①部长传达全国政协周总理、陈毅部长总结讲话。

晚饭于太平馆，回家后看购得的新书。

瑛材下午自武汉返。业勤来谈。

六月十三日　星期三

上午　守为、明樵来。

---

① 罗培元，时任中共广州市委统战部部长。

一九六二年

下午　小组座谈。

夜　序经来谈。

上午　付亚琼工资二十七元。

六月十四日　星期四

整天看唐人笔记小说。

六月十六日　星期六

上午　明樾来。

下午　老教师座谈（当前形势及结合昨午报告）。

六月十七日　星期日

读孟森①《明清史论著集刊》（明史部分）。

六月十八日　星期一

上午　读韦庆远《明代黄册制度》。

下午　授黄启臣课。

六月十九日　星期二

晨，雨中读谢国桢《明清笔记谈丛》。与瑛材午饭于太平馆。返家洗澡后，读庄仲方②《金文雅》等书。

六月二十日　星期三

上午　放晴。读张国陶诗选。

下午　3：00 至 6：00 在迎宾馆开座谈会（区梦觉书记主持）。

----

① 孟森，江苏武进人。明清史专家。北京大学历史系教授。

② 庄仲方（1780—1857），浙江秀水（今嘉兴）人。字芝阶。嘉庆举人。官中书舍人。著有《映雪楼文稿》，编有《南宋文范》《金文雅》等。

六月二十一日　星期四

上午　曾庆鉴送武大（经济史）研究生考卷，五份，粗看一遍。

下午　寄小七函。

与裕怀晚饭于太平馆。

六月二十二日　星期五

看研究生试卷。

六月二十三日　星期六

下午　小组时事座谈会（以古代史教研组为单位）。

六月二十四日　星期日

上午　明槱来。

下午　肖步才来。

六月二十七日　星期三

读《文学批评史》①。

下午　小组时事讨论会（以古代史新教研组为单位）。

六月二十八日　星期四

早上通过录取经济史研究生（鲍彦邦、叶显恩）事。

读《文学批评史》完。

六月二十九日　星期五

午饭于太平馆。

晚饭前　杨生民来。

夜　写《火焰报》②稿（《促拍丑奴儿》一首）。

① 郭绍虞撰。郭氏时为复旦大学中文系教授。

② 时中山大学历史系师生所办的油印小报。

借给张仁杰一百元（由杨鸿汉送去，以其父丧故也）。

六月三十日　星期六

读〈韦庆远〉《明代黄册制度》。

上午　明樋来谈。

下午　在第二膳堂听金应熙作"党的光荣历史"报告。

夜　访马肖云副校长，谈小七事。

七月一日　星期日

读《明代黄册制度》。

寄袁溥之、雨新各一函。

轻微伤风咳嗽。

七月二日　星期一

读《〈明代〉黄册制度》毕。

授黄启臣课。

下午　三庶母及十一妹来。

七月三日　星期二

上午　理发，读张振珮①《成吉思汗评传》。

夜　明樋来。陆阿B〈作者外甥〉借单车去（以其父病危也）。

七月四日　星期三

读《成吉思汗评传》毕。

下午　小组漫谈（备战问题）。

---

① 张振珮，安徽滁州人。先后执教于新疆学院、新疆女子学院、贵阳师范学院、贵州大学等院校，历任讲师、副教授、教授。

七月五日　星期四

上午　开教研组会（讨论下学期）课程及总结本年经验。

读周庆荃《成吉思汗》。

寄承邺五十元。

七月六日　星期五

读余元盒①《成吉思汗传》。

下午　开史学会。

看陈寅老（跌伤）于二院，与应熙、一均等晚饭于大三元。

七月七日　星期六

上午　二庶母及十二妹来，午饭于大三元。

下午　本系声讨美蒋大会。

七月八日　星期日

读雅康博夫斯基②《十一至十三世纪蒙古史研究》（魏英邦译）。

七月九日　星期一

读杜甫及白居易诗。

下午　授启臣课。

七月十日　星期二

三庶母及十一妹来吃午饭。

读论唐人诗话数种。

付亚琼工资二十七元。

---

① 余元盒，蒙古史学者，撰有《内蒙古史概要》（1958 年）。

② 雅康博夫斯基，历史学者。苏联人。

一九六二年

239

七月十一日　星期三

读陈寅恪《元白诗笺证稿》第一篇。

下午　小组漫谈（备战问题）。

七月十二日　星期四

读陈寅恪《长恨歌》笺证①稿毕。

七月十三日　星期五

下午　与明樾往二院看陈寅老。

晚饭于大同。

七月十六日　星期一

下午　系务委员会。

七月十七日　星期二

上午　授启臣课。

下午　与子植等往看陈寅老于二院。

晚饭于大同（子植与家遵）。

七月十八日　星期三

上、下午　第二届校务委员会第三次（扩大）开会。

七月十九日　星期四

下午　2:30 至 5:30 校务会分组讨论。

七月二十日　星期五

上午　大会闭幕。

---

① 估计此指陈寅恪《元白诗笺证稿》中的一部分。

七月二十一日　星期六

本学期结束，明早起放暑假。

七月二十二日　星期日

启臣北上来辞行①。

七月二十三日　星期一

午饭后瑛材舅父携先父原所藏×××手卷来议价。

夜　与小七访序经。

七月二十四日　星期二

早　邬老师来，与小七访溥之大姐未遇。

午饭于太平馆。小七往送业勤去西安车。

七月二十五日　星期三

读《尼赫鲁自传》毕。

瑛材舅父再携×××手卷来。

下午　序经来，约8月1日在北园为其子〈陈其津〉结婚设喜宴。看望谭彼岸病。

夜　与小七谈至1:00许。

七月二十六日　星期四

十一妹携莉莉②来为先父作忌辰纪念，后饭后4:30始去。

购回先父藏×××手卷，付价一百元。

---

① 黄启臣为撰写研究生毕业论文而北上搜集资料。

② 莉莉为作者妹妹之女。

八月五日　星期日

早　袁溥之大姐来，见陈郁、吴芝圃①等于招待所〈中大黑石屋招待所〉。

八月九日　星期四

今精神甚疲乏，只浏览而已。

上午　明樾、希白来。

寄蔡美彪函及《总论》抽印本。

八月十日　星期五

序经借四百元②。

八月十一日　星期六

读书目数种。

上午　叶秀粦③携其小妹〈叶新兰〉来访小七，午饭后去。

付亚琼工资二十元（小七手，是日她请假去广州整天）。

八月十二日　星期日

终日写之屏《明本纪校注》凡例④。

小七为万文举⑤饯行于大三元。

付亚琼工资七元（小七手清）。

八月十六日　星期四

看明代造船业资料。

---

① 吴芝圃，河南杞县人。时任中共中央中南局负责文教的书记。

② 陈氏为其子结婚筹款之用。

③ 作者儿子承邺之未婚妻，两人就读武汉大学生物系时为同学。

④ 作者为其好友王崇武遗集出版（中华书局计划）所作的一部分工作。

⑤ 万文举，湖北人。湖南农业大学教授。时为作者儿子承邺武汉大学之同系同班同学，于暑假期间来穗游玩，住在作者中山大学寓所。

序经为其子媳新婚设宴于北园，约我及小七赴宴。

与小七、叶秀粦以及谢国伟、万文举看《又是一个早晨》（宽银幕）于新华〈电影院〉。

八月十七日　星期五

为吴千、万文举饯行。

下午　文举返汉。

傍晚王兴瑞[1]、梁钊韬来。

八月十八日　星期六

上午　上海人民出版社李文俊同志到校，襄理校对事。明樾陪往办各种手续。

八月十九日　星期日

清理笔记。

晚饭后　往看杨生民。夜访李文俊于招待所。

八月二十日　星期一

清理笔记。

八月二十一日　星期二

下午　序经来。

晚饭前　生民来。

八月二十二日　星期三

上午　看陈寅老、冼玉清病于一、二院。

宴请叶秀粦父母、二嫂侄妇于东山酒家。

---

① 王兴瑞，广东琼海（今属海南）人。先后任教于中山大学、上海复旦大学、广州珠海大学和广州广雅中学，后去海南任教。

午后　序经来谈，借去一百元。

张甫钟还来笔记一册①。

八月二十三日　星期四

早　7:00 校车去新会（与瑛材、承邺、秀舜偕），住会城华侨大厦 334 号。

八月二十四日　星期五

上午　游圭峰山。

下午　游水。

八月二十五日　星期六

上午　参观葵加工厂。

晚饭后　往看小鸟天堂。

八月二十六日　星期日

上午　游北石岩。

下午　瑛材携小七、秀舜自江门搭渡〈船〉返穗。

八月二十七日　星期一

上午　购物。

下午　梁宗岱领往参观招待所及盆景、博物馆等处。

八月二十八日　星期二

早　7:00 校车返穗，在佛山招待所午餐，3:00 抵校。

市政协熊、尚两同志来访。

---

①　张甫钟，时为武汉一中学青年教师，有志于航海史之研究，通过书信往来结识作者。作者曾将自己搜集到的航海史料借与张氏参用。

八月二十九日　星期三

小七往接业勤车。

八月三十一日　星期五

与小七晚饭于太平馆。

九月一日　星期六

下午　研究生鲍彦邦①来。

九月二日　星期日

四叔、四婶来（雨新嘱抄统计表交来）。

夜　研究生叶显恩②来。

九月三日　星期一

中大开学（课）。

九月四日　星期二

下午　教研组会（讨论唐代经济史参考资料）。寄还北京市第38中学柳义南《明代一条鞭法实施情况》论文一篇。

希白设喜筵③于太平馆。

九月五日　星期三

上午　明樾来。

下午　理发。

读康恩等《穷途末路的资产阶级历史哲学》中译本。

---

① 鲍彦邦，广东珠海人，出生于香港。暨南大学历史系教授。时为作者新招的研究生。

② 叶显恩，海南临高人。广东省社会科学院研究员。时为作者新招的研究生。

③ 容氏新婚设宴。

一九六二年

245

九月七日　星期五

上午　彼岸来，挈小七往修承烈女墓（于中大坟场）。

下午　希白来，继相偕至府上接洽邓飞上工事。

九月八日　星期六

下午　明樾偕李文俊来谈校对事。

希白请在越秀宾馆晚饭（商老太爷、序经夫妇、杨荣国夫妇等人）。

九月九日　星期日

早上　十一妹、十四妹来。

王裕怀请吃午饭。

九月十日　星期一

上午　听明樾授课一节。

下午　黄启臣、鲍彦邦、叶显恩来谈学习计划。

九月十一日　星期二

查看书目。

下午　与承邺往隆兴楼新华书店购书。

晚饭于新丰。文化公园蜡像馆李同志借去书籍六册。

九月十二日　星期三

业勤来晚饭，谈至 9：30 去。

收中华书局函（王之屏遗著出版事）①。

十月五日　星期五

晚系迎新大会，我代表教工致欢迎词。

---

①　指中华书局请作者负责王之屏（王崇武）遗著编校事宜。

十月六日　星期六

往体育馆看广东男女篮球队比赛。

十月七日　星期日

阿美上工，派往濠泮街买鱼、果等物。

承邺同学陈××来午饭。〈肖〉步材夫妇来。

瑛材请十一妹晚饭。

业勤请往听中国青年音乐家演出（南方戏院）夜场。

十月九日　星期二

上午　10:30 在招待所讨论明日接待越南文化团事。

为二嫂饯行①于太平馆，业勤、侄嫂等到。

校对统计表。

十月十日　星期三

校对统计表。

下午　欢迎越南文化代表团副团长孙光阀于招待所。

十月二十五日　星期四

上午　8:00 至13:00 教育部刘子载副部长在本校招待所开座谈会（师资培养问题）。

十一月二十四日　星期六

小七上午回。

下午　赶看唐代经济史参考资料注释（传达赵紫阳报告未听）。

夜　看《马克思的青年时代》电影。

---

① 作者嫂子将去香港定居。

一九六二年

十一月二十五日　星期日

上午　步才夫妇、序经来。

下午　明樾带女工来，不合，决留亚琼。

小七购特种鱼、肉回，业勤来晚饭。

十一月二十六日　星期一

寄李文治函（复明末粮价等问题）。阿琼上工。

上午　十一妹偕阿琼母来。序经、生民、杨鸿汉来。

十一月二十七日　星期二

整天看杨生民《从〈补农书〉看明末清初浙江嘉兴湖地区的经营地主经济及其社会性质》①。

阿琼晚饭后去工。

十一月二十八日　星期三

上午　杨生民来，谈修改毕业论文。

下午　《学术研究》开小组讨论刘子植"天人合一"答辩文。寄沪人社函（报告李文俊行期）。

十二月十九日　星期三

出席市政协三届首次会议（王德书记讲话）。

下午　回家休息。

十二月二十日　星期四

上午　列席广州市第五届人代会第一次会议于科学馆（曾生市长讲话）。

下午　请假。

---

① 杨生民的研究生毕业论文题目。

十二月二十三日　星期日

9:00 往赴市政协大会。

下午　曾生讲话，大会闭幕。

夜　聚餐于越秀宾馆。

十二月二十四日　星期一

修改生民论文。

下午　李嘉人副省长报告，未往听。

社联在流花俱乐部晚会，票转李文俊。

十二月二十五日　星期二

修改生民论文。

读毛选册一《中国社会各阶级的分析》。

十二月二十六日　星期三

修改生民论文。

午饭于太平馆。购来《宋大诏令集》①。

十二月二十八日　星期五

修改生民论文。

十二月二十九日　星期六

上午　生民来为其文进行修改。

下午　仍修改生民论文。

十二月三十日　星期日

今日照常上课，明日补假。

---

①　北宋九朝诏令文书汇编，原名《本朝大诏令》或《皇朝大诏令》。

上午　修改生民论文。

下午　3：00 生民及启臣来。市政协赠电影票两张，转赠启臣。

夜　小七返家。文通来谈（不见已数月矣）。

十二月三十一日　星期一

收沪人社来函。

早上　王裕怀、徐俊鸣、肖步才夫妇来。

午饭后　业勤来。

午睡后　起看放翁〈陆游〉诗。

中午　小七到广州。

一九六三年

一月一日　星期二

早起后往接曾昭燏①汽车，陪尹焕章②在梁钊韬府上谈话。商承祖③等来拜年。

下午　3:00 往访希白、健弘、徐俊鸣。

业勤来晚饭。读《陶里亚蒂④同志同我们分歧》（《人民日报》12月31日）。

一月二日　星期三

上午　往省博物馆礼堂听曾昭燏"江苏原始文化、商周文化及其与邻省古代文明有关问题"。

希白请我及梁钊韬在回民饭店午饭。

晚　序经夫妇来。

一月三日　星期四

修改生民论文。

一月四日　星期五

修改生民论文。

收到徐义生⑤自安徽合肥大学一二六楼一号寄赠《中国近代外债史统计资料》一册。

---

① 曾昭燏，湖南湘乡人。考古学家、博物馆学家。历任南京博物院副院长、院长等职。

② 尹焕章，河南南阳人。考古学者。历任南京博物馆保管部主任、华东文物工作队副队长，江苏文物管理委员会委员等职。

③ 商承祖，广东番禺（今广州市）人。德国语言文学家。南京大学教授、外文系主任。其父商衍鎏，其弟商承祚。

④ 陶里亚蒂，时意大利共产党总书记。

⑤ 徐义生，江苏武进人。经济史家、政治学家。安徽大学图书馆馆长、研究员、教授。与作者共校（清华大学），共事（中央研究院社会科学研究所）多年，是老朋友。

一月七日　星期一

上午　生民来，取去论文。明檖、文俊来。

还希白五十元。

一月十三日　星期日

中午　为李文俊饯行于泮溪，到一均、庆鉴、彼岸、明檖、裕怀等。

一月十五日　星期二

胡惠上工。

一月十六日　星期三

看姜伯勤毕业论文。

下午　开两毕业生①论文考试预备会议。

一月十七日　星期四

姜伯勤论文答辩五分（下午2:30起）。

一月十八日　星期五

杨生民毕业论答辩四分（下午2:30起）。

一月二十日　星期日

晚饭后　往风操场看业余京剧团演出。

业勤因赶火车不及，故伴之回家。

一月二十一日　星期一

请李文俊、徐俊鸣晚饭于太平馆。

---

①　两毕业生乃指作者指导的杨生民和岑仲勉、董家遵指导的姜伯勤，两人属中华人民共和国正式实施研究生制度后中山大学第一批研究生毕业生。

一九六三年

253

收陈总岱孙先生函（约往高级党校作报告）。①

一月二十三日　星期三
全日赶作插图说明。②
下午　蒋祖缘来。
李文俊夜 7：30 离校搭 9：00 火车返沪。
小七、秀粦回家。

一月二十四日　星期四
下午　与瑛材、小七、秀粦去胜利大厦。
晚饭后游花市，拥挤不堪。余一人回大厦。

一月二十五日（初一）　星期五
在大厦早餐后坐五路车去永汉路③购书物，回家午饭。
5：00 后往商〈商衍鎏、商承祚父子〉、陈〈寅恪〉先生二家。

一月二十七日　星期日
母亲逝世二周年（庚子农历十二月十一日夜），三庶母、十一妹、十四妹、阿 B 等来。
午饭后往祭墓。
文通、丽金请我们全家吃饺子。晚饭后往访希白。

一月二十八日　星期一
张仁杰、潘汝瑶、谢健弘来。

---

①　"高级党校"即中共中央党校。陈氏曾应邀在该校作过报告。校方希望再请一些学术界人士去报告。陈氏便推荐自己的学生——作者，并获首肯。于是特驰函告示。
②　"插图说明"指作者为其《中国历代户口、田地、田赋统计》一书之插图（照片）所作的说明。后来这部分内容，并未收入其辞世后出版的《统计》一书中。这部分内容"文化大革命"后保存的残稿，在《梁方仲文集——中国社会经济史论》中批载（中华书局，2008 年），题名为《历代户籍、地籍、租约、赋役册诠释》。
③　永汉路现名为北京路。

徐俊鸣、商①来。

小七晨早返园值班，下午回家。

改订索引凡例②。

一月二十九日　星期二

早上　收拾书架，整理旧书。

夜　小七回家，秀舜偕来。文通亦来谈。

二月一日　星期五

早上　小七出差往顺德。

午饭后，陈国能、郭淑贞夫妇③来拜年。

寄雨新、义生、文治、庆远各一函。

二月九日　星期六

夜　读袁玉锡（季久）为黄玉筠（后更名纯熙，字佩文，一字晦闻。同治十三年癸酉正月生，顺德人）所刻光绪庚子辛丑恩正并科乡试誊录卷，后有袁诗、简、黄诗及罗惇曧④题跋。

二月十三日　星期三

下午　选举先进工作者，被提名：金应熙、梁钊韬、汤明檖。

夜　寂园⑤来。

二月十五日　星期五

付胡惠民工资二十七元。

---

① 案历原记录仅"商"一字，估计不是商承祚，便是其父商衍鎏，或两人同来。

② 作者原拟为其《中国历代户口、田地、田赋统计》一书作索引。后来正式出版之《统计》并未见有"索引"一项内容。

③ 陈、郭两人皆岭南大学经济商学系的毕业生，陈还是该系的研究生，两人皆为作者的学生。

④ 罗惇曧，广东顺德人，书法家。

⑤ 陈寂，广东广州人。中山大学中文系教授。

二月二十四日　星期日

请杨生民晚饭。

二月二十五日　星期一

上午　杨生民来辞行。①

下午　指导叶、鲍两生，张维熊亦来听课。

黄绍阶借去英文打字机。

二月二十六日　星期二

上午　参观广州市手工业 1962 年新产品展览会。

午饭于太平馆。

下午　第二届校委会第六次会议开幕。

二月二十七日　星期三

上午　校委会。

夜　听上海合唱团演出。

二月二十八日　星期四

下午　校委会，分组座谈。

三月一日　星期五

上午　理发。

下午　洗澡。

三月四日　星期一

上午　备课。

下午　授黄、叶、鲍三生课。

夜　读《再论陶里亚蒂同志同我们的分歧》。

---

① 时杨生民研究生毕业，将回其原来工作单位北京师院（今首都师范大学）任教。

三月十四日　星期四

读杨万里诗。

付阿惠工资二十七元。

三月十六日　星期六

评定 1963 年研究生考试试卷。中国古代史：陈国扬（中大）六十七分，邱敏（江苏师院）八十分。经济史：陈国扬六十七分，邱敏六十二分。

四月十五日　星期一

付阿惠工资二十七元。

四月十七日　星期三

上午　镶牙。

午饭于大同。

下午　政治学习座谈会。

夜　覆李文治《鸦片战争前二一〇年土地占有关系的变化》意见及严中平信。

四月十八日　星期四

上午　到隆兴楼新华书店购书。

四月二十日　星期六

校何孟春①《余冬叙录》。

下午　马肖云副校长报告（反对修正主义）。

四月二十二日　星期一

下午　授黄启臣课。

---

① 何孟春，湖广郴州（今湖南郴州）人。明弘治进士。曾任吏部左侍郎、代署部事。学问渊博，著述颇多。

四月二十三日　星期二

以纪录汇编本《余冬叙录》与同治重刻本相校勘事毕，并作笔记。

王琼琚下午交来毕业论文。

晚饭后与叶显恩散步至码头。

五月二十四日　星期五

上午　9:30 至 11:30 给中国经济史班讲"明清时代经济史上的几个问题"。

五月二十六日　星期日

夜　往黄花路〈广州军区〉后勤部礼堂看《霓虹灯下的哨兵》。

五月二十八日　星期二

看向达《中外交通小史》完。

下午　听朱谦之①讲《我国古典哲学对日本之影响》，完后公宴之于泮溪。

五月二十九日　星期三

承烈，你离开我们已整整三年了，我没有一天不想你几次，但愿我在学术研究上取得较多的成绩，来纪念你！永远安息吧！

下午　讨论"五反"运动。

看《欧化东渐史》② 完。

夜　序经来访。

八月四日　星期日

张维持请吃晚饭。

---

① 朱谦之，福建福州人，哲学家。历任北京大学教授、中国科学院世界宗教研究所研究员。

② 《欧化东渐史》为张星烺所撰。

9:00 赴胜利宾馆住。

八月五日　星期一

早　6:00 开行，在海丰〈县名〉午膳至 4:00 许（因修车故）。

夜　11:00 抵普宁〈县名〉，宿华侨大厦。

八月六日　星期二

上午　参观流沙镇革命纪念馆及三坑水库。午饭后车开潮阳〈县名〉参观海门莲花峰（文天祥望帝处）。

下午　6:00 自碣石渡海至汕头，入宿交际处。

八月十七日　星期六

早　7:30 自惠阳回穗过增城休息，2:00 返抵中大值大雨。

午睡起后　叶显恩来。

八月二十四日　星期六

早　9:30 去广州，在太平馆午膳。

夜　承邺同学黄昌谋①偕其女友来宿。

八月二十六日　星期一

早上　黄昌谋、秀粦离此。浏览杂书。

下午　王裕怀来谈。

收《学术研究》稿酬￥一百一十二元。

八月二十九日　星期四

早上　秀粦回家，明樑来。

昨日商衍鎏姑丈下午 6:30 病逝于中山医科大学第一医院。

---

① 黄昌谋，广东高州人。整理者梁承邺武汉大学生物系同级同学。毕业后先在国防科委五院工作，后调回广州工作，先在广东昆虫研究所，后在广东教育学院。

十一月十一日　星期一

收拾书籍。

夜　胡守为来谈。

十一月十二日　星期二

收拾书籍。

十一月十三日　星期三

收拾书籍。

十一月十四日　星期四　终日雨

下午　开始准备武大讲稿（中国人口土地史）；作出历代户口田地升降数及每户平均口数与每户每口平均亩数。①

十二月二十九日　星期四

下午　刘军在风雨操场作保密工作报告。听讲后往广州购书。

晚饭于太平馆。

十二月三十日　星期五

评阅《兰州大学学报》魏永理《关于旧中国地租率的计算问题》。

下午　教研组座谈刘军保密工作报告。

夜　小七、秀舜回家。

十二月三十一日　星期六

上午　评阅魏文。

---

① 武汉大学彭雨新、吴于廑邀作者于近一两年内去该校作报告，故有此举。

一九六四年

一月一日　星期三

审阅魏永理《关于旧中国地租率的计算问题》（兰州大学去年5月底寄来)[1]，至晨早 12:30 完成（上床后闻大雨声，竟日不停，傍晚始止）。

上午　诸研究生及五年级毕业论文学生四人来。胡守为、曾琼碧[2]、黎砂来。

下午　誊写审稿。

晚饭　小七送秀姊回广州。

一月二日　星期四

读《剩余价值学说史》（英文本）序言。

一月三日　星期五

读汤明檖经济史讲稿。

一月四日　星期六

上午　读明檖讲稿毕。

下午　小组讨论。

一月五日　星期日

读市人代发言十九份。

上午　送历史系师生往三水劳动。与魏宁同志同往裕怀同志聚谈。

下午　天气放晴。

一月六日　星期一　天阴

上午　看袁修沐《朱元璋简论》、卢永尧《论朱元璋在反元斗争

---

① 该审阅意见尚未发表。

② 曾琼碧，广东五华人。时为中山大学历史系助教。

中的作用》提纲（后者写得比较好）及蔡家艺《明代漕运沿变试述》提纲（还好）。①

一月七日　星期二

上午　9:00 至 12:00 黄启臣口试（通史四分、经济史五分）。

下午　傅举有②口试（通史四分、隋唐史五分）。

一月八日　星期三

上午　到胜利宾馆听上海经济研究所黄逸峰③报告。

下午　希白来谈。

一月九日　星期四

上午　骆绍唐④口试（通史三分，先秦史五分）。

下午　叶显恩、陈国扬来。

夜　读马长寿⑤《乌桓与鲜卑》第一章。

一月十日　星期五

上午　浏览报章。

下午　到广州制衣购物。

回家晚饭后身体不适，8:00 许上床。

一月十一日　星期六

早上　黄启臣来谈考试情况。到护养院看病。寄谭彼岸函。

下午　刘军、杨荣国传达全国政协报告及社会主义教育运动学习

---

① 袁、卢、蔡三人时皆为中山大学历史系应届毕业生。

② 傅氏时为中山大学历史系应届毕业研究生。

③ 黄逸峰，江苏东台人。时任上海市社会科学院研究员。

④ 骆氏时为中山大学应届毕业研究生。

⑤ 马长寿，山西东平（今昔阳）人。历任复旦大学、西北大学教授。

计划。为黄、鲍、叶、陈〈陈国扬〉饯行①。

一月十二日　星期日

早起，觉疲倦不堪且有烧。

一月十三日　星期一

终日卧床且肚疴。

一月十四日　星期二

早上　入护养院留医。

一月十五日　星期三

午饭后　二嫂和侄嫂来护养院看问。

一月十九日　星期日

早上　8:30 出护养院回家。

读《黄梨洲②文集》。

一月二十日　星期一

看王绵宁、何东成、李汉才毕业论文提纲。③ 阅傅衣凌《关于明初胡蓝之狱的分析》及唐甄《潜书》。④

承邺留广州调查。⑤

———————————

① 时黄、鲍、叶、陈四人被校派往农村参加社教运动（社会主义教育运动，也称"四清"运动）。

② 黄梨洲，即黄宗羲。

③ 王、何、李三人时皆为中山大学历史系本科应届毕业生。

④ 唐甄，清四川达州人。宗王阳明良知文学，反对空谈心性，指出"自秦以来，凡为帝王者皆贼也"。主张"富民"。著有《衡书》，后改名为《潜书》。

⑤ 作者之子工作单位在当时郊区。"留广州调查"即在市区调查意。

一月二十一日　星期二　仍阴雨

寄雨新函。

下午　收拾文稿，准备写讲稿。

小七来回家过夜。

一月二十二日　星期三

上午　到护养院看任医生，打 B12 针（每次二针，每针 100mg），隔天注射。

下午　开始注释《明史·食货志》。

一月二十三日　星期四

上午　胡守为、社联、王琴秘书长等五人来访。收彼岸①来信。

下午　理发。

一月二十五日　星期六

读《文学批评史》（明代）完。

是日阴雨甚，肠胃仍感不适，时 9:30 即上床就寝。

一月二十六日　星期日

二嫂携燨侄夫妇及侄孙来祭先母三年忌辰，午饭后去。

打 B12 针，肠胃仍痛。

一月二十八日　星期二

读郭绍虞编《中国历代文论选》（中册、明代部分）毕。

上午　打 B12 针。

下午　听杨荣国（老教师学习安排）及马肖云（国际形势及作好工作）报告。

---

①　谭彼岸时在中国科学院经济所参加编写中国近代经济史工作。

夜　小七陪业勤去二嫂处。

一月二十九日　星期三

上午　读钱基博《明代文学》毕。仍阴雨，肠胃较好，但仍未复原。

下午　政治学习。

一月三十日　星期四

编写讲义。

午饭后　业勤来谈，2:00许始去。

午睡后　希白来，晚饭前去。

是夕小七未回。

一月三十一日　星期五　天仍阴冷

终日写讲稿，但精神仍欠佳，仅四百字而已。

二月一日　星期六

上午　出席第二届校务委员会第九次会议（1964年工作意见，马肖云副校长谈预决算、基建、招生计划等）。

下午　小组漫谈（政治学习）。

晚饭后　偕小七往看谭彼岸（刚从北京返）。

二月二日　星期日

寄叶显恩函。是日写讲稿少许（上午休息）。

下午　小七到车站运回物品一箱（存黄伯母处的）。①

晚饭后　将父母亲旧书札清理至2:00许始上床。

——————————

① 指作者及其家人寄存于北京黄伯母（作者清华同学好友黄仕林之母亲）处的物品。黄仕林为广东台山人，清华大学毕业后去美生活工作直至辞世。其父母亲一直在北京经商。因其子与作者相熟，黄、梁两家一直关系密切。

二月三日 星期一

写讲稿甚少，因昨夜迟睡。

上午 打 B12 针。十一妹、十四妹等来，没吃午饭便去。

二月四日 星期二

写讲稿四五百字。

邬老师来，午饭后去（留下《屈翁山年谱》一本）。①

下午 小组漫谈学习心得。

晚 小七及秀舛先后回。

二月五日 星期三

上午 裕怀来。市政协饶处长（偕一人）来送苹果、橙慰问。打 B12 针。

下午 4:00 许序经来，谈至 6:00 去。

灯下写讲稿五百字。

二月六日 星期四

写讲稿约五百字。

下午 谭彼岸来。

夜 小七及秀舛回家。

二月七日 星期五

上午 听中印边境战斗英雄报告。

以精神不支，下午没赴会。

看杂书（徐光启等）。

---

① 邬氏此稿本，由于"文化大革命"等原因，一直"睡于"作者之遗物堆中。直至 2002 年作者的后人（儿子、媳妇、孙子、孙女）捐赠其遗书、遗稿给中山大学图书馆前夕，始发现邬氏此遗稿。随即作者之子几经周折，终顺利送给邬氏后人。后由广东省中山图书馆珍藏，2006 年由广东人民出版社出版，书名为《屈大均年谱》。

二月八日　星期六

王裕怀来午饭。

　　下午　小组谈昨天报告。散会后往迎三水回校同学于〈中大〉码头。

二月九日　星期日

小七与秀粦从二嫂①家运书箱回。

二月十三日（初一）　星期四

　　上午　团拜。

二庶母及十一妹（和几儿女等）来午饭。

二嫂暨燨侄夫妇、四叔、四婶等继来。

二月十四日　星期五

早醒后觉右肩痛，不能转身，马医生来诊治，打 B12 针及服药。

聂菊荪、王越夫妇来②，未能起床迎接。

终日卧床未起。

二月十五日　星期六

今日打第二针后已能转身睡觉。

　　下午　起身写讲义四百余字。看八一及辽宁男女排球队来校比赛。

二月十六日　星期日

写讲义四百余字。

小七及秀粦从二嫂家搬运书架、书籍，傍晚回。

秉铨来，谈至 10：00 许始去。

---

① 　作者二兄之妻，其时将移居香港与其在港丈夫、子女团聚。

② 　聂、王两人其时已调至暨南大学工作。聂任党委书记，王任副校长。

二月十七日　星期一

小七早上返植物园。

午饭后陈国扬、何东成等同学来帮助收拾书箱、书架，至 4:00 许始事毕。

写讲义四百余字。

〈谢〉韵清甥女及丽金来晚饭，饭后为我作鸡蛋糕，9:00 许始去。

二月十八日　星期二

写讲稿四百余字。

午饭于丽金家吃饺子。

下午　明橙及〈蔡〉克轩之侄相继来。彼岸、陈序经夫人及其媳妇①亦来。是日阿惠告假。

二月十九日　星期三

给高兆兰②母亲拜年，留谈约一时许。

下午　收拾书籍。

写讲稿四百余字。小七返家住宿。

二月二十日　星期四　仍寒甚

上午　收拾书籍。

下午　明橙夫妇来。

写讲义一万二千余字。

三月一日　星期日

夜　10:00 业勤来辞行。

---

① 即许饴婴，陈氏儿子陈其津之妻。时在暨南大学经济系工作。

② 高兆兰，云南昆明人。光学家。中山大学物理系教授。她及其丈夫一直与作者友好。

三月二日　星期一

全校上课顺延一周，学习（大庆）石油工业部经验和大学解放军，由马菊英及另一同志作传达。

小七请病假在家。业勤返西安。

三月三日　星期二

上、下午　教研组讨论会（听昨天报告感想）。

三月四日　星期三

上午　教研组摆成绩。①

下午　往晏公街听曹萩（市统战部副部长）作"反修"报告。

会后与胡金昌在利口福晚饭。

三月五日　星期四

上、下午　教研组成员摆成绩。

我在下午发言。

三月六日　星期五

整天小组讨论。

晚上开夜车至 11:30，讨论本组成绩报告。

三月七日　星期六

整天听各组〈可能为各教研组〉摆成绩报告。

晚上开夜车至 11:00 许，对别组先进工作者提名提出意见。

回家后小七已就寝。

三月九日　星期一　阴雨

上午　黄启臣来谈毕业论文事。

---

① 摆成绩、谈收获，是学大庆经验当时强调的一种做法。

三月十一日　　星期三

下午　陈彬总结"三反"、社会主义教育运动。

三月十四日　　星期六

下午　小组讨论。

晚饭后　坐校车往看国家队与广东队男女排球赛。

小七、秀粦回家。

三月十五日　　星期日

下午　与序经、守为、一均往接向达车。

晚饭于我家中。①

三月十六日　　星期一

上午　陪觉明〈向达别字〉往谒陈寅老。

下午　小组讨论"比学赶帮"问题。

夜　觉明、希白来谈。

三月十七日　　星期二

序经请觉明吃早点，我作陪。

上午　10：00 到图书馆。

下午　讲义（户口）部分写完。

瑛材请觉明晚饭于跃进室。饭后同往看吴印禅夫人。

三月二十五日　　星期三

修改讲义。

---

① 作者与向达结识于抗战昆明、四川时期，双方一直保持良好关系，即便在向达被错打成"右派分子"后也如此。1965 年下半年作者在北京出差时，两人也经常往来一起活动（编者亲眼所见）。

晚饭后　至觉明处，谈至 11:00 许回。①

三月二十九日　星期日
购置"上海 16 – 1"无线电〈收音机〉一部。

五月十二日　星期二　雨
订牛奶（瑛材用）今天起。

七月十九日　星期日
瑛材为我作生日，请三庶母，十一、十四妹及爛瑜②来午饭。

七月二十三日　星期四
王绍开③及其学生来，请其吃晚饭，序经夫人及容媛④、希白夫
人作陪。
饭后　小七回。

七月三十日　星期四
早　8:00 往胜利大厦开历史主义和阶级分析座谈会。
会后往访陈伯任⑤先生。
午饭于广州酒家。
夜　小七及秀粦回。

---

①　次日向达曾转录陈寅恪在春分日所赠三首诗给作者，以示同好。原件参见梁承邺
《无悔是书生》（中华书局，2016 年，第 311 页）。
②　梁爛瑜，作者之堂妹。
③　王绍开，时为中山医学院（医科大学）教授，其附属一院神经科主任。
④　容媛，广东东莞人，文史学者，容庚之妹。北京大学讲师，在历史系考古资料室工
作。
⑤　陈伯任，广东著名收藏家、鉴赏家。

八月一日　星期六

序经请吃晚饭（穗仙①生日）。承郏出言不逊，严斥之，极不快。

八月二日　星期日

上午　容媛及希白夫人来。

晚饭后　往王裕怀家谈天。

回家后黄启臣来谈。

先父忌辰。

八月三日　星期一　阵雨

下午　3:00毕业论文及考试成绩总结（教研组召开）。

八月二十日　星期四

早　7:00专车去台山县城，在沙坪〈鹤山县县城〉午饭（各人自由购买）。因治路渡口阻滞时较长，抵台城已3:00许矣。下榻湖滨华侨旅行服务社。小睡约一小时。

晚饭后　听县统战部部长及教育局局长报告。

八月二十一日　星期五

参观广海水库工程。

午饭于广海。

归途在温泉洗澡。回台城后独游西湖公园。

八月二十二日　星期六

早　8:00往参观台中及自来水厂。

午饭后离台城后原拟取道长沙〈开平县县城〉回穗，车至新昌②

---

① 陈穗仙，陈序经次女。

② 开平县县城称之为三埠，乃由长沙、新昌、赤坎三镇构成。

一
九
六
四
年

273

始知大桥正在修理中，乃绕道公益、水口回，过渡九江①时值大雨，返抵中大已 8∶00 许矣。

是日上午承邺与明樫、启臣、杨鸿汉四人送瑛材入芳村精神病防治院。②

八月二十五日　星期二

子植〈刘节〉夫妇为序经夫妇饯行③，晚餐于其家中。

八月二十六日　星期三

早　9∶00 许往访容媛及明樫，12∶00 许回家。

八月二十七日　星期四

下午　与承邺往看瑛材于芳村防治院。

八月二十九日　星期六

下午　3∶00 承邺往汉④，余亦送中大教工同学下乡（参加社会主义教育运动）。

八月三十日　星期日　阵雨

上午　在序经家见司徒赞⑤、洪渊源⑥。

---

① 公益、水口、九江分别是台山县、开平县、南海县的一个镇名。

② 作者夫人因其爱女于 1960 年猝然离世，深受刺激，精神一直很不正常，经中山医学院专家诊断，建议及时送治为妥。

③ 陈序经其时即将调离广州暨南大学到天津南开大学任职。

④ 去武汉进修。

⑤ 司徒赞，广东开平人。暨南大学东南亚研究所副所长，暨南大学董事会董事，省、全国政协委员等职。

⑥ 洪渊源，祖籍福建南安，生于印尼。一生从事新闻出版事业。长期担任《新报》社长。曾筹款支持中国抗战、支持中印（尼）建交。

与廖翔华①、杨琇珍及序经夫妇在回民饭店午饭。回家已 4:00。

八月三十一日　星期一　早大雨
读梁任公《欧游心影录》。

往访丽金，谈她昨日她往看瑛材情况。

九月一日　星期二
下午　往看瑛材，十一妹亦去。归途请她及卫君立吃汤面。

九月三日　星期四
读《梁任公先生年谱长编》初稿。

九月四日　星期五
读任公年谱毕。

接小七来信，告已入华中农学院②。

九月五日　星期六
下午起大风，彻夜不息，有时高至十一级，同时大雨滂沱，地下室积水盈尺。

九月六日　星期日
上午　秀粦来，下午挈阿惠同往看瑛材。

午饭前前往看子植（即将附午车去北京也）。③

下午　叶显恩、容希白来谈。

入夜　电灯全熄，就寝绝早。

---

① 廖翔华，福建将乐人。历任岭南大学、中山大学、暨南大学生物系副主任、副教授、教授。

② 编者其时被派往该院进修作物遗传育种学。

③ 刘氏去北京中华书局参加整理标点"二十四史"工作。

九月七日　星期一　阵雨

午　3:00 开教研组会议。寄承邺函。

夜　历史系迎新大会。

今夜校中电灯仍未修复。

九月八日　星期二

上午　佺嫂来。

午　12:00 黄启臣来，与之往看瑛材。回家晚饭后稍谈，9:00 许始去。

是夕失眠，1:00 许始入睡。

交休假表给系办公室①。寄蔡克轩航空函。

十一月二十四日　星期四

凌晨　2:20 读《苏联和未来》。

十一月二十六日　星期六

夜　读《日本历史讲座》（第一卷，原始古代社会）完。

十二月二日　星期三

凌晨　1:30 读《日本历史讲座》（第八卷，日本史学史）完。

十二月五日　星期六

上午　8:30 至 12:00 杨秀峰②部长座谈会（半工半读）于本校招待所。

----

① 按学校规定作者可休长假一年。

② 杨秀峰，直隶（今河北）迁安人。革命家，教育家。任高教部部长、教育部部长达 12 年之久。

十二月六日　星期日

下午　往看瑛材。

晚饭于吴连记。

十二月八日　星期二

下午　2:00 至 5:30 在风雨操场开二届十二次校务委员会（扩大会议），由马肖云副校长汇报教育部 11 月份在京召开的高校理工科教改会议精神。

十二月九日　星期三

下午　2:00 至 5:30 校委会小组讨论。

十二月十二日　星期六

夜　秀粦来。

十二月十三日　星期日

与秀粦午饭于太平馆。

饭后她往看瑛材，我往肿瘤医院看冼玉清。

十二月十四日　星期一

午饭时　四叔来，为写书根。

晚饭后去。

十二月二十日　星期日

上午　往芳村看瑛材。

十二月二十一日　星期一

上午　房改委员会来谈瑛材房改事。

十二月二十二日　星期二

上午　往中山二院诊治。

午饭于惠如，饭后购物。

夜　读杜诗等。

十二月二十三日　星期三

上午　往护养院打 AD 针。往邮局订下年《人民〈日报〉》等。

下午　往隆兴楼购物。

夜　10：30 往护养院灌肠。

十二月二十四日　星期四

早　7：30 往中山二院作排泄性肾盂造影检查，兼作膀胱造影共八

张，颇觉痛苦。

午饭于大公餐厅，回家已 2：30，午睡约一小时许。

十二月二十五日　星期五

读杜诗。

十二月二十六日　星期六

夜　看电影（翻身广场）。

十二月二十七日　星期日

上午　承燧侄来，午饭后去。

十二妹寄 Beniol 三瓶，付邮局税 ￥十元一角。

晚　寄明樣函。

十二月三十一日　星期四

下午　往看瑛材。交 Stelajim① 给陈医生。

——————

①　Stelajim 是一种进口的治精神病药物。

一九六五年

一月一日　星期五

陈达超来拜年。

晚　往省体育馆看篮球比赛。

一月二日　星期六

四叔来。陈国能、郭淑贞①来拜年。

文通请吃饺子。

一月三日　星期日

上午　往中山二院拆鼻孔左下方缝线。

午饭于长堤。

下午　阿惠往看瑛材。

一月五日　星期二

下午　往看瑛材。

一月十三日　星期三

上午　二庶母挈其外孙女来。

下午　浏览《事林广记》。寄承郇函。

一月十四日　星期四

读藤井宏②《新安商人的研究》。

一月十七日　星期日

读《史记菁华录》（康熙辛丑姚苎田氏评注）③。

---

　①　陈国能、郭淑贞夫妇皆为作者执教岭南大学经济商学系时的学生。陈氏后又以研究生身份继续跟随作者学习。

　②　藤井宏，日本历史学家。

　③　该书是司马迁《史记》的节本。

下午　子植自北京回，过访。

一月十八日　星期一
读《史记菁华录》。

一月二十一日　星期四
早　8∶30 坐校车去花山公社〈属广东花都〉。

一月二十三日　星期六
上午　三、二庶母来，携来瑛材应用药，午饭后去。

一月二十四日　星期日
晨早　春晗来。

午饭于泮溪酒家，文通夫妇偕。回家已 3∶00 许矣。

一月二十五日　星期一
午饭后理发。

夜　8∶00 许陈锡祺夫人来谈至 10∶00 许始去。锡祺复来谈。
11∶00许小七自武汉回。

一月二十七日　星期三
晨　挈小七往迎宾馆见春晗，至 12∶00 许见袁溥之夫妇。

下午　越秀宾馆听罗培元报告。7∶00 许回家。

晚饭后与小七往陈锡祺家。

一月二十九日　星期五
上午　往中大第二附属医院接洽膀胱造影事。

午饭于新丰①，归途下车访董家遵，相与迎候花县回校老师。

夜　看《红灯记》于东乐〈戏院〉（市政协招待）。

一月三十日　星期六

读 Max Weber② （1864 – 1920）：*Essays in Sociology*（Tr. by Gerth and Mill，1946）〈《社会学随笔》（Gerth 和 Mill 翻译，1946 年）〉。

十一叔婆及广铸、广端叔③等来午饭。

下午　同学自花县回。

二月一日　星期一

上午　黄启臣来。

晚看电影《红旗谱》（同小七、秀舜）。

读 Max Weber：*Essays*（*Chinese Literati*）〈随笔（中国学者）〉。

二月二日　星期二

上午　团拜。

二月三日　星期三

上午　燨侄夫妇来。

下午　四叔全家来。

王裕怀请吃晚饭。

二月四日　星期四

下午　往看瑛材，与丽金俱，归途微雨。

---

① 中山大学校门口附近一餐馆。

② Max Weber，通译为韦伯，德国社会学家。

③ 梁广端、梁广铸两人皆为教师（中学和大学）。作者堂叔。

二月五日　星期五　阴雨

往看陈锡祺、梁钊韬、何竹淇等。十一妹携小女来拜年。

丽金请午饭，吃饺子，秀粦吃罢返暨大。

序经晚饭前来。

骆宝善①晚饭后来谈。

二月六日　星期六

读 Phyllis Doyle：*A Hist. of Pol. Thot.* 〈《政治思想史》〉。

二月七日　星期日

市政协第四届第一次全体会议。

回家晚饭。

二月八日　星期一

上午　列席市人代第六届第一次全会（科学馆）。

下午　小组讨论。

商锡永等为陈序经夫妇饯别②于南园〈酒家〉。

夜　看《江姐》（南方戏院）与承邺俱。

二月九日　星期二

精神过度疲劳，向市政协请假一天。

下午　理发。

二月十日　星期三

上午　8：30 至 11：30 市政协小组发言。11：00 反美侵犯越南游行示威。

---

① 骆宝善，时为中山大学历史系教师。

② 陈序经1964年从暨南大学调至天津南开大学后，每次寒暑假都回广东休假。此次中大友人为陈氏夫妇即将结束回穗假期将赴天津而举行饯别宴。

下午　2：00至6：00王德报告。

回家吃饺子，文通全家及伍俊辉①来。

二月十一日　　星期四

上午　访序经，回系。

下午　到二院作膀胱造影，因王医生年轻，经验不足，费时甚久。回家后甚感疲乏，上床绝早。

二月十二日　　星期五

小便仍有微刺痛。

午睡起来后已3：00。读林一②《勤俭办科学与科学工作的作风》。

二月十三日　　星期六

市政协第四届一次大会下午闭幕。

晚饭后回家，与小七、秀舜闲谈。

二月十四日　　星期日

明天秀舜生日。

读周恩来在第三届全国人代会上所作政府工作报告。

小七同事凌君③来宿。

二月十六日　　星期二

上午　承邺往二院来取病案，证明膀胱瘤不确。

午睡后　与子植话别。

---

①　伍俊辉，编者小学、中学同学，与作者夫妇皆十分熟络。

②　林一，时为中国科学院—化学研究所研究员。当时他撰写的这篇文章在中国科学院和高等院校中传阅颇广。

③　凌君即凌定厚，湖北人。与编者为大学同学，后又在同一研究所（中国科学院华南植物研究所）工作。曾任研究员、遗传研究室主任。

二月十八日　星期四

仍发烧腰痛，终日卧床。

下午　入护养院住 305 号房。

二月十九日　星期五

是日大便四次（均稀黏质），胃口极差。热度在 38.4℃—37.9℃
之间。

承邺缓行期一天，往芳村探母。

晚　7:00 归，晚饭后来谈至 10:00。

二月二十日　星期六

承邺早车去汉。

护养院派车送我去中山二院看许锦世教授。

下午　秀粦来看。

二月二十三日　星期二

上午　谢健弘送李国平诗条来。

下午　往中山第一医院，因王承恩另有急疗，故改期星期六
上午。

二月二十六日　星期五

整日下雨不停（然雨势不大）。

读《国家和法的理论讲义》（中央政法干部学校编）。

晚饭前嘉鏣来。晚饭后希白来谈。

收觉明、廷珪①函。

---

① 廷珪即黎廷珪，广东东莞人。我国第一批留学苏联的工程技术人员，专长电工学。
任职于中国科学院，担任副总工程师。

二月二十七日　星期六

原拟今早往一院请王承恩教授诊治，因天寒雨，草寄一函，请其订定日期。

三月五日　星期五

夜　11:00 读毕樊亢①、宋则行②主编《外国经〈济〉史》（近代部分）。

三月六日　星期六

十二妹寄来 Stelajim 二百粒。

三月九日　星期二

午饭于永汉北一小饭铺。

下午　往芳村看瑛材（今日工人请假）。

晚饭后　看新自古籍店购回之 A. Toynbee：*A Study of History*（序言）及 Durant：心理学 Story。③

三月十二日　星期五

读陈沆④《诗比兴笺》。

市政协潘××来访，送文史资料一册。

三月十五日　星期一

上午　阅报。

下午　看《陈子昂集》。

---

①　樊亢，河南汲县人。历任中国人民大学经济系国民经济教研室主任，中国社会科学院世界经济与政治研究员、世界经济史研究室主任。

②　宋则行，江苏崇明（今上海）人。历任东北财经学院副教授、教授，辽宁大学副校长、教授、经济系主任。

③　这两本书的中文名分别为汤恩比《历史研究》和杜兰特《心理学故事》。

④　陈沆，薪水（今湖北浠水）人。清嘉庆进士。工诗。

晚饭前　看化学系与外语系篮球比赛。

三月十七日　星期三

看汪庆正[1]《十五年以来古代货币资料的发现和研究中的若干问题》（《文物》1965 年第 1 期）。

三月十八日　星期四

读陈熙晋[2]：《骆临海集笺注》。

夜　读《汉书·食货志》上（周予同《中国历史文选》上册）。

夜　商承祚来谈。

三月二十日　星期六

看徐寅生《关于如何打乒乓球》及费孝通《我这一年》。

夜　看电影《卓娅》。回家后看《苏共领导分裂国际共产主义运动的严重步骤》（今日《羊城晚报》）。

三月二十二日　星期一

读《朱元璋传》〈吴晗所撰，吴氏要求提修改意见〉。

午饭时，四婶取去二十五元为燤瑜治病。

三月二十三日　星期二

读《朱元璋传》。

晚饭后　伍锐麟夫人及其子俊辉来。[3]

三月二十四日　星期三

读《朱元璋传》毕。

---

①　汪庆正，江苏苏州人。长期从事文博工作。上海博物馆副馆长，兼任上海文物管理委员会副主任。

②　陈熙晋，义乌（今属浙江）人。清优贡生，官知县、知府。通经史，积书数万卷。

③　伍锐麟，广东台山人。中山大学外语系教授，主要从事英语口语教学。

寄王承恩函。

三月二十五日　星期四

读《二十五史补编》。收蔡克轩函。

下午　阿惠往看瑛材，交去药丸百粒。

三月二十五日　星期五　雨

读《二十五史补编》。

晚饭前　理发。收冼玉清函。

三月二十七日　星期六

上午　往中山一院，王承恩又有急诊，仍未得见。

午饭于惠如，回家已 3∶00 矣。

晚饭后　读殷孟伦①注张溥②《汉魏六朝百三家题辞注》，作笔记一条。③

三月二十八日　星期日

秀粦早上来，午饭后往看瑛材。

三月二十九日　星期一

看《太平御览》。

送致胡金昌老太奠敬十元。

三月三十日　星期二

看《太平御览》及《册府元龟》。

---

① 殷孟伦，四川郫县（今成都郫都）人。山东大学教授、语言研究室主任。

② 张溥，太仓（今属江苏）人。明末崇祯年间进士，授庶吉士。与同乡张采同名，时称"娄东二张"。崇祯初创立"复社"，以复兴古学为己任。

③ 此笔记后刊于《梁方仲文集——梁方仲读书札记》（中华书局，2008 年）。

下午　阿惠往看瑛材。

晚饭后　陈锡祺来谈其夫人入院后情况。

三月三十一日　星期三
作《食货志》笔记。

晚饭前　伍俊辉来访，请其托致王承恩一函。

晚饭后　往希白处谈。写秀粦一函。

四月一日　星期四
寄肖步才函（蔡克轩事）。

午饭前文通来谈。

下午　往看瑛材。

四月二日　星期五
早　5:50起，6:30搭车到一院看王承恩大夫，伍俊辉陪往。复由陈国桢①教授诊治腹部。

与俊辉午饭于占元阁。

是日疲甚，略看书报而已。

四月三日　星期六
写致觉明、冼玉清、汤明樾各函。

夜　看电影《夏向阳》〈苏联片〉。

四月四日　星期日
下午　秀粦、燨侄相继来，晚饭食面后去。

阿惠送东西给瑛材。致小七函。

---

① 陈国桢，广东顺德人。岭南大学医学院教授，华南医学院、中山医学院教授、副院长。

四月七日　星期三

上午　汤明樾来（昨自花县回）。

读《陔余丛考》。

四月八日　星期四

读报。

下午　理发。

夜　伍俊辉、陈穗仙来访。读远山茂树①《日本史研究》。

四月九日　星期五

上午　往一院看唐医生。遇见司徒太太，因而顺往探视司徒赞病。回家已2:00矣。看报。

四月十日　星期六　雨

读冯承钧《西域南海史地考证》论著。

上午　访郭威白，借来《辞海》（试行本第八册）。

四月十一日　星期日　雨

读《辞海》（试行本第八册，中国历史部分）。致白苹洲、蒋祖缘函。

四月十二日　星期一

上午　看《苏联国民经济史》及报章。

下午　往一院作肠胃透视（先洗肠，再灌钡剂，然后透视），目的在检查结肠有无毛病也。

---

　　①　远山茂树，日本近现代史研究专家。1938年毕业于东京帝国大学文学部史学科。主张按唯物史观研究和解释日本近代史。1958年先后任横滨市立大学教授，专修大学教授、横滨开港资料馆长等职。

四月十七日　星期六

下午　杨荣国传达省统战部张副部长报告。从星期二起学习三星期（五月八日止）。

四月十八日　星期日

上午　肖步才全家来，吃晚饭。

读周一良《亚洲各国上古史》上册。

夜　看王德讲话两份。

四月十九日　星期一

读王德《三个主义教育运动》《市六届人代会首次讲话》等文件（定明日送还）。

下午　明檖来。

四月二十日　星期二

下午　历史系老教师小组首次座谈。

阿惠往看瑛材。

四月二十一日　星期三

小组座谈第二次（由下午 2：00 至 5：30）。

傍晚嘉鏾来谓燺瑜妹今早病逝于市人民医院，嘱筹二十五元（定明早来取）。

四月二十二日　星期四

上午　8：00 至 12：00 在侨联礼堂开广州文史资料委员会，听两年工作报告及谭天度部长讲话。

午饭于占元阁，请明檖往看瑛材。

四月二十三日　星期五

下午　往文化公园参观学习毛选展览会（廖初江、黄祖示、丰福生）①。

夜　小组座谈后 11:00 叶显恩来谈（自花县回）。

四月二十四日　星期六

下午　曾桂友在风雨操场报告下乡"四清"体验。

叶显恩午饭后留一字条，说已回花县②。

晚饭后与胡金昌谈。

四月二十五日　星期日

上午　休息。

午睡起后秀姝回，晚饭后去。

阿惠搞清洁，今午未往看瑛材。

四月二十六日　星期一

昨夜听收音机转播世界乒乓球比赛消息至凌晨 1:30 后才就寝，故今早 9:00 始起床。

董家遵、曾琼璧来谈研究生填表事。

今午理发。

四月二十八日　星期三

下午　本系老教师座谈会。

四月二十九日　星期四

上午　写致谢振民③函。

————————————

① 廖、黄、丰三人皆为当时解放军一般干部，是全国著名的学习毛选积极分子。

② 叶氏其时在花县参加社会主义教育运动（"四清"）。

③ 谢振民，中山大学历史系本科毕业生。

下午　往看瑛材。

四月三十日　星期五
上午　读《无产阶级专政的历史经验》。
下午　老教师座谈会。

五月一日　星期六
学校放假。
下午　座谈会体会。

五月二日　星期日
上午　秀舜回。
下午　往看瑛材。

五月三日　星期一
读《毛泽东著作选读》（甲种本下）。

五月四日　星期二
下午　老教师座谈。
阿惠往看瑛材。
读《毛泽东著作选读》（甲种本下）毕。

五月五日　星期三
三庶母、十一妹来午饭。托十二妹送食物与瑛材（因瑛材往中医院看痔疮，陈医生写有出入证）。
　　下午　座谈会。

五月六日　星期四
下午　往广州购物。

五月七日　星期五

下午　座谈会。

读《毛泽东著作选读》（甲种本上）毕。

五月八日　星期六

下午　杨荣国传达省委统战部赵部长报告。王起谈羊城宾馆座谈会体会。

五月九日　星期日

看韩国磐《隋唐五代史纲》经济发展部分。

下午　十一妹往看瑛材。

五月十日　星期一

上午　希白送来《中国历代名画著录表自序》请为笔削。

下午　看隋唐史。

夜　看希白文。

五月十一日　星期二

上午　送文章还希白。

下午　小组讨论（改造与服务）。阿惠往看瑛材。

夜　睡绝早。

五月十二日　星期三

下午　往科学馆听曾生形势报告（越南问题），今午为中大形势学习最后一次，请假未出席。

晚饭于惠如。

五月十四日　星期五

读鞠清远①《唐代经济史》。

下午　4:30 后骑车到市二宫购物，值反美（侵略多米尼加）游行，交通拥挤，至 6:00 始回校。

寄十一妹、秀桑函。

五月十五日　星期六

马肖云副校长报告：一、形势，二、教学改革总结："认清形势，提高认识"。

五月十六日　星期日

读岑仲勉《租庸调与均田制有无关系》（《历史研究》1955 年第 5 期）。

午　2:00 许秀桑回来看瑛材，晚饭后去。

夜　9:00 丽金携妹丁②来，10:30 去。

五月十八日　星期二

十一妹来午饭。

看唐代两税法文献。

晚饭后吴印禅夫人来看瑛材，9:00 始去。

五月十九日　星期三

读《宋诗选》（程千帆等选）。

下午　4:00 瑛材去广州。

五月二十一日　星期五

读《通典》。

---

① 鞠清远，社会经济史学家。鞠氏是陶希圣的学生，是"食货"派的主要成员。

② 妹丁即谢韵玲，谢文通、梁丽金之最小女儿，作者之外甥女。

五月二十二日　星期六

下午　市政协开我国第二次原子弹爆炸及曾生市长报告座谈会。

五月二十三日　星期日

读宣公《翰苑集》① 及岑仲勉《隋唐史》。

三庶母及十四妹全家来午饭，秀粦亦来。

五月二十四日　星期一

读报。

五月二十五日　星期二

读岑著《隋唐史》，终日未出门。

五月二十六日　星期三

终日读岑著《隋唐史》。

五月二十七日　星期四

读岑著终日，如昨日。

五月二十八日　星期五

岑书于夜 11:00 读毕。

五月二十九日　星期六

与瑛材午饭于华侨大厦。

晚饭后往访王焕秋，谈秀粦及蔡克轩事。

五月三十一日　星期一

看王仲荦《魏晋南北朝隋初唐史》（上册第一章）。

---

① 《翰苑集》为唐代陆贽所作。

寄还市政协学习文件及第三届出入证。

晚饭后与瑛材去文通家。

六月二日　星期三

致许大龄①、黎砂函。

下午　蔡克轩自安达县返穗率其侄来见，晚饭后始去。

六月三日　星期四

寄廷珪、恒敦〈金恒敦〉。蔡克轩来。

六月四日　星期五

写对山东大学研究生评议文《对高凤林〈论建中税制改革〉一文的意见书》。②

六月五日　星期六

送《对高氏毕业论文意见书》还系。

读《食货》③　半月刊第一卷。

六月七日　星期一

四叔来午饭，为核算芳村治疗院费用，3：00 始去。

阿惠生病仍未愈，瑛材做饭。

六月八日　星期二

读明清之际中的交通史料。

---

① 许大龄，四川成都人。北京大学历史系教授。明清史研究专家。

② 《意见书》已收入《梁方仲文集——梁方仲读书札记》（中华书局，2008 年）。

③ 《食货》（半月刊）是陶希圣主办的一份专刊社会经济史的刊物。创刊于 1934 年，是继中央研究院社会科学院研究所的《中国近代经济史研究集刊》（后改名《中国社会经济史集刊》）之第二份经济史研究专业刊物。

克轩来，晚饭后偕往看明樾。

六月九日　星期三
读《清诗别裁》①及《湖海诗传》②。

六月十日　星期四　阵雨
袁熙之来，希白约其午饭于南园，饭后来我家，谈至 5:00 许始去。

六月十一日　星期五
上午　读景甦等③《清代山东经营地主底社会性质》。明樾来。
下午　克轩来。

六月十二日　星期六
读景甦等著《清代山东经营地主底社会性质》。
下午　市政协知识青年上山下乡座谈会，后往访四叔。

六月十六日　星期三　天雨
读《清代山东经营地主底社会性质》毕。④
收序经信。⑤

---

① 《清诗别裁》，即《国朝诗别裁》，清代汉族诗歌总集。
② 《湖海诗传》，清王昶编，是清代一部有价值的诗歌总集。王氏，青浦（今上海）人，进士，官至刑部右侍郎。
③ 另一作者为罗仑。罗仑，江苏南京人。1957 年毕业于山东大学历史系，留校任教。该书由山东人民出版社 1959 年出版。后被哈佛大学费正清研究中心译为英文出版（《东西丛书》第 80 种）。
④ 作者阅毕该著后作了一笔记，后收入《梁方仲文集——梁方仲读书札记》（中华书局，2008 年，第 6—8 页）。
⑤ 陈序经时已调任天津南开大学任副校长。

六月十八日　星期五

作《明代福建一田三主》笔记。①

下午　雨。

六月二十日　星期日

上午　曹××②、十一妹及其小女来午饭后去。

午睡起后看书。秀�来，晚饭后去。

六月二十一日　星期一

作《〈明代〉福建一田三主》笔记毕。

六月二十二日　星期二

看傅〈衣凌〉著《明清农村社会经济》完。

上午　明樾来。

夜　往访钟一钧，谈至10:00许始回。

阿惠病愈继续上工（缺工已十六日矣）。

六月二十三日　星期三

上午　商承祚来请为著校正《传世秦权辨伪问题及其他》一文，终日致力于此，至夜12:30始完。

收十二妹来函。

六月二十四日　星期四

上午　还承祚论文。理发。

---

① 该笔记后收入《梁方仲文集——梁方仲读书札记》（中华书局，2008年）。

② 曹氏为作者侄儿梁承岐之同学好友，梁去港后曹氏时有造访作者。曹氏后为一中学教师。

六月二十五日　星期五

与瑛材午饭于宁昌〈饭店〉（请邬老师）。饭后看《二十八届世界乒乓球比赛》下集于新华〈电影院〉。

六月二十六日　星期六

午睡起后，邬祥光①来谈。

读 Guijot：*History of Civilization* 第一章。

六月二十七日　星期日

袁熙之来，希白请其午餐于南园，邀我作陪。

午睡起后收拾书柜文件等至夜 12：00。

六月二十八日　星期一

上午　商承祚来谈其论文事。

晚饭后与瑛材往文通家。写致廷珪函。

六月二十九日　星期二

上午　商承祚来。

秀娽午饭后去。

寄承郇函。

六月三十日　星期三

上午　刘子植自北京回来谈。商锡永来。

致函韦庆远、陈序经、杨生民。

七月一日　星期四

上午　希白来。到护养院为瑛材取药。

---

①　邬祥光，广东番禺人。为作者家庭教师邬庆时（伯健）之子。时在中国科学院广州昆虫研究所工作。

下午　看报。

夜　开始写《历代食货志简介》，约得二百字。

七月二日　星期五

写论文。

七月三日　星期六

写论文。

下午　历史系毕业同学约往拍照。

七月五日　星期一

整天写论文。

七月六日　星期二

整天写论文（已得四千余字）。

下午　邬祥光来。

七月七日　星期三

改写论文。

七月八日　星期四

改写论文。

晚饭后往广州购物。

七月九日　星期五

改写论文。

收承邺函。

七月十日　星期六

改写《旧唐书》一段。

夜　9:00 秀粦来，我及瑛材起坐共谈至 10:00 始去。

收韦庆远函，下午即复之。

七月十一日　星期日

上午　往曾琼碧、王裕怀处话别①。

肖步才来午饭。

黄启臣等四研究生来（自花县来②看《东方红》）。晚饭后明槎携其长子〈汤友新〉来。

写《新唐书》一段。

七月十二日　星期一

看《宋史·食货志》。

七月十四日　星期三

十一妹携其子、朋友来，晚饭后去。

七月十七日　星期六

午饭前谢健弘来谈。

七月十八日　星期日

上午　秀粦来，下午 4:00 去。

七月十九日　星期一

上午　读《宋史·食货志》毕。

下午　理发。

---

①　作者计划下月（8月）将带领其研究生北上搜集资料，故有此一举。

②　时作者的几位研究生在花县参加社会主义教育运动（"四清"运动）。

七月二十日　星期二

继续写论文。

晚饭后　与瑛材到广州购物并饮冰。

晚饭前　蒋祖缘来索稿。

七月二十一日　星期三

上午　明樾来谈。写论文（修改《旧五代史·食货志》部分及《宋史·食货志》一部分）。

下午　希白来谈。

七月二十二日　星期四

上午　秀粦来，午饭后去（交二十元给她作去汉旅费）。

写论文。

八月十日　星期二

启臣等将《十三种食货志简介》一文抄毕送来。

八月十一日　星期三

上午　韦庆远来，请其在南园午餐，彼岸、明樾作陪。

下午　请秀粦父母在家晚饭。

小便出血。

八月十二日　星期四

上午　启臣等来问病，退火车票。

午饭后往护养院看病。

下午　黄启臣、叶显恩、鲍彦邦搭 5:30 火车北上。

晚饭前　洗澡复出现阴囊出血，梁绮诚医生来诊。

八月十三日　星期五

上午　赴第二附属医院，由徐医生、金医生诊视。

八月十五日　星期日

修改《十三种食货志简介》完毕，航空寄京《人民日报》①。

下午　致蒋映光②、黄启臣各一函。

晚饭后与瑛材、秀燊往新丰〈茶楼〉饮冰。

八月十六日　星期一

上午　希白、彼岸、燨侄来。

寄函廷珪、〈严〉中平、〈李〉文治、〈彭〉泽益、〈严〉仁赓。

八月十八日　星期三

上午　理发。

午饭后秀燊来。5:30 赴机场。

（八月十九日至十二月十二日，作者携其研究生黄启臣、叶显恩、鲍彦邦赴北京、天津、宁波、上海、武汉等地出差，其案头日历记事项乃空缺。编者谨志。）

十二月十三日　星期一

下午　2:30 火车返抵广州。

夜　访希白。

十二月十四日　星期二

下午　理发。

访家遵、竹淇、〈夏〉书章。

十二月十九日　星期日

早　9:00 秀燊回家，2:00 许去。

下午　补记日记。

---

① 该文是应《人民日报》邀约而写。

② 蒋映光，时在《人民日报》理论部工作。

夜　写致雨新函。泻肚。

十二月二十一日　星期二

寄辰伯〈吴晗〉函。

下午　往金伟民医生处看病。

十二月二十二日　星期三

服中药，颇嫌干燥。

下午　教改小组座谈。

十二月二十三日　星期四

收雨新信。

上午　去广州购物。

修改黄启臣论文①提纲。

十二月二十四日　星期五

上午　启臣来讨论提纲。收小七、中平函。

下午　《海瑞罢官》座谈会。

伤风咳嗽，夜上床绝早。

十二月二十九日　星期三

上午　社联庆祝新年，因病未出席。

下午　在系办公室搞清洁。

十二月三十日　星期四

上午　看《反杜林论》〈恩格斯撰〉。

下午　看湖南民间歌舞剧《风雷颂》，散场后购物。

① 指黄氏研究生毕业论文《明代钢铁生产》。

十二月三十一日　　星期五

上午及夜　读《反杜林论》。

下午　古代史教学改革小组会。

晚饭往希白处讨论祭黄明白送礼事。

伤风咳嗽仍未愈。

一九六六年

一月一日　星期六

承燨全家来拜年，午饭后去。

读《反杜林论》。

收承邺、〈吴〉达元函。

一月二日　星期日

秀舜上午来，下午去。钊韬、祖缘、希白来。

读《反杜林论》。

一月三日　星期一

上午　明樾来。

下午　理发，读《反杜林论》。

伤风已愈，但仍咳嗽。

一月四日　星期二

上午　曾庆鉴来。

读《反杜林论》及林乃燊①《明清之际农民战争阶级动向和历史作用》。

一月五日　星期三

读《反杜林论》。

下午　教改座谈至4:00，曾桂友传达反贪污浪费报告。

夜　往新华看《东方红》及《国庆》彩片。

一月六日　星期四

读谢国桢《清初农民起义资料》，并对林文写意见书一份交董

---

① 林乃燊，广东中山人。先后任职于中国科学院历史所、华南师范学院、中山大学历史系、暨南大学历史系，任教授。主要从事先秦社会经济史研究，旁及少数民族史及中国饮食文化史研究。

家遵。

《羊城晚报》李以社、明樕、文通来。

一月七日　星期五

上午　教学改革经验交流大会（文科）（中文系中一级教育小组、世界史、西洋哲学史）。

十一妹来，晚饭后去。

晚饭后，与瑛材到校门外散步。

一月八日　星期六

上午　略看书。

下午　教改经验交流会第二天发言（中国现代文学史、马列主义教研室、公共英语）。

晚饭后　往看子植，问其子病况。

一月九日　星期日

上午　读《海瑞集》。

收承邮函。秀舜吃晚饭后去。

晚饭与瑛材往问子植之子病况。

一月十日　星期一

上午　读《海瑞集》。

下午　反对浪费座谈会。

夜　明樕来谈星期五报告事。

一月十一日　星期二

上午　看四年级写驳周谷城通史中记张献忠事。

下午　教学改革小组谈。

一月十二日　星期三

上午　略看书。

下午　赴中山纪念堂听广东省文教系统 1965 年先进单位和工作者代表经验介绍（王云贵、黄成贤、周化胜、兴宁县兴民中学）。

夜　于中国近现代史教研室庆祝姜伯勤结婚。

一月十三日　星期四

上午　叶显恩来，言后天将回海南①。

下午　教改（学习毛选心得）小组谈。

夜　寄小七、溥之大姐函。

一月十四日　星期五

上午　希白、明樵、〈陈〉国扬②来访。

下午　学习毛选小组漫谈（我发言）。散会后往看陈序经。

一月十五日　星期六

上午　教学改革经验交流。

下午　到系办公室搞清洁。

秀舜来晚饭。

一月十六日　星期日

上午　精神疲乏，略收拾书籍。

秀舜乘午车去京。

一月十七日　星期一

春节假开始三星期。

夜　理发。

---

① 叶氏为海南临高人，寒假将有省亲一行。

② 陈国扬为作者研究生。

一月十八日　星期二

上午　《海瑞罢官》座谈会（科学馆）。

午餐于太平馆，回家已4:00。明樾来喝午茶。

一月十九日　星期三

上午　黄汉华①、明樾、彼岸、国扬来。

下午　陈达超来，王裕怀②夫妇来。寄小七、〈李〉文治函。

一月二十日　星期四

上午　看讨论海瑞文章。

下午　往小港购虾、鸭等。

灯下作笔记二则。③

一月二十一日（初一，立春）　星期五

9:30团拜。文通、丽金、十一妹来，午饭后去。

午饭后希白来、蔡医生、胡庆初④来。

读《史记·穰侯（魏冉）及范胜传》。

一月二十二日　星期六

午饭后杨荣国来，四叔、四婶携其子女来。明樾、彼岸、启臣、国扬来。

一月二十三日　星期日

上午　与启臣去广州（原拟看足球比赛）邀邬老师父子午膳于宁昌，看花市。

---

① 黄汉华，时任中共中山大学历史系总支书记。

② 王裕怀已从原来历史系总支书记调任中山大学党委宣传部部长。

③ 所作笔记收入《梁方仲文集——梁方仲读书札记》（中华书局，2008年）。

④ 胡庆初，时为广州知用中学历史教师。

晚饭后到文通家吃饺子。

一月二十四日　星期一
承燨全家来午饭。李龙潜自海南来访，介之与启臣商榷论文事。
下午　往王裕怀、陈锡祺家回拜。
夜　端木正夫妇来。

一月二十五日　星期二
午饭后邬祥光携来陈融①《读岭南人诗绝句》（上、下册）。当日读竟。
晚饭后往访希白（瑛材同行）。

一月二十六日　星期三
上午　明樾来谈，至午饭时间，秉铨来访。送"四清"教师、同学下乡。

一月二十七日　星期四
看黄启臣及汤明樾论文，并略注意见。
序经来。

一月二十八日　星期五
上午　作笔记一则（《读岭南人诗绝句》②）。
下午　明樾取回论文。
晚饭后　承邺、秀粦自北京回。

---

① 陈融，字协之，号颙园、秋山、松离。原籍江苏，迁居广州。民国政要。编有《越秀集》，著有《读岭南人诗绝句》《颙园诗话》等。《读岭南人诗绝句》十八帙，分装上下两册，成书约在1948年。1965年香江影印钢笔写本，道林纸版。
② 收入《梁方仲文集——梁方仲读书札记》，中华书局，2008年。

一月二十九日　星期六

下午　蒋祖缘来。

一月三十日　星期日

早起　与承邺往南园饮茶。看北京与湖南队足球友谊赛（在西大球场①）。

读章士钊译《情为语变之原论》。

午饭后　邺、舜为收拾书架。

邬祥光来，还之前借《读岭南人诗绝句》。

下午　5:00与邺、舜往看序经，遇朱静涛②夫妇。

一月三十一日　星期一

上午　10:00许，明樾、成顺及其友黄君夫妇自港来，与之往南园午膳（彼岸同往）。

读毕章士钊译《苇罗乙德③叙传》毕。

邺回园（所）听报告。

二月一日　星期二

上午　成顺来，午饭后去。

下午　希白来。

是日精神疲乏，未能看书。

二月二日　星期三

上午　启臣来讨论修改论文事。

下午　看有关海瑞著作。

---

① 西大球场在中大校园西区，故有此称。

② 朱静涛，中山医学院教授。

③ 今通用译名为弗洛伊德。

一
九
六
六
年

313

二月三日　星期四

精神疲乏，终日看报而已。

午后启臣来。

二月四日　星期五

上午　明樾来。

下午　显恩自琼州回，未见。①

寄中平、文治函。

二月五日　星期六

看《海瑞集》及报纸。寄蒋祖缘函。

二月六日　星期日

看报纸。秀粦下午来信。

二月七日　星期一

读《马克思主义经典作家论资本主义以前诸社会形态》（上册）。

午饭时序经来。

二月八日　星期二

仍读昨天所读之书。

午饭后往买茶花。

夜　访董家遵、胡守为。萧致治借《梁任公年谱》。

二月九日　星期三

下午　理发。

整天读《马克思主义经典作家论资本主义以前诸社会形态》（上

———————

①　叶显恩自海南探亲回到中山大学时已很晚，为不打扰作者，留下一字条而匆匆去花县参加"四清"运动。故作者有此一记录。

册）。

四叔、四婶来午饭。

收中华〈书局〉赠《文史论丛》第六期。启臣借去《大学衍义补》。寄还清水①《中国近代社会经济史》给许大龄。

二月十日　星期四

上午　去沙面胜利宾馆住，写批评《海瑞罢官》文。

瑛、邺去佛山，回共晚饭于经济餐馆。

二月十一日　星期五

上午　小七来。

二月十二日　星期六

中午　瑛材来共进午餐。

二月十三日　星期日　天气转冷

与瑛、粦、邺午饭于鹅潭酒舫。

二月十四日　星期一

小七下午6:10火车去汉，行前来宾馆辞行。

二月十五日　星期二

晚饭时　蒋祖缘来宾馆谈，9:00吃鸡粥当晚饭。

二月十六日　星期三

昨夜　写笔记至今晨3:00许始就寝。

---

①　清水，即清水泰次，日本经济史学者，是日本研究明代社会经济史的开拓者。长期执教于早稻田大学。

早 7:00 许起床早餐。写笔谈至 1:00（未进午餐）即赶回中大开会。

二月十七日　星期四

下午　反浪费小组讨论。

二月十八日　星期五

下午　反浪费讨论。

二月十九日　星期六

评改启臣论文。

下午　小组休会（因党员有会议）。

晚饭后秀猤来，与瑛材往看序经夫妇。

二月二十日　星期日

评改启臣论文〈研究生毕业论文〉。

下午　送序经夫妇返津，冯乃超夫妇亦在座。

二月二十一日　星期一

上午　评改启臣论文。

下午　反浪费小组讨论，4:00 听生物系报告。

晚饭后往访明樾（启臣亦在座）。

二月二十二日　星期二

上午　评改启臣论文。

下午　清查书库。

二月二十三日　星期二

上午　系务会议。

下午　清查书库，写大字报一条。

二月二十四日　星期四　阴雨

上午　书库清查。收中平函。

下午　小组讨论级务委员会制（教育委员会）。

夜　读《前线》1966年第1号关于道德讨论。

二月二十五日　星期五　阴雨

上午　清书库，写大字报三条。

下午　系年级教育委员会成立大会（我编入第五年级）。

夜　读何其芳《评谢瑶环》（田汉作剧）。

二月二十六日　星期六

上午　清书库，写大字报一张。

下午　2:00至3:30五年级教育委员会初次见面会。会后教研组清洁工作。

二月二十七日　星期日

上午　修改启臣论文（第二部分），下午完毕。

秀娣回家，交来小七寄八十元。

理发后晚餐。

二月二十八日　星期一

上午　启臣来谈论文事。显恩来谈至11:00许。

下午　反浪费小组座谈。

三月一日　星期二

上午　年级教委会座谈。

下午　参观反浪费展览会（小礼堂）。

三月二日　星期三

上午　7:45 至 9:35 为五年级讲《十三种食货志介绍》。十二妹携其一子一女来。

下午　读郭沫若《读随园诗话札记》。

三月三日　星期四

昨夜倦甚，8:00 许始起床读报。

下午　黄先①传达陆定一、蒋南翔半工半读报告。

晚饭后与瑛材往访明樾、文通。

三月四日　星期五

上午　启臣取回论文第二部分。到广州购书物。

下午　胡守为、黄汉华作全系报告（反浪费第三阶段）。

夜　读王摄斋②诗。

三月五日　星期六

上午　读范濂《云间据目抄》③。

下午　蒲蛰龙、林贻堃④、曾凌云⑤作反浪费自我检查于风雨操场。

三月六日　星期日

上午　读《云间据目抄》。

---

① 黄先，时任中山大学党委副书记。

② 王摄斋，广东番禺人。早年随孙中山进行革命。后加入南洋兄弟烟草公司工作。工书画，能书各体。

③ 范濂，生于明代天启崇祯年间，华亭（今上海）松江人。《云间据目抄》记松江掌故，分人物、风俗、祥异、赋役、土木五类。手工业、商业之繁荣及江南城市生活有颇多反映。对地方官吏、乡绅之恶行劣迹，尤多痛斥。

④ 林贻堃，福建福州人。时为中山大学物理系副教授。

⑤ 曾凌云，时为中山大学生物学讲师。

下午　读《苏联历史论文选辑》（一）。

送秀獜上车返校后，与瑛材往访希白。

三月七日　星期一

看启臣论文。

三月八日　星期二

上午　启臣取回其论文第三部分。

下午　反浪费小组座谈。

三月九日　星期三

上午　看明清笔记。林超①来午饭。

下午　反浪费小组座谈。

夜　看显恩论文大纲〈研究生毕业论文〉。

三月十一日　星期五

上午　显恩取论文大纲。

三月十二日　星期六

下午　曾桂友、罗雄才②大礼堂作反浪费检查。

三月十三日　星期日

秀獜自广州带鸡一只，晚饭后去。

看"十通"③。

---

①　林超，广东揭阳人。时为北京大学地理系教授。

②　罗雄才，广东兴宁人。时任中山大学副校长。

③　"十通"是十部书名中带有"通"字的古代文献，是有关中国历代典章制度的大型工具书。

三月十四日　星期一

午饭于工四膳堂〈教工第四膳堂〉与黄、叶等研究生同食。

整天看"十通"。

三月十五日　星期二

看"十通"。

下午　反浪费座谈。

三月十六日　星期三

下午　大礼堂听学习焦裕禄录音。

三月十七日　星期四

下午　反浪费座谈。

三月十八日　星期五

上午　理发。

下午　参加五年级古代史组同学座谈。4:30往送赴粤北工读同志。

夜　略作明天座谈准备。

三月十九日　星期六

上午　科学馆《清官》座谈会。

午饭于惠如。

下午　反浪费座谈。

三月二十日　星期日

早往越秀山看足球比赛。

午睡起后竺可桢先生来访。

晚饭后浏览杂书。

三月二十一日　星期一

读《马克思主义经典作家论历史人物评价问题》。

下午　参加五年级同学突出政治鸣放。

三月二十二日　星期二

上午　五年级教育委员会会议，谈学习毛选习心得及集中（三星期）教育问题。

下午　到广州购书、物。

夜　读购得各书。

三月二十三日　星期三

上午　明槎来。

下午　读《徐霞客游记》。

夜　8:30 收听中央致苏联二十三大覆电。

三月二十四日　星期四

上午　往护养院看牙病。

下午　讨论党中央给苏共二十三大覆电。

夜　往体育馆看篮球赛（广东对四川）。

寄春晗《学术研究》二期两本。①

三月二十五日　星期五　整天下雨

上午　看报。

下午　反浪费小组座谈。

---

① 作者曾在《学术研究》1966 年第 2 期上发表一篇题为《谈海瑞与一条鞭法》的笔谈。该文小骂（小批评）大帮忙，把吴晗"政治问题"引向学术讨论上去，把"罢官"问题引向到对海瑞这个历史人物的评价上，故意与"四人帮"之流唱反调。作者特将此文寄吴晗，其实以此表示对老友的支持。

夜　与董家遵、戴裔煊访竺藕舫〈竺可桢〉、黄秉维①。

三月二十六日　星期六
与家遵、裔煊、梁溥合请藕舫、秉维、林超晚饭于愉园。

四月四日　星期日
下午　参加五年级同学政治突出学习。

四月五日　星期一
爔侄来，午饭后与我及瑛材同去扫墓。

四月六日　星期三
下午　反浪费座谈（基本结束）。

四月八日　星期五
下午　蒋相泽、邓文才作世界近代史"少而精"报告。黄汉华总结至6:00许。

四月九日　星期六
下午　陈彬结合校教职工作"突出政治"报告。

四月十日　星期日
三庶母携外甥数人来，午饭后去。
下午　往永汉〈电影院〉看内部电影《城市防空》。

四月十一日　星期一
下午　参加五年级同学讨论政治突出、阶级分析问题。

---

① 黄秉维，广东惠阳人。中国科学院地理所所长、研究员。中国科学院学部委员。

四月十二日　星期二

夜　林超来辞行，明早火车回京。

四月十三日　星期三

下午　级教会政治突出第一次座谈（暴露阶段）。

四月十四日　星期四

下午　"让步政策"① 讨论会。

四月十五日　星期五

下午　级教会会议（教改及世界史"少而精"经验）。

四月十六日　星期六

下午　"政治突出"② 第二次座谈（我第一次发言）。

四月十七日　星期日

启臣取回论文第二次订正稿。

秀嬚晚饭后去。请陈曼仙③及其子晚饭。

四月十八日　星期一

上午　理发。

下午　看笔记，作札记一条。

寄万文举函。

---

① 这是当时史学界研究农民革命（起义）运动史中研究的一个突出命题，争论焦点是否统治阶级在一定条件下会（采取）对农民让步（政策）。

② "政治突出"（或"突出政治"）用语乃指是否一切工作都要考虑将政治（工作）放在其他（工作）的前头，或者说要"政治挂帅"。

③ 陈曼仙，海南文昌人。陈序经长女，时在武汉市行医。

四月十九日　星期二

上午　看《马克思全集》，给同级〈可能指历史系五年级〉写毛主席词。

下午　市政协开"知识青年下乡生产"座谈会。

四月二十日　星期三

下午　"突出政治"小组讨论。

寄小七函。

四月二十一日　星期四

上午　校务委员会会议。

夜　序经夫人偕其女曼仙来辞行。

四月二十二日　星期五

上午　曾庆鉴来。

下午　"突出政治"小组讨论。

夜　与瑛材往访明樾。

四月二十三日　星期六

上午　看批判吴晗文章。

下午　李嘉人副校长作时事报告至6:00。

夜　看批判吴文。

四月二十四日　星期日

整天给陈国扬看读书报告（《评〈明代江南市民经济试探〉》①，九十分）。

上午　启臣来。

---

①　《明代江南市民经济试探》为傅衣凌所著。

下午　与瑛材往送陈序经夫人。

夜　彦邦来谈至 10：00。

今日秀舜回家。

四月二十五日　星期一

上午　国扬来，讨论读书报告。

下午　学术批判开始（预定两周）。黄汉华作报告。

夜　看内部电影①《逆风千里》。

四月二十六日　星期二

上午　学术批判小组讨论。

下午　在家阅读文件。

夜　陈穗仙送还序经前借款二百元。

四月二十七日　星期三

上午　小组讨论。

下午　在家阅读。

四月二十八日　星期四　雨

上午　集体在系会议室阅读文件。

下午　在家阅读。

四月二十九日　星期五

上午　小组讨论。

下午　在家阅读。

四月三十日　星期六

上午　小组讨论（"文化大革命"）。

---

①　此处所说"内部电影"乃指需批判的电影。

下午　清洁。

五月一日　星期日
整天看批判翦伯赞文件。
下午　梁钊韬来。

五月二日　星期一　阴微雨
上午　曾庆鉴来，谭彼岸来。
秀舜晚饭后去。

五月三日　星期二
上午　阅读。
下午　小组。
夜　看显恩论文。

五月四日　星期三
上午　阅读。
下午　李副校长〈李嘉人〉"文化大革命"报告。
夜　看显恩论文。

五月五日　星期四
上午　阅读（与同志略交换意见）。
下午　小组。
夜　看显恩论文。
收小七函。

五月六日　星期五
上午及夜　批阅显恩毕业论文。
下午　小组讨论，我因未准备，没发言。

五月七日　星期六

上午　批阅显恩论文。

下午　市政协讨论常委会第十一次会议报告，我曾发言。

五月八日　星期日

刘文雅自杭州来，留其在家午饭。

上午　交还显恩毕业论文第一部分。

下午及夜　批阅彦邦论文〈研究生毕业论文〉。

五月九日　星期一

上午　批阅彦邦论文。

下午　全系师生声讨邓拓、吴晗大会。

夜　批阅彦邦论文。

五月十日　星期二

昨夜我国第三次核爆炸成功。

下午　小组。

夜　批阅彦邦论文。

五月十一日　星期三

上午　阅彦邦论文，胡守为来谈。参加中文系声讨邓拓大会。

夜　批阅彦邦论文。

五月十二日　星期四

上午　看彦邦论文。退回青年出版社稿费百元①。在邮局失去百元。

───────────

①　中国青年出版社曾约请作者写《中国历史上农业科技上的发明》一书（小册子），预付稿费一百元。作者认为其时的政治形势发展不可能完成此书的撰写，故主动退回预付稿酬。

午饭前钟一均来谈。

下午　五年级教委会，4：00 至 6：00 全校声讨邓拓反党集团罪行大会。

夜　看《抓壮丁》影片（未终场回）。

五月十三日　星期五

上午　陈国扬来，将去海南岛调查海瑞历史。理发。

下午　小组。

夜　读《郑板桥集》。

五月十四日　星期六

上午　读文件。

下午　全体五年级师生声讨会。

寄青年出版社、袁大姐〈袁溥之〉函。

五月十五日　星期日

上午　希白夫人来，午饭前与瑛、秀回候之。鲍彦邦来，与之谈评改论文事。

下午　大雨，看报。

夜　阅读文件。

五月十六日　星期一

终日阅读文件。

下午　显恩送其论文第二部分来。

收〈袁〉大姐函。

五月十七日　星期二

上午　往高教局见袁大姐，出来在惠如午饭。

下午　往麻袋厂参加声讨邓拓罪行大会。

晚饭后彦邦来谈。阅读文件。

五月十八日　星期三

上午　小组讨论。

下午及晚间　均为启臣修改论文（第三章，最后部分）。

晚饭前彦邦来。晚饭后孔令根①来。

五月十九日　星期四

上午及夜　看启臣论文。

下午　五年级教委会师生大会。

五月二十日　星期五

上午　五年级教委会师生大会。

下午　4:00 至 6:00 电机厂声讨邓拓会，回家时见嘉鏣，谈片刻去。

五月二十一日　星期六

是日无会。

上午　守为、希白来谈。

下午　批改启臣论文（第三部分）。

夜　启臣将论文取回，谈至 10:00 许。

五月二十二日　星期日

上午　四叔派其次子送来小七照片。

晚饭后送秀舜回校。瑛材晚饭后始回。

────────────

① 孔令根，广东人，微生物学者，编者大学同学。曾任广州市医药卫生研究所副所长。在治疗作者夫人问题上曾给予了诸多帮助。

一九六六年

五月二十三日　星期一

上午　明樾来，索去古钱三枚。

下午　到小港高射炮连参加声讨邓拓大会。

晚饭睡后起写明天发言。

五月二十四日　星期二

上午　黄汉华对历史系全体师生作报告（在阶梯教室），布置这一星期的学习会。显恩来。

下午　五年级教委会（教师）小组讨论。

夜　读文件。

五月二十五日　星期三

上午　年级会小组讨论，中间市政协饶炳寰处长、戴佩英来访。

下午　广州购物。

夜　明樾来谈。

五月二十六日　星期四

上午　级委小组讨论。

下午　阅读文件。

夜　看《舞台姐妹》（电影）。

五月二十七日　星期五

上午　级委小组讨论。

下午　彦邦来谈。

夜　读文件。

五月二十八日　星期六

上午　守为来谈。

下午　教研室清洁。

夜　读文件及杜诗。

五月二十九日　星期日

秀舜午饭后去。

晚饭后　与瑛材往文通家，我与丽金等三人往南园饮茶（因停电吃不到点心）。看文件。

五月三十日　星期一

上午　小组讨论。

午后　往广州购物。

六月一日　星期三

上午　小组讨论。

下午　谈文件。

夜　读至 1:00 许。

六月二日　星期四

整天看文件。

下午　历史系全体师生声讨邓拓黑帮大会并声援北大革命派（声讨陆平等）。

六月三日　星期五

上午　全校欢庆改组北京市委大会，展开对容〈容庚〉、刘〈刘节〉、谢〈谢文通〉的斗争。

午饭前　彦邦来。

下午　回家写大字报。

晚饭后　启臣来谈。

六月五日　星期日

终日看《共产党宣言》及检查旧信件①。

晚饭后　往东乐〈戏院〉看山东吕梁剧团《沂河两岸》。

六月六日　星期一　渐雨

上午　写大字报（与董家遵、何竹淇），合写五张，自己二张。

晚饭前　彦邦来。

夜　看文件及翻查旧信。

六月七日　星期二

上午　贴出《引火烧身》。

下午及夜　查检旧信件。

六月八日　星期三

上午　回系见群众对我贴出的专栏。

午饭后　交吴晗信十四封给钟一均。

下午　3:00 五年级教委会（对刘节斗争，五年级师生全部参加）。

六月九日　星期四

早　7:30 交一均日记一册②。

上、下午　看大字报及读文件。

夜　检查思想。收小七信。

————————

①　"检查旧信件"的含义实质包含：1. 准备交出一些信件给领导审查；2. 处理掉某些可能不便保留的信件。其诗稿便是在那段时间烧毁的。

②　估计此为 1965 年 8—12 月作者往北京、天津、上海、武汉等地出差所记。在北京时，他与吴晗见面颇频。交出旧信及此日记本（工作记事本）目的显然是想表明他与吴晗等没有什么反党、反人民的活动。如今虽经多方寻找，吴晗的信和作者的此份工作日记仍未获。

六月十一日　星期六　大雨

上午　全系教师在小礼堂听黄汉华动员报告。9:00 后老教师座谈。

下午及夜　写大字报。

六月十二日　星期日

秀舜午后 3:00 去。三庶母携男甥来（我给十一妹十五元治病）。

写大字报（下午达通宵）。

六月十三日　星期一　雨

展开对党内当权派（扯"红旗"反红旗）的揭露。

上、下午　看大字报。

夜　睡绝早，因昨夜未曾入睡也。

六月十四日　星期二

看文件及大字报。

六月十五日　星期三

看大字报及毛选第四卷。

六月十六日　星期四　乍晴乍雨

上午　看大字报及读毛选。

六月十七日　星期五　晴雨

上午　到中山二院看牙科。

下午　读毛著。

六月十八日　星期六

看大字报及读毛选（三）。收小七函。

六月十九日　星期日

看大字报及毛选（一）。

午饭时四婶来。今日秀舜未回。

晚饭访王裕怀。

六月二十日　星期一

看大字报及读毛选（一）。

四叔来午饭。

六月二十一日　星期二　雨

看大字报"钟一均专栏等"及毛选（二）。

六月二十二日　星期三

读毛选（二）完。

省委工作队宣布陈彬①等停职反省。

六月二十三日　星期四

读文件及看大字报。

六月二十四日　星期五

大字报中有呼吁制止"非法斗争"者。

夜　看杜诗。寄小七函②。

六月二十五日　星期六

看大字报及读文件。

下午　理发。

秀舜夜 8:00 许来。

---

① 陈彬，时任中山大学中共党委副书记。具体抓学校"文化大革命"。

② 时编者仍在外省进修学习。

六月二十六日　星期日

秀姈 9：00 后回校参加防洪。

看大字报及读毛选。

六月二十七日　星期一

看大字报及毛选。

寄上海人民出版社函。

六月二十八日　星期二

上午　看大字报。查旧日历补记有关事项。

下午　4：00 省工作队范华主任广播讲话。

夜　8：00 至 10：00 教研组讨论。

六月二十九日　星期三

整天（连晚）小组（老教师）讨论范华报告。

小七来信。

六月三十日　星期四

上午　8：00 至 10：00 老教师读毛选。

下午　教研室清洁。阅大字报。寄小七函。

七月一日　星期五

早　8：00 至 10：00 老教师集体阅读。

下午　读毛选及社论。

七月二日　星期六

上午　老教师集体阅读。

下午　看大字报。

夜　读毛选。

七月三日 星期日 午雨

秀舜早来，饭后去。

准备写大字报。阅读毛选及社论。

七月四日 星期一

上午 老教师集体阅读。今天看大字报。

下午 方益珍、梁钧鸿来谈（了解周连宽事）。

夜 读《红旗》杂志①。

七月五日 星期一

上午 老教师讨论《信任群众，依靠群众》（《红旗》第九期）。

下午 收集资料预备写大字报。

晚饭后 与胡守为在路上交谈，看大字报。

七月六日 星期三

上午 历史系全体教工听施学儒同志报告，会后选代表，李松生②当选。

从今天起上、下午（全体教工）须聚集。

七月七日 星期四

上午 老教师集体阅读。

下午 林长正传达赵紫阳讲话。讲毕小组漫谈。

夜 整理文件。

七月八日 星期五

上午 老教师小组读《放下包袱，开动机器》。

---

① 《红旗》杂志是中共中央主办的理论刊物。中共中央的重要政策和决策，大都通过它和《人民日报》向外公布。

② 李松生，时为中山大学历史系青年教师。

下午　范华广播（清除思想障碍，迅速投入第二揭发阶段）。

看大字报及文件。

七月九日　星期六

上午　老教师小组讨论写大字报。

下午　范华广播（第三次揭发高涨），内有"历史系某'权威'的反动观点必须批判透"一语。

李永锡[1]、梁钊韬等六人对我的大字报贴出。

承邺下午自武汉返抵广州。晚饭后略谈话，我即就寝。

七月十日　星期日

上午　与邺、舜谈话。

下午及夜　写大字报四张。

午饭前　陈其津来还借款二百元。

七月十一日　星期一

老教师小组。

下午　同。

夜　王才英、黄萱等三人来谈应熙事。

承邺午饭后回园。

七月十二日　星期二

上午　老教师小组。

下午　和施学儒汇报思想情况及准备写大字报。

夜　二年级邓锡联、古树华来了解钟一均。

七月十三日　星期三

上午　小组。

---

①　李永锡，广东开平人。中山大学历史系教授，主攻东南亚历史。

下午　与陈锡祺、蒋相泽、何肇发等研究写大字报。

夜　彦邦来谈至 10：00 许。

七月十四日　星期四

上午　老教师组后陈作恒①约陈、何、蒋及我谈。

下午　与陈、何、蒋、端木〈端木正〉、谭〈谭彼岸〉讨论大字报。

夜　起草。

七月十五日　星期五

上午　老教师讨论谁是历史系修正主义路线负责人。

下午　与陈锡祺等拟大字报稿。看系大字报。

夜　拟大字报稿。

七月十六日　星期六

上午　将大字报稿送陈锡祺，回家后抄陈氏稿至 12：00。5：00 复在历史系资料室继续抄写，挂出后已 5：00 矣。

夜　看文件。

七月十八日　星期一

邺儿 5：30 返园，起视之。

上午　老教师组（讨论党政领导事）。

下午　讨论揭发党总支与钟〈一均〉。

夜　写大字报稿。

七月十九日　星期二

上午　老教师揭系党政领导事，会后看钟一均大字报 83 张。

---

①　陈作恒，时为广东省委派至中山大学的工作组组员。

下午　合写对王裕怀之大字报。理发。

夜　写大字报一张（查同学被取消学籍事）。

七月二十日　星期三

上午　老教师会，讨论总支揭查事，看大字报。

下午　与陈、何等合写《总支怎样领导学习毛选》二张。

夜　五年级（近现代史）符积栋、巫素娟访谈总支事。

收四哥函〈黎廷珪〉。

七月二十一日　星期四

早　7:30 全系教工往填防空洞外墙土堆，雨中，提早收工。

下午　与陈等共研究写对总支大字报，写成后未贴出。

夜　读报。

七月二十二日　星期五

上午　讨论揭总支。

下午　九人讨论写大字报。

夜　8:00〈省文革工作队〉陈作恒同志 8:30 来谈至 11:00 始去。

七月二十三日　星期六

上午　未参加抗美援越游行，老教师十人座谈会后看大字报。

下午　讨论大字报。

晚　9:00 小七、秀舜回。

七月二十四日　星期日

上、下午　收拾旧报纸。

小七午饭后去，秀舜晚饭后去。

夜　读毛选。

七月二十五日　星期一

早上　7:30 至 8:00 教研组选举学习毛著积极分子会。8:00 后老教师小组会。

下午　教研组选举积极分子会。

夜　收拾旧报纸。

七月二十六日　星期二

上午　老教师全体小组会。

下午　教研组老教师写（对总支）大字报。

夜　教研组选举学习毛主席著作积极分子（林长正当选）。

七月二十七日　星期三

8:00 至 9:00 数学系三同志问胡金昌事，其后开会至 10:00 许。我与陈作恒谈思想情况。

下午　讨论写总支大字报。

夜　读《解放军报》《人民内部矛盾》辅导材料。

七月二十八日　星期四

上午　老教师讨论《〈人民〉内部矛盾》辅导材料（三年级同学来帮助记录）。

下午　写出对黄汉华大字报，我签名后复涂去。

七月二十九日　星期五

上午　7:30 至 11:00 砍竹。

下午　中国史组讨论写陈序经大字报。

夜　读刘英俊①事迹。

---

①　刘英俊，吉林长春人，解放军战士。因拦阻惊马救儿童壮烈牺牲。新中国成立 60 周年时，被评为 100 位新中国成立以来感动中国人物之一。

七月三十日 星期六

上午 老教师学习刘英俊事迹。

下午 写陈序经大字报（中国史组）。

晚 9:00 粦、邺相继回。

七月三十一日 星期日

写大字报两张（一对胡守为，二对马肖云、陈序经）。

寄还三联书店预支稿费一千九百元①。

八月一日 星期一

8:00 小七返园。老教师学习《先做群众的学生，后做群众的先生》。

下午 全校师生往看游渡珠江，体会半天，我清理讲义。

夜 读文件。

八月二日 星期二

早 李坚②、江醒东③、陈〈锡祺〉、蒋〈相泽〉、何〈肇发〉、钟〈一均〉、郭〈威白〉、梁方仲等八人学习《全国都应成为毛泽东思想的大学校》。

下午前 八人讨论写陈序经大字报事。4:00 许物理系一同学约我谈谭学良。

八月三日 星期三

上午 全体老教师谈昨日问题。

---

① 三联书记曾约作者将其有关一条鞭法研究的旧作选编成《一条鞭法论集》，订合同后曾预付此款。作者鉴于对"文化大革命"形势的判断，认为已无法完成稿约，主动退回预付稿酬给出版社。

② 李坚，时为中山大学历史系教师。

③ 江醒东，广东大埔人。时为中山大学历史系副教授。

下午　中国史老教师讨论端木、蒋、钟关系。2:00 三庶母、卫甥来告十一妹娴仲已于今早 9:00 许逝世，赙以三十元。

清理讲义及读文件。

八月四日　星期四

上午　老教师学习《高举毛泽东思想伟大红旗以抗大为榜样办抗大式的学校》。

下午　中国史老教师讨论写钟一均—蒋—端木三角联盟。

夜　11:00 将旧作六册①及《柳斋遗集》②、函三封送陈作恒同志③。

八月五日　星期五

上午　学习夏菊花④发言。

下午　老教师全体议李坚。

夜　读毛选及文件。

八月六日　星期六

全校师生万人大会在越秀山（越秀山体育场）举行。部分老教师留校学习《毛主席对全国全军的伟大号召》（8 月 4 日《光明日报》）。会后理发。

下午　议李坚。

八月七日　星期日

上午　吴印禅夫人来谈。

下午　往看大字报。

---

①　旧作六册是作者生前所发表的著作的结集。

②　《柳斋遗集》是作者之父梁广照的遗作选集，1960 年前后于香港刊印。

③　六册旧作、《柳斋遗集》以及三封信一直没发还作者和其后人，至今仍寻找不回。

④　夏菊花，湖北人，杂技演员。时被誉为"学习毛泽东著作积极分子"。

秀粦下午来，晚饭后去。

八月八日　星期一
工作队撤消，由筹委会①领导。

上午　翻身广场广播前天传达报告，我与老教师共十人未参加。在中国近现代史教研室讨论。

下午　老教师十人议董家遵。

八月九日　星期二
上午　部分老教师讨论《关于无产阶级文化大革命》的决定十六条。

下午　议董家遵。

夜　寄三联函。

八月十日　星期三
上午　部分老教师讨论《关于无产阶级文化大革命》十六条。

下午　全体老教师仍继续讨论。会后看新出大字报。

夜　整理文件。

八月十一日　星期四
由今天起早上小组讨论改为由 7:30 起，仍讨论《十六条》（前三条）。

下午　议何竹淇。

晚饭　李坚来访。

八月十二日　星期五
由今天起我及钟、陈、蒋等八人编入牛队②，每早 7:30 至 11:00

① 筹委会可能为（中山大学"文化大革命"）筹备委员会之简称。

② "牛队"即牛鬼蛇神队。

劳动，其间召到中区两次①。

下午　议端木。

夜　阅文件及写思想检查。

八月十三日　星期六

上午　7:30 至 11:00 除草。

下午　议端木，继而"全校牛"② 集中翻身广场开往中区割草约半小时。

夜　写思想总结。

八月十四日　星期日

上、下午　写《我与吴晗的关系》③。

秀粦、小七相继于傍晚回去。

八月十五日　星期一

上午　割草。

下午　议何竹祺。

八月十六日　星期二

上午　割早。

下午　议何竹祺。

夜　看文件。

是日疲甚。

---

①　"召到中区两次"可能是被训话或者参加批斗会（包括"陪斗"）。确切情况有待查证。

②　"全校牛"是全校牛鬼蛇神队员的简写。

③　运动开始不久，对作者的大字报和当时运动有关领导都提出要作者老实交待与"三反分子"吴晗的关系。

八月十七日　星期三

上午　割草。

下午　议方仲。我回家，写《与吴晗的关系》。

上午　瑛材往容〈容庚〉处，携回×××卷，我未拆看。

八月十八日　星期四

上午　割草。

下午　议郭威白。

夜　写《吴晗错把陈振汉作李景汉》①。10∶00后承邨回。明早往医手指伤。

连夜梦见母亲。

八月十九日　星期五

上午　管教队②全体座谈会（小礼堂）。

下午　管教队全体座谈（阶梯教室）。

八月二十日　星期六

上午　历史系管教小组学习。

下午　议戴裔煊。

夜　疲极没有工作。

八月二十一日　星期日

整天写小字报提纲。

---

①　李景汉，北京人。历任辅仁大学教授、社会系主任，中央财经学院、中国人民大学教授。1957年被错划成"右派"。"文化大革命"前作者得知其友人陈振汉虽经其工作单位北京大学经济系同意上报摘除"右派"帽子，但后来一直未落实。当他见到吴晗时便请吴氏过问一下此事。殊不知吴后来竟把陈当作李景汉来回覆作者。

②　"文化大革命"中"革命组织"对被认为属走资派、反动学术权威以及地、富、反、坏、右等者实行强制性的集中管理、批斗，建立了管教（管理教育）队这一组织。由于列入管教者都是"牛鬼蛇神"，故管教队只是"牛队"文明点的称呼而已。

下午　5:00 往护养院取安眠药等。

八月二十二日　星期一

小七早回园。

上午　学习文件。

下午　3:00 至 5:00 时割草。

夜　读文件。

八月二十三日　星期二

上午　学习十六条。

下午　议戴裔煊、李永锡完。议谭彼岸未完。

夜　读文件。

八月二十四日　星期三

上午　再学习《十六条》前三条。

下午　东区学生二宿舍扫地、割草。

夜　读文件及写思想小结。

八月二十五日　星期四

上午　学习《十六条》第五条。

下午　议方仲（缺席至 4:00）。

夜　陈×①及一同学来谈至 9:00 许始去。

八月二十六日　星期五

上午　学习《十六条》第五条。

下午　东区学生二舍割草。

夜　邹××、陈××②来谈至 10:00。

----

① 陈×，时中山大学历史系学生。

② 邹、陈两人均为中山大学历史系学生，参与管理管教队工作。

八月二十七日　星期六

上午　"全体牛"集中惺亭，宣布收反动书籍文物，当即缴出一部分。

下午　东二舍割草。宣布星期六晚、星期日离校要请假，制高帽及牛牌。

八月二十八日　星期日

整天收拾书籍。

夜　写思想汇报。

秀舜昨夜来，今日晚饭后去。

八月二十九日　星期一

承邺回家医手，未得见。

上午　学习《十六条》最后一条。

中午　再选第二批书，因未开门乃将致筹委会函交陈×代交。

下午　陈×来家（并请钟一均、李坚抬箱子）进行检查书物，5:00去。6:00红卫兵历史系大队加封条后去，移居客厅中。

夜　读文件。

八月三十日　星期二

晨早　瑛材携行李去穗①，当即往报告方××、邹××。

上午　谈学习毛主席思想，会后邹××、陈××陪往打电话给承邺。

下午　2:30瑛材回家，我又往报告，李××②、陈×、陈××、邹××四人来，但她又离家，晚饭后红卫兵在北门截回了，令我戴高帽游行。10:00始返家。承邺得阿慧送信后，10:00许始回。

---

① 因8月29日被抄家，作者夫人受惊，故有逃离寓所之举。

② 李氏等四人时在中山大学历史系学习。

八月三十一日　星期三

上午　7:30 至 11:00 全体牛鬼劳动。

下午　2:30 后陈××领人民大学来人四位了解韦庆远情况。

夜　阅读《无产阶级的革命造反精神万岁》（8 月 24 日《羊城晚报》）。写检讨书（承认游街之罪）。

九月一日　星期四

上午　学习《无产阶级的革命造反精神万岁》三篇。新加入郭威白、江醒东、周连宽、谭彼岸四人。宣布历史系红卫兵中山大学第二大队通令三号五项。

下午　《毛主席在天安门接见全国青少年革命同学》，全体牛蛇分系在校座谈至 6:00 始散。

夜　写《吴晗和我的关系》约五百字。陈×来谈。

九月二日　星期五

上午　写《我和吴晗的关系》约一千字。陈×来收回《参考消息》。

下午　在东区女生宿舍外割草。

夜　写劳动汇报至清晨 2:00 许。

九月三日　星期六

上午　7:30 至 10:00 东区学生宿舍外割草。

下午　2:30 至 5:00 东区学生宿舍外割草。

夜　写《我与吴晗的关系》。11:00 承邺及秀桑始回。

九月四日　星期日

整天写《我与吴晗的关系》。

下午　原拟理发，未果。

承邺午饭后去。秀桑下午 5:00 去。

九月五日　星期一

上午　学习《好得很、糟得很》。

上午　回家后寄小七函（言阿慧离职工资事）。

下午　自数学楼筹委会将书等运至东学生二舍二楼，继而割草。

前天整天劳动，今日仍觉腰酸骨痛。

九月六日　星期二

上午　本应割草，特许回家写《我与吴晗的关系》。陈×来谈，约二十分钟。

下午及夜　继续写前文至 40 年代，共约四千字。

九月七日　星期三

上午　学习《好得很、糟得很》《做得对、做得好》二文。

午饭后　人大工作人员第二次来取去韦庆远信（邹××陪来，允许我取出秋衣、罐头等）。①

夜　写《我与吴晗的关系》三百余字。

九月八日　星期四

上午　到保健室抹窗至 11：50（本组则学习《用文斗，不用武斗》）。

下午　割草（交西洋乐谱一本与许××）。寄承邮函（阿慧工资事）。

夜　写《我与吴晗的关系》五百余字。

九月九日　星期五

上午　在家写《我与吴晗的关系》，仅得三百余字（并对已写出的部分略作修改）。

下午　割草。

----

① 抄家时，梁家的书柜及大部分衣柜等皆被贴上封条而无法使用。

一九六六年

349

夜　读《无产阶级文化大革命万岁》(《红旗》第八期)。写本周劳动小结。

九月十日　星期六
上午　斗牛前集中听宣布二点：
1. 每人暂支生活费数目。
2. 退出一部分房子。
继而往东区清扫道路。
午饭后　理发（平头装）。
下午　在家写《我与吴晗的关系》。胡慧民离工，付二十元。
夜　陈×来。承邺回，秀粦继后。

九月十一日　星期日
秀粦早点后回校值班。邹××、方××、李××来谈至10:00许。
下午　改写《我与吴晗的关系》。承邺来，买米二十斤，蜂窝煤五十斤，晚饭后去。陈×率一同学来问今日入过城否。
夜　写思想汇报及读《〈无产阶级〉文化大革命万岁》。

九月十二日　星期一
在家写《我与吴晗的关系》。
下午　割草。
夜　修改前书。

九月十三日　星期二
上午　学习《无产阶级文化大革命万岁》《撕掉资产阶级自由、博爱、平等的遮羞布》。
下午　割草。
夜　写《我与吴晗的关系》（十七页九千余字）。

九月十四日　星期三
上午　送《我与吴晗的关系》给陈××收。学习前两文，我未发言。会后回家写书面，稍午睡。

下午　割草。

夜　写《我与吴晗的关系》。

九月十五日　星期四

上午　在家写《我与吴晗的关系》。

下午　割草（九江①养鱼农民来取去）。

夜　写《我与吴晗的关系》（已至二十三页）。

九月十六日　星期五

上、下午　东区割草。

夜　写检讨书（劳动休息时间背主席语录事）。从今午起，又要自作牛牌上工，新牌改作后发给全部〈被管教人员〉。

九月十七日　星期六

上午　谈一周思想动态，我未发言，写书面一份及坦白书（说明没有送东西至别人家，后查明乃李坚事）。

未有午睡。座谈会后一律剃光头。

下午　割草（以后延长至5:30）。

夜　制新牛牌（长八寸、宽六寸）。夜11:00后小七、秀舞回。

九月十八日　星期日

上午　写《我与吴晗的关系》。

下午　割草。

夜　重制牛牌（昨夜制的太小）。写总结（未交）。

九月十九日　星期一

上午　学习《横扫一切牛鬼蛇神》及《夺取资产阶级霸占的史学

---

① 指南海县九江镇。

一九六六年

阵地》并谈自己的问题。

下午　割草。

夜　写《我与吴晗的关系》。

九月二十日　星期二

上午　清除东区二舍壁报，扫地，10:30 至 11:00 割草。

下午　在家写《我与吴晗的关系》。

夜　写前文。徐××①及×××来谈。

九月二十一日　星期三

上午　交《我与吴晗的关系》（第十八至二十八页）给徐××。学习两篇社论（与星期一、日同），暴露思想。

下午　割草（自今天起，仍至 5:00 为止，较前三天缩短半小时）。

夜　背主席语录及昨天发言提纲。

九月二十二日　星期四

上午　学习《横扫一切牛鬼蛇神》，交代问题。

下午　割草。

夜　写本周劳动小结，9:00 至 10:30 电灯忽熄，借胡宅〈胡金昌家〉蜡烛一支。

九月二十三日　星期五

上午　交劳动小结与徐××，8:00 至 10:00 在东区二舍 202 与人大红卫兵谈韦庆远事。

回家稍睡。

下午　割草。

夜　背毛主席语录。

---

①　徐××，时为中山大学历史系学生。

九月二十四日　星期六

上午与夜　在家写《我与吴晗的关系》，共得一千六百余字。

下午　东区二舍门前扫地。

夜　11:00 邺、舜回。

九月二十五日　星期日

整天写《我与吴晗的关系》《退稿费问题》《韦庆远三事》，共二千八百字。

午饭前　徐××来（偕一同学）。

晚饭后　邺、秀各回去。

九月二十六日　星期一

晨早　2:00 起写上周思想小结至 4:00 复上床。

上午　小组谈交代。

下午　割草（刘节背语录被斥）。

夜　背语录。

九月二十七日　星期二

上午　在家写《关于韦庆远的补充材料》，八百余字。陈××、××来。

下午　割草。

夜　读毛著通读本《关于百花齐放、百家争鸣》《知识分子改造问题》两节。

九月二十八日　星期三

上午　结合毛著二篇自我揭发。蒋、刘二人发言，刘被斥。

下午　割草。

夜　读《撕掉资产阶级自由、平等、博爱的遮羞布》及背语录。

夜　梦见小七，继而梦见承烈购糖来，不梦她已数年矣，强烈悲伤不自胜。

九月二十九日　星期四

上午及夜　在家写《我与吴晗的关系》（修改二十七至二十八页）。

下午　割草。

九月三十日　星期五

晨　4:00 前起来写本周思想劳动小结。

上午　扫地（马路）。

下午　扫地（东区学生宿舍）。

夜　思考本周思想劳动小结，阅读文件。承邺回。

十月一日　星期六

上午　学习《中华人民共和国成立十七周年连队讲话材料》（9月24日《人民〈日报〉》），谈感受（我有发言）。

夜　读《用毛泽东思想武装七亿人民》（今日《人民〈日报〉》社论）。

夜　秀燊回。

十月二日　星期日

上午　谈学习上一文件的感受（7:30 至 10:00）。

下午及夜　在家写《关于培养研究生问题》（二千二百字）。

十月三日　星期一

上午　继续昨天谈感受（方仲发言谈修正主义思想）。

午饭前　红卫兵来启封，领出衣物、食品等。

下午　写《培养研究生计划》，完二千一百余字。

夜　学习《在毛泽东思想的大路上前进》（昨日《南方〈日报〉》转载《红旗》第十三期）。

秀燊晚饭后去。

十月四日　星期二

小七早 6:00 回园。

上午　谈昨夜学习社论的感受，9:40 回家写资料。

下午　割草。

夜　背语录及阅读文件。

十月五日　星期三

上午　在家续写《关于培养研究生问题》（全文共计三千一百余字，已交）。

下午　割草。

夜　读国庆十七周年庆祝大会上《林彪同志的讲话》（10 月 2 日《人民〈日报〉》）。

十月六日　星期四

上午　谈《用毛泽东思想武装七亿人民》（10 月 1 日《人民〈日报〉》社论）读后感，写发言提纲一纸。

下午　割草。3:40 后集中电影广场听红卫兵向全校各系宣布"低头认罪，将功赎罪"。散会后市委来人了解清士①情况，写材料一纸与之。

夜　背主席语录。

十月七日　星期五

上午　在家写《我与吴晗的关系》，至 8:00 许徐××、廖××来约与人大红卫兵（张×，另一人不知姓名）谈韦庆远事至 11:00。

下午　与哲学、生物、地理、行政等部门集中在东大球场割草。

夜　背语录及写思想劳动小结。

十月八日　星期六

上午　继续写思想劳动小结（10 月 1—7 日）交王×。

---

① 作者之叔叔。

下午　扫地，4:00 后割草。

夜　背语录，因疲劳过甚，上床才 11:00 刚过。

十月九日　星期日

上、下午　写《我与吴晗的关系》至第三十五页。

晚饭后　王×及一同学来，因向其请教"政治风险"问题，我出言不当，使他盛怒，这完全是我自己不对，应严厉批判的。

夜　写发言提纲，至晨 3:00 始睡。

晚饭后　8:00 许承邺回家取鞋（劳动用）。

十月十日　星期一

小七晨 5:00 许回园。

上午　小组，我未发言，仅将提纲送去。主席徐××9:00 便离会。阅读《湖南农民运动考察报告》所谓过分问题一段，至 10:10。

下午　劳动割草。

夜　背语录。上床较早。

十月十一日　星期二

上午　在家写《我与吴晗的关系》总结一段。

下午　割草至 3:40，到北门外码头搬运草捆，至小礼堂，仅一段来回，红卫兵即令我留码头运草，以鸡眼（脚因之疼痛）故也。

夜　继续写《我与吴晗的关系》（共得一千百余字）。

上午家中炉火熄灭，用机器炉①煮饭。

十月十二日　星期三

上午　7:30 至 11:30 读《人民民主专政》并谈感受，我未发言。

下午　清洗厕所及扫地（东区二宿舍）。

夜　作《人民民主专政》及《新民主主义的宪政》笔记。

---

①　即煤气炉。

中央公布《对敌批判、斗争和工作队处理问题》，工资照旧暂发。由今日起往第四膳堂取饭菜。

十月十三日　　星期四

上午　谈个人感受，并将昨夜笔记交去，11:00 散会。

下午　写《我与吴晗的关系》至深夜 12:00 许，才得九百字。背语录二条。牙痛。

十月十四日　　星期五　　微雨

上午　宣布以后每周劳动三个下午。

上午　7:30 至 11:30 谈《学习毛泽东思想必须认真地学，刻苦地学》(12 日《人民〈日报〉》社论)，我未发言。

下午　搬运砍下来的竹子。

夜　人大红卫兵（第三批二人）来了解韦庆远情况。写发言提纲及思想劳动小结，至 4:00 始上床睡。

十月十五日　　星期六

上午　继续昨天谈话，我发言，另有发言提纲。

下午　在家写《我与吴晗的关系》（全文完，共二万字）。

夜　背毛主席语录及看书。

小七 10:00 后回。

晚饭前　廖××领人大红卫兵来，抄了我所写《韦庆远三事》一份，由我盖章后离去。

十月十六日　　星期日

上午　在家背语录，看报，整理思想。

下午　写材料三条（对李国平、王裕怀、黄汉华）。

夜　写申请减月薪书（每月一百五十至一百八十元）。

下午　2:00 许秀舞来，晚饭后去。

十月十七日　星期一

上午　学习《论人民民主专政》，至 9:30 回家写材料。

下午　往生物系拔草，去多余的萝白种苗（每块只限四根）及拔土填平。

夜　写《我与吴晗的关系》（全文四十页，共计约二万一千余字）。

小七 7:00 回家。

十月十八日　星期二

上午　7:30 至 11:00 谈学习《新民主主义的宪政》。

下午　拔萝白苗至 5:30。

夜　读文件及写资料。

十月十九日　星期三

上午　谈《新民主主义的宪政》读后感受（方仲发言），补发 9 月工资。

下午　劳动，拔萝白苗。

夜　写背语录。

十月二十日　星期四

下午　在家写材料（取得六条，约二百字）。

下午　在竹林锹土（另一部分人锄土）。

夜　读《蒋介石政府已处在全民包围中》《南京政府向何处去?》。

十月二十一日　星期五

上午　7:30 至 9:30 谈阅读昨夜学习毛主席著作两篇的感受（我未发言）。10:00 回家写思想与劳动小结。

下午　清扫东区二宿舍。

夜　写思想劳动小结。

十月二十二日　星期六

上午　写感受至 10:00，我未发言。背语录犯了原则性错误，11:00回家，刺激甚大。

下午及夜　写资料。

夜　9:00许小七回。

十月二十三日　星期日

上、下午　写材料。

夜　写检讨书（背语录犯原则性错误）。

小七晚饭后回园。

十月二十四日　星期一

上午　谈对顽固分子和两面派的看法（我的发言见笔记本）。

下午　拔萝白苗。

夜　读〈毛泽东〉《中国社会各阶级的分析》及《炮打王匡》，陈××来。

十月二十五日　星期二

上午　集体阅读昨夜看过的文件，10:00后回家读语录。

下午　写《我在指导青年教师方面所犯的罪行》（四页二千余字）。

夜　继续写。

十月二十六日　星期三

上午　谈《中国社会各阶级的分析》的读后感。

下午　竹林锄草。

夜　看明早发言提纲。

十月二十七日　星期四

上午　继续谈昨天题目。

下午及夜　写《我毒害青年教师的罪行》〈即《我在指导青年教师方面所犯的罪行》〉（四至七页，共一千二百余字）。抄背语录。

十月二十八日　星期五　阴、微雨

今晨　1:00许全校欢腾始告导弹核武器试验（第四次）成功。

上午　讨论此快乐消息至10:00许。

下午　竹林锄草。

夜　写思想劳动小结（22—28日）。今夜实际只睡两小时许。

十月二十九日　星期六

上午　谈《中国社会各阶级的分析》，我第一个发言。10:00回家扫院子。

下午　写、背语录。

夜　同上。小七、秀舞回。夜间宿舍广播至晨早3:00许，不知说的什么，终夜失眠。

十月三十日　星期日

上午　陈××来，我背语录犯原则性错误。

下午及夜　写检讨书及自我鉴定。

十月三十一日　星期一

对刘节、何肇发自我鉴定提意见。

下午　东区宿舍扫地。

夜　写自我鉴定。

十一月一日　星期二

上、下午　小组讨论对谭彼岸、陈锡祺、蒋相泽自我鉴定的意见。

十一月二日　星期三

上午　小组继续讨论对江醒东、李坚、周连宽鉴定的意见。

下午及夜　在家改写鉴定书。

十一月三日　星期四

小组宣读对蒋相泽、钟一均鉴定的意见。

下午　东区扫地。

夜　修改鉴定书。毛主席第六次检阅"文化革命"大军。

十一月四日　星期五

上午　小组宣读对钟一均、周连宽、蒋相泽的书面意见。

下午　竹林锄地，取回瑛材绿布袋。

夜　写对端木鉴定的意见。

十一月五日　星期六

上午　小组宣读对江醒东、李坚意见（二稿），郭威白意见（初稿）。

下午　小组各人讨论对方仲、端木鉴定的意见。

十一月六日　星期日

上、下午　整理小组各人对我鉴定所提的意见记录（六页）。

夜　写思想劳动小结（10月29日—11月5日）。

十一月七日　星期一

上午　小组对端木鉴定提出意见书面书。

下午　抬竹、削竹。

夜　陈××①来谈。

十一月九日　星期三

上午　集体读《把老三篇②作为培养共产主义新人的必修课》

---

① 陈××，时为中山大学历史系学生。

② 指毛泽东之《纪念白求恩》《愚公移山》《为人民服务》三篇文章。

（10月28日《南方〈日报〉》）、《再论提倡一"公"字》（11月3日《人民〈日报〉》）。

下午　削竹。

夜　读老三篇辅助材料。

十一月十日　星期四

上午　在家抄语录，写《我在指导青年教师方面所犯的罪行》（改正稿五至七页）。

下午　削竹和搭棚。

夜　继续写上文。

寄承郇函（购"老三篇"参考资料）。

十一月十一日　星期五

上午　读《为人民服务》（我未发言），散会后理发。

下午　搭棚。

夜　学习"老三篇"辅助文件及恩格斯论暴力。

毛主席第七次检阅红卫兵二百余万大军。

十一月十二日　星期六

上午　搭竹棚。

下午　在家学习《为人民服务》及阅报。补记自10月30日以来至今日日历记事。

夜　10:00小七回。

十一月十三日　星期日

上午　写《我在指导青年教师方面所犯的罪行》（八至十页）。

下午及夜　写思想劳动小结（5—13日）及《学习〈为人民服务〉的感受》，以上共九页。今夜睡眠不到两小时。

十一月十四日　星期一

上午　在家学习文件。

中午　1:00革命教工家属造反队、住房造反队来勒令二日内让出房间。

下午　搭竹棚。

夜　作《周总理在孙中山诞生一百周年纪念会的讲话》笔记。

秀桦11:00吃面后回去。寄承邺函（退房事）。

十一月十五日　星期二

上午　小组谈论纪念孙中山，我回家搬运楼上储物。

夜　准备明日发言。

十一月十六日　星期三

上午　小组谈纪念孙中山。

下午　搭棚。

夜　读《以毛主席为代表的无产阶级革命路线的胜利》。

十一月十七日　星期四

在家搬运楼下箱子、杂物及扫地。

下午及夜　背语录及写《我在指导青年教师方面所犯的罪行》（十一至十三页）。

十一月十八日　星期五

上午　读《红旗》第十三期社论《在毛泽东思想的大路上前进》，8:30后回家作笔记。

下午　扫地（历史系附近），梁、刘等四人。

夜　阅读《红旗》。

十一月十九日　星期六

上午　谈学习《红旗》第十三、十四期社论的感受（批判资产阶级反动路线）。

下午　回家准备。

夜　读文件。

十一月二十日　星期日

上午至夜　写《我在指导青年教师方面所犯的罪行》（十四至十八页，完）、思想劳动小结（14—20 日）三页。

小七、秀粦收拾地下室杂物，晚饭后去。

因赶完小结至夜 2：00 许始上床。

十一月二十一日　星期一

上午　谈批判反动路线（继续上星期六，方仲与端木未发言，回家写）。

下午及夜　在家读文件。

十一月二十二日　星期二

上午　在家。

下午　东区扫地。

十一月二十三日　星期三

上午　谈学习《在延安文艺座谈会上的讲话》，我第一个发言。

下午　搬竹棚至南门里。

十一月二十四日　星期四

上午　小组会上陈××宣布回家写学习《在延安文艺座谈会上的讲话》发言稿，星期六上午交。继而陈××来谈，重封承邺书台①。

下午及夜　在家。

十一月二十五日　星期五

上午　小组集体阅读。

———————————

①　梁家被红卫兵抄家时，室内所有书柜、书架、书桌以及衣柜等皆被贴上封条。

下午　在家。

夜　写发言稿，通宵无寐，仅在床上躺过几次，共计不足一小时，至天亮 7:00 始写完（六页）。

十一月二十六日　星期六

上午　集体写学习《在延安文艺座谈会上的讲话》心得，余已交卷，乃阅读文件。

下午　东区宿舍清洁。

夜　读文件。

十一月二十七日　星期日

上午　学习文件。

下午　到南门内搬动竹棚，至 6:00 始回。

十一月二十八日　星期一

整天在家阅读文件，写思劳〈思想劳动〉汇报（21—27 日）。

十一月二十九日　星期二

上午　小组谈。

下午及夜　在家学习文件，写明天发言提纲。

十一月三十日　星期三

上午　小组谈（我发言"普及提高"关系）。

下午　东区宿舍扫地。

夜　学习文件。

十二月一日　星期四

上午　小组谈。

下午及夜　在家学习文件。

十二月二日　星期五

上午　小组谈。

下午及夜　在家学习文件。

晚饭前　南开大学二人来了解陈序经（陈×领来）。

午饭后　承邺回所去。收黎砂函。

十二月三日　星期六

上午　集中阅读。

下午　清扫宿舍周围。

夜　学习文件。

十二月四日　星期日

整天写思劳汇报（11月28日至12月4日）及起草批判讲义提纲。夜仅睡二小时。

十二月五日　星期一

上午　集体阅读全宣会〈可能全国宣传工作会议讲话〉。

下午　清扫宿舍四周。陈×来谈，5:00后去。

夜　休息较早，以昨夜眠不足故也。

十二月六日　星期二

上午　9:00前回家写资料。

下午及夜　写陈序经材料（一至四页）。

十二月七日　星期三

从今日起小组会上午开始。

上午　谈讲义自我批判。

下午及夜　写陈序经材料（五至六页）。

十二月八日　星期四

上午　小组。回家后陈锡祺爱人来访。

下午　清扫历史系办公室附近。

夜　写陈序经材料（七至八页）。

十二月九日　星期五

整天在家写陈序经（九至十一页）和讲义自我批判（一至三页）。

十二月十日　星期六

上午　小组谈。

下午　清洁宿舍。

夜　疲极休息。

十二月十一日　星期日

整天写陈序经及思想劳动汇报（12月5—11日）。

晚饭前　陈××来谈免挂牌事（"牛鬼蛇神"牌）。

十二月十二日　星期一

上午　集体阅读。

下午　清扫宿舍。

夜　重写陈序经材料。

十二月十三日　星期二

上午　背语录（蒋、钟、李三人）。

夜　重写陈序经材料。

十二月十四日　星期三

上午　讨论《夺取新胜利》（《红旗》第十五期社论）。

下午　修古代史教研室斜对面下坡路。

夜　修改陈序经材料。

十二月十五日　星期四

上午　谈《夺取新的胜利》读后感想（已写发言提纲，但未发言）。

下午及夜　在家写陈材料。

十二月十六日　星期五

上午　小组。

下午　修路（古代史教研室下坡路）。

夜　写思想汇报（从《自我鉴定》后）。

十二月十七日　星期六

上午　小组集体阅读。

下午　原定到杂工部领劳动工具，因雨大众散去。

十二月十八日　星期日

上午　背语录。

下午　4:00 陈××来为承邨启封衣箱两个及抽屉等①。

夜　改写陈序经文。

十二月十九日　星期一

上午　与江醒东铺沙（于古代史教研室下坡路）。

下午及夜　在家修改"陈"文。

十二月二十日　星期二

上午　扫地（中区至北门）。

下午　与端木清洁学生二宿舍（其他教师扫地及清洁公共厕所，唯刘、郭、周三人未参加）。

_____

①　在抄家贴封条时，红卫兵由于弄不清楚何物属作者的，连编者的物品用具也一起贴上了封条。

夜　修改"陈"文。

十二月二十一日　星期三

上午　搬运稻草（图书总馆、数学系三楼）。以后免挂牌①。

下午及夜　写"陈"文（第十七页）。

十二月二十二日　星期四

上午　小组学习"全国宣工会议"。刘节《思想汇报》被申斥。

在家写《讲义错误》。

十二月二十三日　星期五

上午　搬运稻草（数学楼一、二楼）。

下午　小组漫谈（方仲谈知识分子与工农结合问题）。

夜　背语录。

十二月二十四日　星期六

上午　小组原定继续谈"宣工会议"，后改由钟一均谈林彪《毛主席语录》再版前言。散会后理发。

下午　东区二舍清洁。

夜　背语录。

十二月二十五日　星期日

整天背语录。

夜　写思想劳动汇报（12月17—25日）。

十二月二十六日　星期一

毛主席生日。

上午　电影广场扫地。

---

① 指被管教人员（牛鬼蛇神）劳动时无需挂其"身份"的牌子。

下午　小组讨论（林彪《前言》）。

夜　因身体不佳，上床绝早。

十二月二十七日　星期二

上午　小组（林彪《前言》）。

下午　在家背语录。

夜　写《检查讲义》修改稿（第二页）及明日发言提纲。

十二月二十八日　星期三

上午　清扫大礼堂附近。

下午　小组发言。

夜　写明日发言提纲。

十二月二十九日　星期四

昨日我国又成功地进行一次新的核爆炸。

上午　小组讨论《人民内部矛盾》（方仲第一人发言）。

下午　清扫东二区宿舍。

夜　看文件。

十二月三十日　星期五

上午　清扫中区（至北门）。

下午　小组（刘节发言，各人提出批评）。

十二月三十一日　星期六

上午　清扫东区二宿舍。

下午及夜　在家阅读及背语录。

一九六七年

整理者按：该年作者案头日历记事没有见到，原因可能为：1. 丢失；2. 没有购该年日历。现据其留下的1967年工作记录本（幸存本之一）摘录如下。

一月一日　元旦　星期日

在家看报及背语录。

晚饭前　扫门外垃圾。

一月二日　星期一

上午　看《人民日报》社论、《解放军报》社论。

下午及夜　读《新民主主义论》。

一月三日　星期二

上午　小组集体阅读。

一月四日　星期三

上午　集体阅读《人民〈日报〉》、《解放军报》元旦社论。

下午　扫地（小礼堂对面马路至党委会及大钟楼），由2:30至5:00。

夜　写《自我鉴定后思想活动状态》（四至七页），2:30就寝。

一月五日　星期四

上午　集体阅读《人民日报》元旦社论。交思想汇报与陈××。

下午　到保健室看牙肿痛，看大字报。

夜　背语录。

一月六日　星期五

上午　读《把无产阶级文化大革命进行到底》。

下午　扫东区二宿舍。

夜 读《把无产阶级文化大革命进行到底》（《人民〈日报〉》《红旗》元旦社论），准备发言提纲。

一月七日 星期六
上午 小组发言。未发言。

下午 锄地（松林中）。

夜 背语录。

一月八日 星期日
上、下午 看大字报，背语录。

夜 写思想劳动汇报（一千七百字）。

一月九日 星期一
上午 小组谈。方仲发言稿见昨天。

下午 看大字报。

夜 抄背语录。

一月十日 星期二
上午 告假往中山二院看病（牙及疝气）。拔左大牙一只，并补牙。据医生诊治意见是"精索带肿"而非疝气。回家。

回家午饭休息后，赶至八家村松林劳动半小时许。

夜 写对本组各人所提的意见及补请假函。

一月十一日 星期三
上午 分两个小组（一般检查）。

下午 看大字报，背语录。

夜 写《讲义批判》①（一页）。

---

① 作者对自己所编写的讲义进行批判。

一月十二日　星期四

上午　小组。

下午及夜　整理小组对钟一均汇报所提意见（六页）。

一月十三日　星期五

上午　小组。

下午　小组。

夜　重整理小组对钟一均意见。

一月十四日　星期六

上午　小组。

下午　清扫东区女生宿舍周围。

夜　抄小组对我所提意见。

一月十五日　星期日

上、下午　背语录。

夜　读《学习新民主主义论》。

一月十六日　星期一

上午　小组。蒋对陈的鉴定宣读。

　　　　　　郭对周的鉴定宣读。

　　　　　　江对何的鉴定宣读。

　　　　　　谭对蒋的鉴定宣读。

下午　到惺亭等候分配劳动，李××未来，4:00 后散，看大字报。

夜　写汇报（1 月 9—15 日），何××8:00 许来谈至 10:00 许。

一月十七日　星期二

上午　背语录。

端木正对梁方仲的鉴定宣读。

钟一均对刘节的鉴定宣读。

下午　松林锄地。

夜　背语录。

一月十八日　星期三

上午　周连宽读小组对李坚所提意见。

下午　清洁东区宿舍。

夜　读《红旗》第一期。

一月十九日　星期四

上午　李坚读小组对端木提的意见。

蒋读对钟所提的意见。

下午　松林锄地。

夜　读《让毛泽东思想占领报纸阵地》（《人民日报》今日社论）。

一月二十日　星期五

上午　对钟提意见（续昨）。

何读对谭的鉴定。

下午　看大字报。

夜　背语录。

一月二十二日　星期日

上、下午　读《新民主主义论》。

夜　看报〈反经济主义〉。

一月二十三日　星期一

上、下午　读《新民主主义论》并作笔记。

夜 写汇报（1月16—22日），两页多，一千余字。

一月二十四日 星期二

上午 小组。

下午 因雨劳动暂停，在家读《无产阶级革命派大联合，夺走资本主义道路当权派的权!》（1月22日《人民〈日报〉社论》）。

夜 写明早发言提纲。

一月二十五日 星期三

上午 小组。

下午及夜 在家背语录及重写发言提纲。

一月二十六日 星期四

上午 小组。

下午 锄地。

夜 背语录。

一月二十七日 星期五

上午 背语录（在家）。

下午 清扫宿舍。

夜 背语录（为人民服务成诵）。

一月二十八日 星期六

上午 小组。

下午 锄地。

一月二十九日 星期日

上、下午 背语录（《为人民服务》）。

夜 写思想劳动汇报（1月23—29日）。彭海云来，晚饭后去。

一月三十日　星期一

上午　讨论。

下午　读毛选。

夜　（雨）　同上。

一月三十一日　星期二

上午　讨论。

下午　锄地翻土。

夜　写发言提纲。

二月一日　星期三

上午　小组　我发言。郭〈威白〉、陈〈锡祺〉、端木〈正〉对我发言评论。何××（小组之负责管教人员）讲：从明天到春节暂不集中，2 月 6 日集中一次，春节后什么时候集中，再宣布。留校学毛著，不要外出，以后不管谁来管教，希望继续改造，学用好毛著，不要放松，要加强。几个月来，大家都有不同程度的触动，有所进步……

下午　背语录《新民主主义论》。

夜　同上。

二月二日　星期四

上午　背语录。

下午　看大字报。

夜　背语录。

二月三日　星期五

上午　背语录。

下午　看大字报。

夜　再读《论无产阶级革命派的夺权斗争》《红旗》第二期社

论。钟一均晚饭后来通告明早有会。

二月四日　星期六

上午　原定小组讨论上一文件，临阵改为全校被管教者作清洁劳动，本系由旧礼堂扫除至南校门。

下午　继续扫地。

二月五日　星期日

上、下午　背语录（中英对照）。午后香生①来。

夜　赶写汇报（1月30日至2月5日，通宵无寝）。

二月六日　星期一

上午　小组讨论，刘节、谭〈彼岸〉、何〈肇发〉、江〈醒东〉、周〈连宽〉、端木〈正〉、李〈永锡〉发言。陈××〈管教人员〉：为什么夺权？如何去夺权？过去资产阶级夺权，你们怎样作舆论准备？

下午　开垦园林科旁边一块土地，准备种树。

夜　晚饭后，略作休息即上床。

二月七日　星期一

上午　小组讨论。方仲未发言，郭、陈、钟、蒋发言。

二月七日　星期二

下午　饭后理发（因久候，至4：00始毕），看大字报。

夜　读语录（中英对照）。

二月八日　星期三（旧历除夕）

上、下午　读语录（中英对照），看大字报。

---

①　香生即梁香生，作者堂弟。

夜　同上，准备明天发言提纲（重订）。

二月九日　星期四（旧历元旦）

上午　小组讨论。主席发言：陈××宣布，劳动：一、二、四、六日；学习：一、三、五上午；老三篇一月内背熟。

下午　锄地（东北区）。

夜　读语录（中英对照）。

二月十日　星期五

上午　读语录（中英对照）。

下午　到马岗顶旧兵团历史系大队办公室清扫（4:30回）。

夜　小组（新址，见上）。李×（管教人员）说：近来管教放松，革命形势大好，大联合、大夺权的斗争（发展），但也出现一些曲折，表现为反联合、反夺权，如果高兴太早，对思想改造只有害处。在阶级斗争尖锐化中，有加强管教之必要。以后每星期（一至六）上午都要集中学习（星一、五上午可看大字报）；晚上8:00至10:00集中写材料；每天下午劳动（二、四、六环境卫生，学生宿舍、系办公室，一、三、五机动）。思想劳动汇报每周一次，思想汇报以前太简单。劳动分成三个组。

××（新来）（管教人员）：你们犯了滔天罪行，一向与人民为敌，非常反动。半年来你们干什么？一点没有触及灵魂。两条出路：一、低头认罪，坦白从宽，抗拒从严，以前的交代都是应付的，开会劳动都是被动的，全不主动；另一条是死路。①学毛著、学社论，今后不能打红旗，反红旗，深刻交代，好好交代。②交代自己，揭发他人，这是重点。③认真劳动。④不要与牛鬼蛇神勾勾搭搭。

二月十一日　星期六

上午　小组讨论，读《论无产阶级革命派的夺权斗争》（《红旗》第三期社论）。江、谭、郭、钟、刘、李、周、何、端木发言。

李××：下午清除学生宿舍。

新来同学×××：没有结合思想活动来谈。

二月十二日　星期日

上、下午　写汇报（2月6—12日）四页。四叔及爔侄来。

夜　小组起草黄汉华资料。学习毛选第四卷《南京政府向何处去》《论人民民主专政》《敦促杜聿明投降书》，写学习心得。

二月十三日　星期一

上午　看大字报。

下午　锄地（离家不远，同上星期一）。

夜　小组（揭发黄汉华，三页）。

二月十四日　星期二

上午　小组。方仲、刘、黄汉华、蒋、黄义祥、钟、周、谭、何、陈发言。

下午　新女学生宿舍清洁。

夜　读文件。

二月十五日　星期三

上午　原定在家写材料，忽又宣布做清洁（中区至旧礼堂一带）。

下午　清洁（学生宿舍）。晚饭前工人赤卫队千余人来校包围《红旗》公社①。

夜　小组。背语录。

二月十六日　星期四

上午　小组（默《纪念白求恩》）。

---

① 工人赤卫队和红旗公社皆"文化大革命"时的群众组织。

下午　锄地。

夜　背语录（《愚公移山》）。看报。

二月十七日　星期五

上午　看大字报。

下午　锄地（深耕）。

夜　小组。背语录。

二月十八日　星期六

上午　小组。郭、谭、江、谭、李、陈、钟、周、蒋、黄先后发言。×××（管教人员）：不结合思想，不亮出，没有解决问题，不能用"我们的省草联"。

下午　清洁（学生宿舍，3∶45 毕后支持系办公室同人至 5∶00）。

夜　背语录。

二月十九日　星期日

上、下午　背语录，写汇报提纲。

夜　小组。阅读文件（我背《为人民服务》一文）。写汇报（2 月 13—19 日）。

二月二十日　星期一

上午　看大字报。

下午　锄地翻耕。

夜　小组。修改汇报（预，一千四百余字）。

二月二十一日　星期二

上午　集体阅读至 9∶00，背语录。小组漫谈看大字报体会及目前形势。

下午　清洁（学生宿舍）。

夜　小组。背语录（刘、黄汉华）。徐××、陈××。钟一均读2月17日《人民日报》社论《坚决捍卫"三结合"的方针》。讨论：陈、郭、江、钟、黄汉华发言。

二月二十二日　星期三

上午　小组。方仲、李发言。徐××发言，并布置本星期学《南京政府向何处去?》。

寄承邮函（说昨天××搬到地窖来住）。

下午　锄地。

夜　小组集体阅读（管教队未来）。

二月二十三日　星期四

上午　小组。周、何、黄义〈祥〉、黄汉〈华〉、江、蒋发言。

下午　清洁（学生宿舍）。

夜　小组。方仲发言。

二月二十四日　星期五

上午　看大字报。

下午　锄地。

夜　小组（同学未来）。

二月二十五日　星期六

上午　小组。李、谭、陈、钟、郭、方仲、端木发言。陈××宣布，今后晚上不须集中。郭威白说采取"奴隶思想"是不对的，不要把自己当作一般犯错误……对待〈后字模糊看不清〉。

下午　清洁（历史系附近）。

夜　看文件。

二月二十六日　星期日

上、下午　看文件，阅报、背语录。

夜　写汇报（20—26日）。

二月二十七日　星期一

上午　写汇报（未往看大字报）。

下午　锄地翻土。

夜　徐××来。写读《南京政府向何处去?》后的感想。

二月二十八日　星期二

上午　小组。周、谭、李发言。×××（管教人员）说：当三结合夺权时，党内走资本主义道路当权派企图破坏，学校中存在同样情况。牛鬼蛇神中妄图翻案，另一类是问题严重的人。今后：①应写汇报，全面全盘地深刻检查自管教以来思想和行动的表现，继续坦白交代。②大量揭发系党总支及各人互相关系等问题。③只许规规矩矩，不许乱说乱动，开会前不许交头接耳。

下午　清洁卫生（学生宿舍）。

夜　写读《南京政府向何处去?》后的感想。

三月一日　星期三

上午　因马岗顶房子被"2·16战斗队"占用，无地方开会，故回家学习。

下午　翻土。

夜　写读《南京政府向何处去?》后的感想。

三月二日　星期四

上午　小组。何、周、蒋发言。李××：下星期一、三、五、六上午8:00至9:30集中。

下午　清洁卫生（历史系附近）。

夜　写读《南京政府向何处去?》后的感想。

三月三日　星期五

下午　锄草。

夜　改写读前文后的感想。

三月四日　星期六

上午　小组。徐××宣布：背三篇。下星期作自我鉴定：

1. 身体状况（解决了哪些问题?）。

2. 劳动表现（态度）。

3. 对管教的认识和态度。

每天上午 8:00 至 9:30 集中学习（二、四在家准备思考自己问题）。

下午　照旧。

夜　暂不集中。

下午　清洁卫生（学生宿舍）。

陈寅恪夫人还借诗集八本。陈××来找，我正洗澡，未谈即去。

夜　背语录。

三月五日　星期日

上午　追记 2 月 28 日笔记。

下午　写自我鉴定（提纲）。

夜　写自我鉴定。牙痛。

三月六日　星期一

上午　小组《自我鉴定》。周、蒋、谭、何、郭、陈、李、江发言。徐××：触及灵魂世界观才能改变，才能改造思想，别人对他也可以揭发。语录第八页前二、三条；第三页第二条。

下午　锄地。

夜　写《南京政府向何处去?》读后的自我检查。

三月七日　星期二

上午　在家写上文。

下午　清洁（宿舍）。

夜　写上文完（约三千字）。

三月八日　星期三

上午　小组（历史系附近亭子）。何（"自我鉴定"），蒋、郭、李、周、陈、谭、江、钟、方仲对"自我鉴定"谈看法。

三月九日　星期四

上午　理发，看大字报。

下午　清洁（历史系附近）。

夜　定"〈自我〉鉴定"提纲。

三月十日　星期五

上午　小组。郭（"自我鉴定"）。何、蒋、谭、陈、周、李、钟、江、方仲、端木对郭（"自我鉴定"）谈看法。

下午　拾草根。

夜　看文件。

三月十一日　星期六

上午　小组。谭"自我鉴定"。陈、何、蒋、周、江、钟、郭、方仲、李、端木谈听后看法。李××：这次鉴定质量仍不高，小问题、枝节的现象谈得较多。

下午　清洁（学生宿舍）。

夜　背语录、读报。

三月十二日　星期日

整天写"自我鉴定"。

三月十三日　星期一

上午　小组。蒋（"自我鉴定"）。方仲、何、郭、周、李、陈、江、钟、端木谈听后看法。

下午　南开大学来人约我在学生宿舍录陈序经事。

夜　写"自我鉴定"（第二次稿）提纲。

三月十四日　星期二

上午　看大字报。牙痛。

下午　写陈序经材料。

夜　同上。

三月十五日　星期三

上午　小组漫谈。李、钟、何、陈、周、蒋、江、郭、方仲、端木发言。李××：管教队中亦有分歧，李、谭、梁游街，我们不主张，群众自发起来的，免挂黑牌迟了，我们负责。不应把自己当作专政对象，解开思想包袱（一般地说）。假如不集中学习，互相监督，学习毛著不能达到目的。解放问题，现在忙于斗争，无暇处理。年老体弱可以不参加重劳动，一切作为自觉自动参加。破四旧，有些东西要归还你们。

下午　写陈序经。

夜　同上。

三月十六日　星期四

上午　写陈序经（未看大字报）。

下午　同上。

夜　同上。

三月十七日　星期五

上午　小组。李（"自我鉴定"），郭、蒋、周、陈、何、江、谭、钟、方仲谈听后看法。

下午及夜　写陈（共二十页，一万字）。

三月十八日　星期六

上午　小组（"自我鉴定"）。江（"自我鉴定"），蒋、郭、李、周、何、陈、谭、方仲、端木谈听后看法。李××：劳动一、三、五下午；学习二、四、六上午。以后每月1、16交思想汇报一次。封条①可以自己开，星期日可到广州〈城里〉。

下午　清洁。

三月十九日　星期日

上午　修改陈序经材料。

下午　同上。收拾书箱。

夜　改写"自我鉴定"发言提纲。

三月二十日　星期一

上午　小组陈（"自我鉴定"）。谭、李、郭、江、蒋、周、谭听后谈看法。

三月二十一日　星期二

上午　小组。端木（"自我鉴定"）。方仲、李、蒋、何、谭、周、钟、江、陈谈听后看法。

下午　写"自我鉴定"（第四次）。

夜　写"自我鉴定"（第四次），通宵仅睡一小时许。

三月二十二日　星期三

上午　小组。方仲读"自我鉴定"，蒋、何、谭、江、郭、钟、

---

① 抄家时（后）书籍、物品等所贴上的封条。

陈、李（第二次）、周谈听后发言。

下午　锄头剪草根。

夜　背语录。

三月二十三日　星期四

整天补读数日社论。

下午　看大字报。

三月二十四日　星期五

上午　看大字报。

下午　锄地剪草根。2:30 陈××在古代史教坛宣布，梁宗岱反攻倒算，历史系有人亦如此，明天交代思想活动情况。

夜　写思想汇报。

三月二十五日　星期六

上午　小组讨论。端木、何、周、陈、谭、郭发言。陈××：我系比较好些，但有苗头，以后去广州都要请假。

下午　清洁（第二宿舍）。

夜　看报。

三月二十六日　星期日

整天整理"自我鉴定"。

三月二十七日　星期一

上午　抄"自我鉴定"。

下午　劳动（园林科）。

夜　同上午。

三月二十八日　星期二

3月16日《文汇报》社论《不准抹煞红卫兵的功绩》。毛主席最新指示：1. 大中小学都要军训，除老弱教师外，也一律参加。2. 革命组织以班为单位。郭、何、李、谭、陈发言。何××：看问题要全面，看本质。说红旗〈指红旗、红卫兵总部〉根本不是革命组织，我不同意……革造会的批评基本上是对的。……现存对立问题，如何解决？凡不利于团结都是不好的。军训为了在解放军帮助下革命组织联合起来进行斗批改……集中来学习有好处，可以提高认识，不（少）犯错误。强调解决思想问题，不但口头上服，行动、思想或感情上也服才好。

下午　看大字报。

夜　改写"自我鉴定"。

三月二十九日　星期三

上午　改写"自我鉴定"。

下午　清洁学生宿舍。

夜　写定"自我鉴定"（十六页，八千字）。

三月三十日　星期四

上午　小组。讨论学习劳动时间：

学习：二、四、六上午。

劳动：一、三、五下午。

学习内容：十六条，八条（两星期）。新民主主义论（一星期），《红旗》第四、五、六期。每月15、30日，交思想报告。

李××：大联合一两个月内应好好抓时间学习毛著，整理思想，交代问题，触及灵魂，不要背沉重包袱，但也不要麻痹大意。

夜　读《毛主席诗词》，周振甫笺释。

三月三十一日　星期五

上午　同上。

下午　锄草（园林种）。

夜 读《在干部问题上的资产阶级反动路线必须批判》，王效禹《放手发动群众，粉碎反革命复辟阴谋》。《论革命的"三结合"》（《红旗》第五期）。听戚本禹："爱国主义还是卖国主义"（《清宫秘史》）（电影）。

四月一日 星期六

上午 小组。何、李、陈、郭、刘、江、端木、谭、李、蒋、钟发言。

下午 读文件。

四月二日 星期日

读〈毛泽东〉《矛盾论》。

四月三日 星期一

上午 在家读《矛盾论》。

下午 因雨劳动停。

夜 读报。

四月四日 星期二 雨

我迟到，谭迟到。

上午 小组。谭、李、刘、谭、李、蒋、何、李先后发言。开会至12：00休息，请假往医务室镶牙。

下午及夜 读《实践论》。

四月五日 星期三

上午 读〈毛泽东〉《实践论》。

下午 锄草。

夜 读书。

四月六日　星期四

上午　小组。何××主持。端木、李、谭、何、李、陈、蒋、周发言。何××：×××的讲话，我们不同意，没有叫他来。在座的不是全部牛鬼蛇神，绝大部分都不是。大家都有不同程度的收获，学习毛著有了进步，对大家应区别对待。管教空间好不好？是不是可以和其他教师同学一齐起来革命？我已向上反映，尚无答复。前一阶段纵使有做得不合政策的，不恰当的地方，但应有正确对待的态度，一分为二。红旗公社肯定不是反革命组织，也不会垮台。总部前天开纪念会，解放军也来了……劳动可以不去，多学习，看大字报，出去到市内是可以的，无须请假，受管教不是处分。

下午　读社论及《实践论》。

四月七日　星期五

上午　读《实践论》。

下午　锄地捡草根。

夜　读社论。

四月八日　星期六

上午　李××主持小组，李、何、江、刘、陈、钟、方仲发言。

四月十日　星期一

下午　锄草。

四月十一日　星期二

上午　小组。陈××（主持）：

语录第二二、三六、四三、四九、五〇、五二、六五、八十、一三〇页。

3月21日《人民〈日报〉》《在干部问题上的资产阶级反动必须批判》，《"打击一大片，保护一小撮"是资产阶级反动路线的一个组成部分》。

谭、蒋、李、陈、何、周、李、江、郭发言。

陈××：各种大会，如没有说明不准你们参加的皆可以去，早就跟你们说过了。

下午及夜　在家看文件，看大字报。

四月十二日　星期三

上午　在家看报（本组一部分人往石牌看大字报）。

下午　午饭后理发，看大字报。

夜　读报。

四月十三日　星期四

上午　小组。何××主持：

读语录第一八五、一八六、一八九页。讲中央关于安徽和"文化大革命"四点指示的决定，林杰①来信等以及前天《广州日报》驻军分组表态四点。

谭、李、何、谭、端木发言。

四月十四日　星期五

晨　7:30 与钟、陈、何、端木、蒋共六人往石牌暨大、华师及工学院看大字报，午饭于石牌饭店，晚饭于回民餐厅。

四月十五日　星期六

上午　小组（同学未来）②。端木、钟、蒋、周、蒋、陈发言。

四月十六日　星期日

整天看旧笔记，准备写下星期二、日思想汇报。

――――――――――

① 林杰，时中央文革小组或《红旗》杂志社工作人员。其时经常发表"重要"文章。

② 指管教人员。

四月十八日　星期二

上午　小组。何××：

语录第三、二、一七〇、八九页。传达周总理 14 日在中山纪念堂讲话。

李、蒋、端木、何、周发言。

下午　写《批判中山大学在干部问题上的资产阶级反动路线》。

夜　同上。

四月十九日　星期二

上午　写《批判》。

下午　劳动（与钟参加哲学系，其余教师往广州看大字报）。

夜　写《批判》（五页，二千四百字）

四月二十日　星期四

上午　小组。陈××：语录第三九、二二三至二二四、二六三至二六四、二六六页。郭、端木、李、方仲、陈、钟、刘、何、江发言。

下午　看大字报。

夜　读文件。

四月二十一日　星期五

上午　读文件。

下午　锄地（刘节家附近）。

夜　看报。

四月二十二日　星期六

上午　小组。陈××：读语录第八、九、十一、十五、四三、六二、六四页。

讨论劳动时间：一、五下午，原有三个组长，一正一副，不动。

端木发言。

下午　何××来家中揭去封条。

夜　读报章。

四月二十三日　星期日

整天整理书籍。

四月二十四日　星期一

上午　整理书籍。

下午　去草。

夜　准备明天讨论。

四月二十五日　星期二

上午　小组。同学未来。

同人讨论批判"打击一大片，保护一小撮"这个资产阶级反动路线的组成部分，由陈、李、蒋三人拟写提纲，供下次讨论。

下午　整理书籍。

夜　同上。是夜红旗公社与革造会因放映《庆祝建国十七周年》斗争至天明。

四月二十六日　星期三

上午　读毛著。

下午　读大字报。

夜　读《打倒无政府主义》（《人民〈日报〉》今天社论）。

四月二十七日　星期四

上午　何××主席：

以后可以不劳动，打击一大片教师，应深入揭露，提出来进行批评，这件事两三日就可出来。

郭、何、蒋、端木发言。

夜　读《十六条》决定。

四月二十八日　星期五

上午　收拾书籍。

下午　往劳动，本组同人没有来，天雨乃回。

夜　读《打倒无政府主义》（26 日《人民〈日报〉》）、《热烈响应拥军爱民的号召》（《红旗》第六期社论）。

四月二十九日　星期六

上午　小组。同学未来，漫谈：下星期讨论十六条及后八条。

下午及夜　读《列宁教育文选》。

四月三十日　星期日

整天收拾书籍。

夜　读《列宁教育文选》。

五月一日　星期一

整天看《列宁文选》。

下午　（4:00 后）　看大字报。

夜　读《十六条》及后八条。

五月二日　星期二

上午　小组。同学未来。

下午及夜　看《列宁文选》。

楼下新搬来。

解放军撤出本校。

五月三日　星期三

整天，读《无产阶级只有解放全人类才能最后解放自己》（《人民〈日报〉》)、《无产阶级革命派大联合万岁》(《解放〈日报〉》)。

何竹淇今早去也。

五月四日　星期四

上午　小组。何××：

大家一致意见认为管教队应该处理，但具体意见要作最后安排（一、二天内）。下星期二集中。对"三家村""李坚"① 意见仍有分歧。解放后应继续关心政治，少顾虑自己，不要过多考虑自己。"打击一大片"在教师问题上（不是干部问题），仍做得不够。

理发。

下午及夜　读《列宁文选》。

五月五日　星期五

上午　读毛选第一册。

下午　三庶母携外甥女三人来。

夜　读毛选第一册。

五月六日　星期六

上午　读毛选第一册。

下午　看大字报。

夜　同上午。

五月七日　星期日

下午　看大字报。

夜　读最近四天《人民日报》社论。

---

① 此处"三家村"非北京邓拓、廖沫沙、吴晗这"三家村"，乃指中山大学历史系内的所谓"三家村"。由于李坚的历史比较复杂，人们对他的看法亦存在分歧。

五月八日　星期一

上午　读《人民日报》社论。

下午　晚饭前邬祥光来。

夜　同上午。

五月九日　星期二

上午　小组。何××，陈××、杨××宣布：历史系红旗大队与革委会〈可能革造之误〉会议（语录，第一、三、七、三四至三五、三八、十七至十八、二六、四八、四九页）、十六条第五、大专院校八条〈原文始此〉，李××继来。现在解除管教的人，不是没有错误，只是我们已完成了一段任务。区别处理：刘、梁、黄〈汉华〉、钟继续管教，其余暂解除。

午饭前　邬祥光来。

下午及夜　读《周总理四月十八日在广州各革命群众组织代表座谈会上的讲话》。

五月十日　星期三

上午和下午　同昨夜。

夜　晚饭后何××带人大一同志来了解韦庆远情况。读江青《谈京剧革命》等社论。

五月十一日　星期四

上午　小组。何××：根据革命师生意见，不需劳动，但要好好学习毛著，检查、改造思想。半个月写一次思想汇报，集中一次（25号）。看病不需请假，后决定改每星期四上午 8:00 至 10:00 集中讨论一次（接受了我们的建议）。

下午　读周总理讲话。

夜　读《毛主席选集》第一册及写韦庆远材料。

五月十二日　星期五

整天写韦庆远材料。

五月十三日　星期六

上午　化学系一同学带领南开大学来人〈同学?〉，了解陈序经及王正宪编制物价指数等事，谈至 11:00 许始去。

下午　继续写韦庆远材料（三千字）。

夜　人大黄、陈两位来取材料，并检查出明清档案部保存明代档案件数统计表六份还之。

五月十四日　星期日　雨

整个上下午收拾书籍。夜读毛主席著作。

五月十五日　星期一

上、下午　看报。

夜　读毛著。

五月十六日　星期二

上午　看报。

下午　看大字报。

夜　读毛著。

五月十七日　星期三

上午　看大字报。

下午和夜　温习连日社论。

五月十八日　星期四

上午　小组。

1. 一星期来读过《人民日报》所载的以下各篇文章：

①《无政府主义是对机会主义罪过的一种惩罚》（任立新，11日）。

②《进一步加强军民团结》（12日社论）。

③《坚定地同无产阶级革命派站在一起》（潘复生）。

《发扬人民军队的光荣传统　在"文化大革命"中立新功》（李再含，13日）。

④《再论节约闹革命》（15日）。

⑤《军政训练好》（社论）。

《在北师大搞军训的部队是如何支持左派的?》（报道，16日）

⑥1966年5月16日中国共产党中委会《通知》。

15日《人民日报》载：港英当局配合美帝反华制造大规模法西斯血腥暴行，起因于港英当局直接插手香港人造花厂九龙新浦港分厂的劳资纠纷。

港九爱国同胞高举毛泽东思想伟大红旗英勇不屈地展开反英迫害斗争。

2. 看过的大字报（分册记），也看了一些小报。

3. 重读《在延安文艺座谈会上的讲话》，结合1964年7月江青同志在京剧现代戏观摩演出人员的座谈会上的讲话《谈京剧革命》（10日《人民〈日报〉》）来读。

黄〈黄汉华〉、钟〈钟一均〉、梁发言。

下午　读毛著第一册，5:00后，何××应约来家中谈至6:00许。

夜　读毛著第一册。

五月十九日　星期五

整天及夜　读《反杜林论》《伟大的历史文件》（《红旗》及《人民日报》编辑部）。

五月二十日　星期六

读《反杜林论》《抓住主要矛盾，掌握斗争大方向》——学习中共中央 1966 年 5 月 16 日的《通知》（《红旗》评论员）。

五月二十一日　星期日

读《反杜林论》《永远不要忘记政权》（《解放军报》社论）。

五月二十二日　星期一

读《反杜林论》至 9∶00。

到中山〈医学院〉第二〈附属〉医院补牙及检查，外科医生诊断为左精索静脉曲张，但不主张动手术。不能久站及作重劳动。

午饭于一东江馆，回校已近 4∶00。

晚饭后　疲倦不堪，9∶00 许便上床睡觉。

五月二十三日　星期二

上午　看大字报。

下午　读《无产阶级文化大革命的指路明灯——纪念〈在延安文艺座谈会上的讲话〉发表二十五周年》（《人民日报》社论）。

夜　准备星期四汇报提纲。

五月二十四日　星期三

上下午　写汇报（5 月 9 日至 24 日）。

夜　写汇报。晚饭后看大字报。

五月二十五日　星期四

上午（雨）　小组漫谈。至 9∶00 何×× 来，10∶00 散会。

下午及夜　读《毛泽东同志关于教育工作的言论》（广东人民出版社，1958 年版）。

五月二十六日　星期五

上午　读主席前书。

下午　读陈伯达《纪念毛主席〈在延安文艺座谈会上的讲话〉二十五周年》及戚本禹的讲话。

五月二十七日　星期六
上午　读姚文元在上海的讲话（25日《人民〈日报〉》）。
下午　同上。
夜　看大字报。

五月二十八日　星期日
上午　读毛主席关于文艺的五个文件，及《伟大的真理，锐利的武器》（《红旗》第九期社论）。
下午　北大来人了解王了一〈王力〉。三庶母携外甥等来，晚饭去。

五月二十九日　星期一
上午　读林彪委托江青召开的部队文艺工作者座谈会纪要。
下午　写大字报答辩。
夜　同上。读《两个根本对立的文件》（《红旗》第九期社论）。

五月三十日　星期二
上午　写大字报答辩。
下午　同上。4：00后理发。
夜　同上。

六月一日　星期四
上午　小组。同学未来。散会后看大字报。
下午　往中山〈医学院〉第二〈附属〉医院镶牙。晚饭于九重天。晚饭后看毛主席第五、六次检阅文化革命大军新闻片于广州电影院。

夜　回家已 9:00 许，看报后就寝。

六月二日　星期五

上午　读《伟大的战略——纪念全国第一张大字报，明确斗争大方向》（《红旗》、6 月 1 日《人民日报》社论）。

下午　读毛主席诗词。

夜　同上。

六月三日　星期六

上午　读《毛泽东思想指引着芭蕾舞革命——围绕着〈红色娘子军〉创作的一场阶级斗争》。

下午　读《大立毛泽东思想的绝对权威》（5 月 31 日《解放军报》社论）。

夜　读《大立毛泽东思想绝对权威的光辉榜样——吕祥璧》（黄海前哨兵，为抢救红卫兵而献身的战士）。

六月四日　星期日

上午　读《坚决反击英帝国主义的挑衅》（《人民日报》社论）《交响乐新生面》（《沙家浜》）。

下午　读《解放军报》《学习老三篇》。

夜　辅助读物（人民出版社）。

六月五日　星期一

读《解放军报》《学习新民主主义论四编》著作辅导读物。

六月六日　星期二

上午和下午　同上。

夜　读《中国的大革命和苏联的大悲剧》（6 月 4 日《人民〈日报〉》观察家）、《这笔老账必须彻底清算》（反动电影《林家铺子》

和《不夜城》①的假批判）。

六月七日　星期三

上午　8:00 至 10:00 历史系四年级学生蔡××及数学系一同学来了解谭彼岸情况。

下午及夜　读《坚决支持阿拉伯人民的反（以色列）侵略战争》、亚非作家常设局举行的"纪念毛主席《在延安文艺座谈会上的讲话》二十五周年讨论会"给毛主席的致敬信及号召书，戚本禹讲话：《沿着毛主席的革命文艺路线阔步前进》、郭沫若：《做一辈子毛主席的好学生》（闭幕词）。

写汇报（5 月 25 日—6 月 7 日）。

六月八日　星期四

上午　小组。何××来后便去。

下午　经中山医学院第二附属医院镶牙，晚饭后回校。

夜　看小字报，《坚决支持阿拉伯人民的反（美、英帝、以色列）侵略战争》（6 月 6 日《人民〈日报〉》社论）。

六月九日　星期五

上、下午　写汇报（二千字）5:30 交何××（午后 3:00 何来家谈十余分钟）。

夜　看大字报、《鼓吹资本主义复辟的活标本——评反动影片〈不夜城〉》（7 日《人民〈日报〉》），及对《林家铺子》的批判。

六月十日　星期六

上午　读《为加强无产阶级专政而斗争》上海市革委会 6 月 2 日

---

① 电影《不夜城》，江南电影厂 1957 年摄制。导演汤晓丹，主演孙道临等。此片和《林家铺子》之主人公皆为资本家，"文化大革命"中遭为资产阶级唱赞歌之鼓吹走资本主义道路的污骂。

决议，及《掌握斗争大方向，加强无产阶级专政》（8 日《人民〈日报〉》社论）、《欢呼京剧〈海港〉革命的新的辉煌成果》、《为革命的芭蕾舞〈红色娘子军〉大喊大叫》。

六月十一日　星期日

上、下午　读青海军区司令员刘贤权《无限忠于毛主席的革命路线忠于人民》（9 月《人民〈日报〉》）。

承邺早上回家，秀舜参加游行未回。

六月十二日　星期一

上午　读《阿拉伯人民团结起来再接再厉同帝国主义斗争到底》（11 日《人民〈日报〉》社论）。

下午　读任立新《二月提纲是资产阶级专政的黑纲领》（同上）。

夜　看大字报。革造会对安装大钟的广播声明。读《揭发头号野心家利用文学出版阵地搞的三个大阴谋》《谁反对我们歌颂毛主席，谁就是我们的敌人》（音协出版社）（10 日《人民日报》）。

六月十三日　星期二

上、下午　读《坚决照毛主席指示办事，紧紧地掌握大方向》（12 日《人民〈日报〉》）。

夜　写材料二则。明晚历史系斗黄汉华。

六月十四日　星期三

上、下午　写材料五则。

夜　《三论节约闹革命》（《南方〈日报〉》转载《人民〈日报〉》社论）。近日《红旗》与革造会的争论焦点在马肖云问题。长沙（5 月底）发生剧烈武斗。楼下住户迁出。

六月十五日　星期四

上午　小组。读最近群众对黄永胜的意见等问题。会后看大字报。

午饭时 ××来借衣服十件，帽两顶。

下午 读《看毛主席革命文艺路线的伟大胜利——谈芭蕾舞剧〈白毛女〉的改编》（11日《人民〈日报〉》）。

夜 革造会广播"三月东风万里春"，否定广州"三月黑风"之说。

六月十六日 星期五

上午 看12日《人民〈日报〉》关于反动影片《两家人》《逆风千里》的批判，及13日《人民〈日报〉》高占其：《修养①中描绘的共产主义是什么货色?》。

下午 看大字报（南宁地区又发生流血事件）。4:30往广州，晚饭于第十甫东风楼，8:00回。

夜 看报。

六月十七日 星期六

上午 看《为人民的利益坚持好的改正错的》（《南方〈日报〉》转载15日《解放军报》）。

午饭时 ××时来还衣服六件。

下午 读《在延安文艺座谈会上的讲话》。

夜 11:00广播我国第一颗氢弹爆炸成功。

六月十八日 星期日

上、下午 读林杰《打倒奴隶主义，严格遵守无产阶级的革命纪律》《正确对待自己》（16日《人民〈日报〉》）。

夜 读《无产阶级文化大革命在上海市进入新阶段——革命大批判推进各条战线的斗批改》（17日《人民〈日报〉》）。

---

① 《修养》即刘少奇撰《论共产党员的修养》。

六月十九日　星期一

上午　读《无产阶级夺权有理——驳苏联修正主义集团诬蔑我国无产阶级革命派夺权斗争的谬论》（17日《人民〈日报〉》）。10：00至12：30看大字报；汉阳发生流血事件。"红旗公社8·31战斗队"①炮轰黄永胜。

下午　读《正确区分两类性质矛盾》（《南方〈日报〉》转载《人民〈日报〉》今日社论）。听《关于正确处理人民内部矛盾的问题》。

夜　看大字报，及读报。楼下迁入一新住户。

六月二十日　星期二

上午　读《响彻云霄的毛泽东思想凯歌——记我国第一颗氢弹爆炸成功》。

下午　写汇报提纲。

夜　读《无产阶级专政下进行革命的理论武器——纪念〈关于正确处理人民内部矛盾的问题〉发表十周年》（10日《红旗》社论）。

六月二十一日　星期三

上、下午、夜　写汇报（6月8—21日，二千四百字）。

晚饭后　看大字报。读《团结—批评—团结》（21日《人民〈日报〉》社论）、《正确处理人民内部矛盾，紧紧掌握斗争大方向》（20日《解放军周报》社论）、《正确地对待自己》（16日《文汇报》社论），均转载于21日《南方〈日报〉》。

六月二十二日　星期四

上午　小组。9：00何××来取汇报去，散会后看大字报。

下午及夜　读《教育争取受蒙蔽群众，集中火力狠狠打击敌人》（21日《解放军报》社论，转载于22日《南方〈日报〉》）。

---

①　中山大学当时之一群众组织。

六月二十三日　星期五

上午　读《防止资产阶级思想侵蚀》（《红旗》第十期）、《山西省革命委员会关于认真转变作风的若干决定》（同上，转载今日《南方〈日报〉》）。

下午　同上。5:00后到基立村购物，7:30回家。

夜　看小报。

六月二十四日　星期六

上午　读洪晓斌《正确认识和运用无产阶级专政下的大民主》（《红旗》第十期，载23日《南方〈日报〉》）。10:00往理发。

下午　读《念念不忘斗争大方向：三论无产阶级革命派怎样掌好权用好权》（《红旗》第十期，载今日《南方〈日报〉》）。

夜　晚饭后看大字报。昨夜今日均斗李嘉人，揭发其去年今日压制群众。

六月二十五日　星期日

上午、下午及夜　读解放军空军政治部文工团革委会：《严格区分两类不同性质的矛盾，正确对待受蒙蔽的群众》，英国夏庇若、日本哲学家松村一人就主席著作发表十周年的谈话（昨日《人民〈日报〉》）。

六月二十六日　星期一

上午　革造会广播今晚8:00在大礼堂召集开促生产大会，下乡支持农业。读《关于正确处理人民内部矛盾问题》。

下午　看解放军某部负责人李水清、陈继德：《永远忠于毛主席革命路线》（《红旗》第十期）。晚饭前看大字报。

夜　看《无产阶级革命性与小资产阶级摇摆性》（21日《文汇报》社论）。连日"六中东方红"广播声言"主义兵"企图挑起武斗。

六月二十七日　星期二　雨

上午　读《关于正确处理人民内部矛盾问题》。

下午　读《苏联坚持叛变政策的黑宣言》。陈××来谈（5：00至6：00许）。

夜　读《正确对待反对过自己的群众》（毛泽东思想贵州省机电局设备服务部革委会）。

六月二十八日　星期三

上午　看大字报。

下午　读空军司令部红卫兵《正确对待两种不同性质的当权派》（26日《人民〈日报〉》）。

下午　本校师生赴广州巡行，对英帝香港暴行示威。

夜　读《正确对待群众》（27日《解放军报》社论，载今天《南方〈日报〉》）。"六中东方红"与"主义兵"继续武斗。明早历史系师生下乡支援农业。

六月二十九日　星期四

上午　广播抗议缅甸反动政府对我使馆及驻甸机构的暴行。

下午及夜　读姚文元在阿尔巴尼亚劳动青年联盟第五次代表大会上的致贺词。

晚饭前　陈××来谈一小时许。

六月三十日　星期五　今日阵雨

上午　看大字报。

下午　读《用毛泽东思想改造我们的世界观——纪念中国共产党诞生四十六周年》（《人民〈日报〉》社论）。

夜　温习语录。

七月一日　星期六　阵雨

上午　温语录。

下午　读《毛泽东思想照亮了我们党胜利前进的道路——纪念中国共产党诞生四十六周年》（《红旗》第十一期）。

夜　温语录。是晚停电。

七月二日　星期日

上午　温语录。

下午　读《永远按照毛泽东思想干革命——纪念中国共产党诞生四十六周年》（《解放军报》社论，《南方〈日报〉》转载）。

夜　读《进军报》《大方向》等小报。

七月三日　星期一

上午　温习语录。

下午　到保健堂打针（Duralolin）。读《热爱解放军，拥护解放军》（《南方〈日报〉》转载《文汇报》社论）。

夜　读任立新《正确对待受蒙蔽的群众》。

七月四日　星期二

整天　写汇报（6月22日—7月5日）。

晚饭前　看大字报并到隆兴楼购物。

七月五日　星期三

整天　写汇报（三千一百字）。

七月六日　星期四

上午　小组　何××未来。读"华工红旗"高翔①。打第二针。回家后派出所同志来（宣传品）。

下午　读《印度的春雷——大吉哈农民造反》。

---

① 群众组织"华工红旗"的负责人。

夜　看大字报。

七月七日　星期五

上午　读《人民战争无敌于天下——纪念抗日战争卅周年》。

下午　读任立新《做彻底的无产阶级革命派》。

夜　看大字报。

七月八日　星期六　阵雨

上午　读傅崇碧《取消武装斗争是对无产阶级事业的可耻背叛》。

下午　读任立新《无产阶级专政下革命的正确方法》严禁打、砸、抢、抄、抓的武斗歪风。

夜　看小报（《野战报》《中大战报》等）。

七月九日　星期日

整天　读《印度尼西亚共产党中央政治局的自我批评》（摘要）、《人民的力量是不可战胜的——纪念抗日战争三十周年》（《解放军报》社论）及《印度尼西亚共产党中央政治局声明》摘要。

七月十日　星期一

上午　看《印度尼西亚人民团结起来，为推翻法西斯政权而斗争》（《红旗》第十一期社论）。

午饭前　打第三针。

下午　存人民银行六百七十元（定期半年）。看大字报（见有大字报两张要求把冯乃超揪出来）。

夜　读毛主席诗词。

七月十一日　星期二

上午　读《奈温反动政府疯狂反华只能自取灭亡》《坚持知识青年上山下乡的正确方向》。

下午　读《实现革命大联合必须打倒私字》（上海港务局第六装卸区三次大联合）。

夜　看大字报，武汉上月大武斗（百万雄师）。〈一九〉六六年毕业生分配草案。陈伯达、戚本禹（人大会堂）"绝食方法是错误的，但大方向是对的，军队中不止一个赵庆夫、谭震林"。报载港英当局在沙头角又一次制造血腥暴行（打死一人，打伤八人）。

晚饭后　广播杨荣国倒向"红旗公社8.31战斗队"。

七月十二日　星期三

上午　读任立新《在新的严峻考验面前》。兴姐第二次来帮工搞清洁（10：00至14：00，七角）。

下午　读解放军某部驻八十九中军训团《实现革命的大联合，复课闹革命》。

夜　读首都大专院校红代会（红卫兵代表大会）11日召开复课誓师大会，自7月5日《人民〈日报〉》刊登北京航空学院复课闹革命后，北大、北师大、地质学院、邮电学院、北医科大等已经成立了革命委员会或者成立了校文革①的十五所学校在会上作了联合发言，正在积极成立革命大联合的人大、北京师院等也作了联合发言。

上海同济大学等10日已经开始复课闹革命；复旦、华东师范大学等已经在一些系科或班级着手试点。

山东有七所大专院校从7月5日起复课闹革命；鲁迅大学（原山东大学）、山东工学院等。

今晚　革造会往广州斗赵紫阳，"红旗"在大礼堂讨论马肖云问题的调查报告。

七月十三日　星期四

上午　小组。同学未来。谈复课闹革命等问题。打第四针。

---

① 原文如此。

下午　读《打倒叛徒哲学》"南开大学8·18红色造反团"（11日《人民〈日报〉》）。晚饭前大雨，入夜不停。

夜　读《依靠群众，实现革命的大联合》《坚决支持革命干部站出来》（今天《南方〈日报〉》转载《红旗》第十一期）。报载苏修在农业中推广"分田到组"。

七月十四日　星期五　雨

上午　读《不折不扣地按党的政策办事》（《红旗》第十一期）。

下午　雨停。看《广州批陶》① 第一期，广州批陶联合委员会（广州大专院校红代会筹委会等单位参加）。召开"四月从化会议"，由吴芝圃出面主持中南五省学术界人士会议。陶从杭州回来参加会议，说"吴晗的错误思想要斗争，但他的市长还可以当"。

夜　"红旗公社"等单位声讨陶铸大会。中央文革肯定"武汉2·7"为革命组织。据大字报，陈再道为"百万雄师"幕后指挥者。

七月十五日　星期六

上午　14日《南方日报》报载：以无产阶级革命派为核心，以教学班为基础，北京一百三十多所中学学校实现革命大联合。

下午及夜　读陆荣根遗作《炮轰陶铸》（15日《南方〈日报〉》）。

七月十六日　星期日

上、下午　北京一百三十多所中学实现大联合，其中五十多所已经正式复课闹革命。科学院五十多个单位的革命组织正确处理人民内部矛盾，多作自我批评，团结群众大多数，巩固左派核心实现革命大联合。黑龙江工学院等四所大专院校复课闹革命（14日《人民〈日报〉》）。

---

① 此是当时群众组织的小报。

夜　读《痛打落水狗》、洪平《高举革命大联合的旗帜》。北京市革委会召开大会，动员全市掀起更深入、更广泛的革命大批判高涨，彻底埋葬"彭真反革命修正主义集团"。哈尔滨中等学校举行复课闹革命誓师大会。复旦大学革命教师积极参加复课闹革命（1月15日《人民〈日报〉》）。

兴姐中午来帮工清洁至 4:00。

七月十七日　星期一

上午　读《永远跟着毛主席在大风大浪中前进——去年 7 月 16 日畅游长江纪念》）。

下午　读《无产阶级革命派联合起来，奋勇战斗，彻底打倒陶铸》。

夜　看大字报。

七月十八日　星期二

上午　写汇报。

下午　同上。

夜　读任志左《陶铸是无产阶级文化大革命的死敌》。

七月十九日　星期三

上午　读鲁迅《论"费厄泼赖"（Fairplay）应该缓行》。

下午及夜　写汇报（7 月 6—19 日）一千三百余字。

七月二十日　星期四

上午　小组。同学未到，两次汇报皆未交出。谈复课闹革命等问题。

下午　读师延红《打倒修正主义教育路线的总后台》。

夜　看大字报。

七月二十一日　星期五

上午　看《打倒最大的资产阶级保皇派陶铸》(中大红旗"铁锤战团",20日《南方〈日报〉》)。

下午　看广宣《亿万群众掌握毛泽东思想是巩固无产阶级专政的根本保证》(20日《南方〈日报〉》)。

夜　看《中大战报》(斗马〈马肖云〉专刊第21期)。1:00左右广播传来武汉陈再道、钟汉华煽动群众殴打辱骂谢富治、王力消息。终夜失眠。

七月二十二日　星期六

上午　理发,到新丰购物。

下午　读广州地区斗陶总指挥部("红一司"、省委机关"东方红公社")《陶铸是镇压广东文化大革命的罪魁祸首》。

夜　晚饭前听广播谢富治、王力二人已于今午安全飞回北京,并参加游行。

七月二十三日　星期日

上午　读《戳穿"两种教育制度"的反动本质》(教育部"延安公社",19日《人民〈日报〉》)。

下午　读《从政治上思想上彻底打倒党内的一小撮走资本主义道路当权派》(空军司令部"红尖兵",《人民〈日报〉》及《解放军报》编者按)。晚饭前下雨。

夜　读《革命小将要做大批判的急先锋》(20日《文汇报》社论,今日《南方〈日报〉》转载)。11:00革造会呼吁禁止武斗。

七月二十四日　星期一

上午　读《毛主席诗词讲解》。①

① 周振甫曾写过《毛主席诗词讲解》。

下午　到广州看大字报及购物。

夜　看大字报。昨天中山纪念堂附近发生武斗。

七月二十五日　星期二

上午　读《把革命大批判进行到底》。

下午　读《红卫兵小将要做革命大批判的急先锋》。

夜　读《在革命大批判的旗帜下团结起来》（22 日《解放〈军报〉》）。

七月二十六日　星期三

上午　读《立即制止武斗》（《南方〈日报〉》重新转载 5 月 22 日《人民〈日报〉》社论）。

下午　读《毛主席诗词讲解》。

夜　同上。

近日广州武斗又炽。

七月二十七日　星期四

上午　小组谈武汉地区情况，散会后遇何××于南市场，当即把两份汇报交给他。

下午　看《北京支持你们!》《搬起石头打自己脚》《死老虎论可以休矣》（26 日《人民〈日报〉》）。

夜　看《陶铸是推行中国赫鲁晓夫"包产到户"的急先锋——花东公社"超产奖励责任制"的罪行调查》（26 日《南方〈日报〉》）。

七月二十八日　星期五

上午　看红愚公《把大无畏的革命精神同严肃的科学态度结合起来》（25 日《人民〈日报〉》）。

下午　看小报《工联》《东方红》《华南红旗》《激扬文字》等。

夜　看大字报。

七月二十九日　星期六

上午　看小报。

下午　看大字报。

夜　看《人民解放军坚决支持你们》。

七月三十日　星期日

上午　读《向武汉的广大革命群众致敬》《乘胜前进》《革命的新生力量所向无敌》《受蒙蔽无罪，反戈一击有功》。

下午及夜　读《中国赫鲁晓夫是第一次国内革命时期出卖革命领导权的大叛徒》（以上均28日《南方〈日报〉》）。

七月三十一日　星期一

上午　读《沿着毛主席的无产阶级革命路线乘胜前进》《坚决同武汉地区无产阶级革命派战斗在一起》。

下午　读《武汉无产阶级革命派大团结万岁》《新的考验》《老鼠过街人人喊打》《再论受蒙蔽无罪，反戈一击有功》。

夜　看大字报，读《陶铸大肆反对毛主席、反对毛泽东思想的滔天罪行》。

八月一日（建军节四十周年）　星期二

上午　读《无产阶级必须牢牢掌握枪杆子》。

下午及夜（有阵雨）　写汇报。夜11:00许公社广播化学系化学弹试验成功。

八月二日　星期三

整天　写汇报（7月20—8月2日）一千三百余字。

八月三日　星期四

上午　小组。何××未到。谈近日武汉地区及广州情况。

下午及夜　读《毛主席论人民战争》。

八月四日　星期五

整天　读林彪副主席《人民战争胜利万岁》。

八月五日　星期六

上午　看大字报。

下午及夜　读《毛主席为我们撑腰，我们要为毛主席争气》《军民团结，共同对敌》《毛主席万岁！万万岁!!》、武汉地区无产阶级革命派总指挥部《紧急通知》。

八月六日　星期日

整天　读姚文元《中国红卫兵永远忠于无产阶级国际主义讲话》《坚守生产岗位，严防敌人破坏》。

八月七日　星期一

上午　到保健室打第五针（一半），出来时碰见陈××，往访李××。读《高举"拥军爱民"的伟大旗帜》《坚决保卫毛主席的无产革命路线》（陈永贵）等。

下午及夜　读《炮打司令部——主席的一张大字报》及《人民〈日报〉》社论）。

八月八日　星期二

上午　读《宫本集团的背叛》《永远做全国无产阶级革命派的小学生》。

下午　读《民兵要最坚定地站在毛主席的无产阶级革命路线一边》《决不辜负毛主席的殷切期望》。

夜　看《暨大红旗》《新南方》《三司战报》等〈皆为小报〉。

八月九日　星期三

上午　看大字报。

下午　看《新南方铲除报》联合版。

夜　读《彻底摧毁资产阶级司令部》。

八月十日　星期四

上午　小组。谈近日校内外情况。同学未来。打完第六针。小七回家。

下午　略收拾行李、著作。希白来还×××手卷。

夜　睡较早。闻革造会已撤退，市内情况甚吃紧。

八月十一日　星期五

上午　读《伟大的里程碑》。10：00许郑伟仪〈胡金昌妻子〉回〈胡家住梁家楼上〉。

下午　往访何××，谈取回论文事①。看《美国黑人的正义斗争一定要胜利》。傍夕微雨。

夜　晚饭后楼上物理系李燮均同志来谈。由9号至今天《南方〈日报〉》及《人民日报》都没有派了，只从广播中得听到消息。校内时闻枪声。

八月十二日　星期六

上午　雨。看《胜利一定属于无产阶级革命派》。

下午　胡雨芳《迎着阶级斗争的大风大浪胜利前进》。晚饭前承邺回。

夜　与承邺谈广州情况，10：30就寝。今日来《人民日报》，《南方〈日报〉》仍未来。

---

① 1966年下半年作者曾交自己的著作（论文）等给系领导（工作队）审查，估计指此事。

八月十三日　星期日

上午　看《无产阶级革命派要做抓革命促生产的模范》（10 日《人民〈日报〉》）。

下午　看《〈京剧剧目初探〉是为资本主义复辟鸣锣开道的大毒草》。承郁 3:30 回植物园，时值雨过。解放军入驻本校。文明路工联总部已退出。青海省革委会于昨日成立。

八月十四日　星期一

上午　看大字报。

午饭前　往寅老〈陈寅恪〉家①，因路上碰见其爱人，说即需搬家也。

下午　读《坚决照毛主席指示办事，正确对待犯错误的干部》（空军直属机关红哨兵，载 11 日《人民〈日报〉》）。

夜　看《为人民立新功》。

八月十五日　星期二

上午　背《语录》。理发，购蔬菜数种归。

下午　故志豪〈胡金昌之子〉及其同学二人回家，与之谈话广州情况。

夜　广播周总理对广州事件指示："八一"应平反，不应发武器给保守派。

写思想汇报。

八月十六日　星期三

整天　写汇报（8 月 3—16 日，得一千一百余字）。

夜　雨。广播周总理今早对广州革命群众的讲话五点。

---

①　"文化大革命"中不少老教师（多数为"反动学术权威"者）和"走资派"（走资本主义道路的当权派）被"革命群众"勒令搬出原住处或在原住处仅允许保留少部分住房。陈寅恪当时从东南区一号二楼原住处，被迫搬至条件差很多的西南区五十号平房宿舍。

八月十七日　星期四

上午　小组。何××、黄汉华都未来。散会后打第七针完。

下午　读《中国"议会迷"的破产》《策动叛党就是为了篡党》（12 日《人民〈日报〉》）。

夜　小报。《肖望东〈旧文化部部长〉的反革命真面目》（13 日《人民〈日报〉》）。

八月十八日　星期五

读《走社会主义道路，还是走资本主义道路?》（15 日《人民〈日报〉》）。14 日《人民〈日报〉》《各地报纸评论摘要》。

八月十九日　星期六

上午　看大字报。

下午及夜　读中共八届八中全会《关于以彭德怀为首的反党集团的决议》《从彭德怀的失败到中国赫鲁晓夫的破产》《彭德怀及其后台罪责难逃》《宜将剩勇追穷寇》（16 日《人民〈日报〉》）。

八月二十日　星期日

上、下午　读小报及补读《人民日报》。身体不适。7∶30 上床。

八月二十一日　星期一

读任立新《彻底清算彭德怀篡军反党的滔天罪行》《做革命大联合的模范》《炮打资产阶级司令部的革命精神万岁》（17 日《人民〈日报〉》）。

八月二十二日　星期二

看大字报。读《不是先后之争，是两条道路的尖锐斗争——揭刘少奇先机械化后集体化的谬论》《要大胆使用干部》（18 日《人民〈日报〉》）。

八月二十三日　星期三

理发。读《革命大联合的核心是在群众斗争中形成的》《站好队立新功》《向全国无产阶级革命派学习》（19 日《人民〈日报〉》）。

八月二十四日　星期四

上午　小组。谈近日武斗情况。

下午　读《伟大的中国人民解放军是我国无产阶级专政和无产阶级文化大革命的可靠支柱》《彻底批判"阶级斗争熄灭论"的反动谬论》（20 日《人民〈日报〉》）。

八月二十五日　星期五

看大字报。读《彻底批判复辟资本主义的"三自一包"》《怒斥党内最大的走资本主义道路当权派的投降主义纲领》《对毛主席无限信仰绝对忠诚是做好支左的根本保证》（21 日《人民〈日报〉》）。

八月二十六日　星期六

看大字报。《中国赫鲁晓夫是中国工人阶级的最大叛徒》《高举毛泽东思想的革命批判旗帜　彻底清算罗瑞卿反党篡军的罪行》。终夜失眠。

八月二十七日　星期日

晨　9:30 始起床，因昨夜失眠故也。整天精神甚疲乏，看大字报即回。是夜西村水电厂告急。陈秋泉同学搬运化学药品英勇牺牲。

八月二十八日　星期一

读《在革命的大批判中立新功》《从两个司令部的斗争看夏衍的反革命真面目——"到处有生活"的谬论》《阿拉伯反侵略战争的教训》（23 日《人民〈日报〉》）。

八月二十九日　星期二

读北师大《高兴毛泽东思想伟大红旗　坚定不移地把革命大批判进行到底》《把中国赫鲁晓夫的资产阶级新闻纲要拿出来示众》（24日《人民〈日报〉》）。准备汇报提纲。

八月三十日　星期三

写汇报（8月17—30日，一千余字）。

八月三十一日　星期四

上午　小组谈广州近日情况。

下午　看大字报。

夜　休息。

九月一日　星期五

读《苏修鼓吹的"非资本主义道路"就是殖民地道路》（24日《人民〈日报〉》）、《一个极其重要的方针性问题》（天津南开〈大学〉文章）、《要大胆使用干部》、《两条根本对立的经济建设路线》、《从〈文汇报〉两次资本主义复辟中引出教训》（8月25日《人民〈日报〉》）。

九月二日　星期六

昨日中央调查团到达广州。

读《无产阶级专政和叛徒赫鲁晓夫》《拜革命左派为师》《进一步实行节约闹革命》《听毛主席的话相信和依靠干数的大多数》（8月26日《人民〈日报〉》）。

九月三日　星期日

读《彻底批判为彭德怀招魂的运动影片〈怒潮〉》（由《平江怒潮》改编）《勤勤恳恳地当群众的小学生》（8月27日《人民〈日报〉》）。

九月四日　星期一

读《大比武是罗瑞卿篡军反党阴谋的大暴露》、各地报纸社论摘要（使用干部问题）、《更大规模地展开热烈的拥军爱民运动》、《清算中国赫鲁晓夫在农村复辟资本主义的罪行》（"三自一包"：多留自留地、多搞自由市场、多搞自负盈亏企业，包产到户）。

九月五日　星期二

看大字报。

读《坚决支持和爱护左派广大群众》、《资产阶级反动路线的本质就是走资本主义道路》、阿尔巴尼亚《人民之声报》载《中国无产阶级文化大革命在胜利前进》（8月30日《人民〈日报〉》）。

近日河南作业区①仍有武斗，八、九号仓库及出口白糖、大米等被烧毁。地总广州牲畜场发出了《炮轰周恩来第一号严正声明》。

九月六日　星期三

读任立新《坚决支持干部站出来》、《张庚②是利用旧戏曲复辟资本主义的急先锋》（"如果演的戏教育意义虽然不大，但无害处，可以使观众得到高尚娱乐，这也很好……也就达到为人民服务，为社会主义服务的目的了"，这就是刘少奇所谓"让大家看了戏，好好休息就是鼓励社会主义劳动热情"的反动观点翻版）、拉丁美洲——安·里德里格斯《向毛泽东主席亲自缔造的军队学习》（8月31日《人民日报》）。

九月七日　星期四

上午　小组。

---

① 以珠江两岸为界，当时广州有河北（珠江之北）和河南（珠江之南）之称。

② 张庚，湖南长沙人。戏剧理论家、教育家。20世纪30年代在上海参加左翼戏剧运动。历任中央戏剧学院、中国戏曲研究院院长，文化部艺术研究院副院长，中国戏曲学院院长、《戏剧报》主编，中国戏曲学会会长。

下午　读《形势大好，乘胜前进》、李天焕《加强革命性、科学性、组织纪律性，夺取无产阶级文化大革命的新胜利》、贾来恒《雇工自由就是剥削自由》（9月1日《人民〈日报〉》）。

夜　胸部作痛，10:00上床。

九月八日　星期五

看大字报。

读《无产阶级革命派誓做拥军的模范》（9月2日《人民〈日报〉》）、《批臭中国赫鲁晓夫的反革命"生产力论"》、《清除中国赫鲁晓夫的修正主义破烂》、《伟大的长城》、《上海文艺战线革命大批判形势》（9月3日《人民〈日报〉》）。

九月九日　星期六

读《革命大批判专栏好得很》、新兵《评〈怒潮〉的反动本质》及《大字报选》（9月4日《人民〈日报〉》）。

九月十日　星期日

读《无产阶级的党性与小资产阶级的派性》《社会主义大道我们走定了——黑龙江巴彦县永发公社红星大队狠批刘少奇鼓吹发展"三马一犁一车"式富农经济的反动谬论》《首都交通运动系统实现革命大联合》（9月5日《人民〈日报〉》）。

九月十一日　星期一

看大字报。

读《揭开一个复辟资本主义的大阴谋》《假四清、真复辟——关于党内最大的走资本主义道路当权派导演的桃园大队"四清"情况的调查》（9月6日《人民〈日报〉》）。

九月十二日　星期二

昨日广州地区工人革命委员会（工革会）成立。8月31日广州工人革命联合委员会（工革联）成立。

读《彻底粉碎周扬的反革命"团结"论》（9 月 6 日《人民〈日报〉》）、《彻底批判罗瑞卿的资产阶级修正主义军事思想》、《紧跟毛主席的伟大战略部署》（9 月 7 日《人民〈日报〉》）。

九月十三日　星期三

写汇报（8 月 31 日—9 月 13 日）。

九月十四日　星期四

上午　小组

下午　读姚文元《评陶铸的两本书》（1962 年《理想、情操、精神生活》、1964 年《思想、感情、文采》）、《秋收起义的划时代意义》（9 月 8 日《人民〈日报〉》）。

九月十五日　星期五

上午　到广州看大字报、购物。

下午　回校已近 3:00。

夜　看小报。《暨大红旗》载，"批陶联"是由广东地区两千八百多个革命组织、五十多万革命群众组成的。

九月十六日　星期六

读《掌握革命斗争的大方向，深入开展革命的大批判》（姚文元文章的补充：彻底批判"中赫①"是毛主席的伟大战略布置，斗争锋芒必须始终指向党内一小撮走资本主义道路的当权派。陶铸玩弄两面派手法，时而显得极右，时而装作极"左"。革命队伍中的某些无政府主义思想和小资产阶级的派性，以貌似极"左"、实质极右的面目出现，挑拨离间，浑水摸鱼，妄图破坏和分裂以毛主席为首的无产阶

---

① 中国赫鲁晓夫。

级司令部的领导和伟大的中国人民解放军这个无产阶级专政的伟大支柱。被一小撮坏头头操纵的"五一六"，就是这样的一个反革命集团）、任立新《没有一个人民的军队，便没有人民的一切》（9 月 9 日《人民〈日报〉》）。

九月十七日　星期日

看小报，整理旧书，胸部又觉疼。

九月十八日　星期一

读陆荣根遗作《炮轰陶铸》（第二次读）、《打倒"打倒一切"的陶铸》、《打倒赫鲁晓夫式的野心家》（9 月 10 日《人民〈日报〉》）。陆文批判了陶的《对繁荣创作的意见》《松树的风格》《〈西行记谈〉序言》等毒草。

九月十九日　星期二

上午　理发。

下午　读任志新《陶铸是无产阶级专政的死敌》《在毛主席指引的无产阶级革命轨道上前进》。

夜　读张秀川《纪念秋收起义四十周年》（9 月 11 日《人民〈日报〉》）。

九月二十日　星期三

上午　看大字报。

下午　读吴泰昌等《评反动小说〈小城春秋〉》（1930 年厦门劫狱事)①、边切《陶铸和反革命影片〈逆风千里〉》。

――――――――――

① 小说《小城春秋》，高云贤著，是一部描写革命知识分子生活和斗争的小说。它以 1930 年 50 位共产党员领导的厦门大劫狱事件为背景，而这劫狱案是由陶铸所领导的。高云贤，福建厦门人，生于老华侨家庭，早年在国内从事左翼文化活动，参加左翼作家联盟（"左联"）。

夜　读新会县《控诉陶铸推行柑橘包产到户的罪行》，《极"左"的伪装，掩盖不了极右的实质》（9 月 12 日《人民〈日报〉》）。

九月二十一日　星期四
上午　小组。谈陶铸。

下午　读丁学雷《驳斥苏修叛徒集团对我国无产阶级大民主的污蔑》（9 月 12 日《人民〈日报〉》）。

九月二十二日　星期五
上午　去广州看大字报。

夜　读《巩固革命新秩序，坚决镇压反革命》《制造武斗的祸首》《痛斥中赫的投降主义谬论》《武装夺取政权是革命的普遍规律》（9 月 13 日《人民〈日报〉》）。

九月二十三日　星期六
看小报。

读《在革命的大批判中大力促进革命的大联合》、《批判中赫的经济主义》、《"分配决定论"的反动本质》（9 月 14 日《人民〈日报〉》）、《一个复辟资本主义教育制度的宣言书》（批判党内最大的走资派在中国人民大学开学典礼上的讲话）、《彻底摧毁资产阶级知识分子对学校的统治》（新北大公社）（9 月 15 日《人民〈日报〉》）。

九月二十四日　星期日
上、下午　整理旧书。

夜　读《评"以我为核心"》《动员起来，打好三秋这一仗》《中赫和所谓"三十年代文艺"》（9 月 16 日《人民〈日报〉》）。

九月二十五日　星期一
读《"适应现实"——典型的实用主义谬论》、《"劳动发财"是发展资本主义的口号》（9月16日《人民〈日报〉》）、《在革命大批判的高潮中实现革命的大联合》、《牧师的说教和刽子手的屠刀》（1959江西出版的《红色安源》）、《"离经叛道"与"传圣播道"》（批周扬、夏衍等）（9月17日《人民〈日报〉》）。

新华社16日讯：中共中央办公厅9月9日发出通告，号召全国无产阶级革命派认真学习江青同志9月5日在安徽来京代表会议上的讲话（有讲话录音），搞好革命大批判、革命大联合和拥军爱民。

九月二十六日　星期二

读《毛主席最新指示的辉煌胜利——欢呼上海革命大联合》（"在工人阶级内部，没有根本的利益冲突。在无产阶级专政下的工人阶级内部，更没有理由一定要分裂有成势不两立的两大派组织"。在短短几天内，上海全市主要的产业系统和十个区的工人革命群众组织，基本实现了大联合，许多战线上的无产阶级革命派，也联合起来了）、《在革命大联合中为人民立新功》（9月18日《人民〈日报〉》）。

九月二十七日　星期三

看大字报。

写汇报（9月14—27日，约一千字）。

九月二十八日　星期四

上午　小组

下午　读《一个投降主义的反动纲领——驳中赫的所谓"和平民主新阶段"论》《让革命大联合的东风吹遍全上海》（9月19日《人民〈日报〉》）。

九月二十九日　星期五

上午　去广州看大字报、购物。

夜　看小报。吴法宪《做无产阶级革命派的坚强后盾》（9 月 20日《人民〈日报〉》）。

九月三十日　星期六

读《越南南方人民团结机关的战斗纲领》（9 月 21 日《人民〈日报〉》）、《伟大的历史潮流》（革命大联合）（9 月 22 日《人民〈日报〉》）、《巩固大联合夺取新胜利》、《狠揭狠批修正主义体育路线》《革命的大批判深入街道里弄》（9 月 23 日《人民〈日报〉》）、《庆祝中华人民共和国成立十八周年口号》（27 个）、《在无产阶级文化大革命中做到农业六好》（生产、收割、选种、征购、分配、保存好）（9月 24 日《人民〈日报〉》）。

十月一日　星期日

读《紧跟毛主席，一心爱人民》（9 月 25 日《人民〈日报〉》），毛主席视察了华北、中南和华东地区，调查了河南、湖北、湖南、江西、浙江、上海等省、市"文化大革命"的情况报道（9 月 26 日《人民〈日报〉》），《读毛主席的书，走毛主席指出的革命道路》（9月 26 日《人民〈日报〉》，《绝不容许美苏利用联合国干涉越南》（9月 27 日《人民〈日报〉》）。

十月二日　星期一

读《最热烈欢迎来自阿尔巴尼亚的亲密战友》（9 月 26 日《人民〈日报〉》）、《充分发动群众坚决保卫秋收》（9 月 28 日《人民〈日报〉》）。

整理旧书。

十月三日　星期二

读《世界革命人民热烈欢呼中国文化大革命》各文，《永远沿着伟大领袖毛主席指引的航向前进》（几篇小故事）（9 月 29 日《人民

〈日报〉》）。

整理旧书。看大字报。

《一根红线把我们的心连起来了》，介绍天津国棉二厂两大革命组织由对立到大联合的故事。

十月四日　星期三

看大字报。

读《东风压倒西风的大好形势》（9 月 30 日《人民〈日报〉》）。

十月五日　星期四

上午　小组。

下午及夜　读《无产阶级专政下的文化大革命万岁》（10 月 1 日《人民〈日报〉》）、国庆日大会上林彪同志的讲话、张春桥同志在上海的讲话（10 月 2 日《人民〈日报〉》）。

十月六日　星期五

上午　去广州看大字报及购物。

夜　读小报。

十月七日　星期六

读《以斗私批修为纲，加强干部教育》（4 日《人民〈日报〉》）、列宁《青年团的任务》（全集三十三）。

十月八日　星期日

上午　休息。

下午及夜　读《是"工运领袖"还是头号工贼?》（5 日《人民〈日报〉》）。

十月九日　星期一

读列宁《工会在新经济政策条件下的作用和任务》（全集三十三，

第一五五页）。

十月十日　星期二

上午　理发。

下午　读《"斗私批修"是无产阶级文化大革命的根本方针》（6日《人民〈日报〉》）。

十月十一日　星期三

看大字报。

写汇报（9月28日—10月11日），约千字。

十月十二日　星期四

上午　小组。

下午　读《树立无产阶级的雄心壮志》（论科学院制成最新晶体管大型通用数字计算机，10月7日《人民〈日报〉》）。

夜　读《以"斗私，批修"为纲，巩固和发展革命大联合》（8日《人民〈日报〉》）。

十月十三日　星期五

上午　读任立新《红卫兵要敢于同剥削阶级传统观念实行最彻底的决裂》（10月8日《人民〈日报〉》）。

下午　去广州看大字报、购物。

十月十四日　星期六

读《批修必须斗私》《大立毛泽东思想的伟大革命》（10月9日《人民〈日报〉》）。林彪同志说："斗私，就是用马克思主义、毛泽东思想同自己头脑里的'私字'作斗争。批修就是用马克思主义、毛泽东思想去反对修正主义，去同党内一小撮走资本主义道路的当权派作斗争。""我们要响应毛主席的伟大号召，用'斗私、批修'这四个字为纲，加强对军队干部、地方干部和红卫兵的思想教育。要开办各种学习……把全国办成毛泽东思想的大学校。……为人民立新功。"

十月十五日　星期日

读《斗私批修，做好各学校各单位的斗批改》（批修和斗私这两件事是互相关联的。无私才能无畏。既要有冲破一切旧传统的勇气，又要有坚韧不拔的毅力和实事求是的科学态度）（10 月 10 日《人民〈日报〉》及小报）。

十月十六日　星期一

读《用伟大的毛泽东思想破私立公》（江苏省太仓县洪泾大队活学活用毛主席著作的经验）、《工人阶级的联合起来》（10 月 11 日《人民〈日报〉》）。

四叔来午饭。

《全国都来办毛泽东思想学习班》《象卓四胜①同志那样（抢救列车，身负重伤）狠斗"私"字做忠于毛主席的好战士》（10 月 12 日《人民〈日报〉》）。

十月十七日　星期二

读《三军无产阶级革命派举行大会怒斥大毒草——中国革命的战略与策略问题》（10 月 13 日《人民〈日报〉》）、《"四郎探母"和中赫的叛徒哲学》（14 日《人民〈日报〉》）、反动的人性论等等。

十月十八日　星期三

看《西宁地区毛泽东思想学习班办得好》（15 日《人民〈日报〉》），另作笔记。

下午　去广州看大字报、购物。

---

① 山西大同工程部队战士。

十月十九日　星期四

上午　小组。

下午及夜　读《痛斥（中赫1966年）社会主义道路没有"定论"的谬论》、王洪彦《同美帝谈"友好"就是背叛》（10月16日《人民〈日报〉》）、《民族投降主义（1945年中赫"红色买办"的谬论》（10月16日《人民〈日报〉》）。

十月二十日　星期五

读边切《彻底清算陶铸推行修正主义文艺路线的罪行》、贵州省革委会主任委员李再含《坚决执行"斗私、批修"的伟大战斗号令》、卓四胜《狠学狠用"老三篇"，狠斗"私"字一闪念》（10月17日《人民〈日报〉》）。

十月二十一日　星期六

中共中央、国务院、中央军委、中央文革关于按照系统实行革命大联合的通告（1967年10月17日）：

1. 各工厂、各学校、各部门、各企业单位，都必须在革命的原则下按照系统、按照行业、按照班级，实现革命的大联合，以利于促进革命三结合的建立，以利大批判和各单位斗批改的进行，以利于抓革命、促生产、促工作、促战备。

2. 所有革命群众组织都应该以毛泽东思想为基础，经过充分协商，按照不同的具体情况，遵照毛主席上述的指示办理。一切跨行业的组织，都应该在自愿的原则下，按行业进行必要的调整。

读《按照伟大领袖毛主席的最新指示奋勇前进》《发展富农经济就是在农村复辟资本主义》《"包产到户"调动了谁的"积极性"》《蹲点是假，反党是真》（10月18日《人民〈日报〉》）。

十月二十二日　星期日

读《遵照毛主席的指示，按照系统实行革命大联合》、闻赞先

《学习鲁迅，做"斗私，批修"的闯将》、许广平《怒斥中赫一伙包庇汉奸文人、攻击鲁迅的罪行》（10 月 19 日《人民〈日报〉》）、《彻底粉碎陶铸的反革命修正主义文艺纲领》、陶斯勇《听毛主席的话，做无产阶级革命事业的接班人》（10 月 18 日《南方〈日报〉》）。

十月二十三日　星期一

读《从教育着手解决干部问题》、《彭真疯狂反对我们学习毛主席著作》、《斥彭真的"社会强迫"论》等篇（10 月 20 日《人民〈日报〉》）、《撕下苏修"全民文化"的画皮》（同上）。

十月二十四日　星期二

看大字报。读《正确地执行毛主席的干部政策》（10 月 21 日《人民〈日报〉》）。

十月二十五日　星期三

写汇报（10 月 12—25 日）。

十月二十六日　星期四

上午　小组。

下午及夜　读师红游《揭穿肖洛霍夫的反革命真面目》（10 月 22 日《人民〈日报〉》）。

上海、武汉各小学陆续开学。《考场上的反修斗争——我国留苏学生痛斥肖洛霍夫〈一个人的遭遇〉》①（10 月 23 日《人民〈日报〉》）。

十月二十七日　星期五

胸部作痛，休息大半天。

―――――――――

①　苏联时代的电影。其电影剧本依据肖氏短篇小说《人的命运》改编而成。

读《大、中、小学都要复课闹革命——上海松江中学取得复课闹革命经验》（10 月 25 日《人民〈日报〉》）。遵照毛主席的"三七"指示，学习天津延安中学的经验，在革命的原则下，按照教学的班、级、系的系统，实现革命大联合。

十月二十八日　星期六

上午　去广州看大字报、购物。

夜　读青海省级党政系统"八一八"联委会《办毛泽东思想学习班的初步体会》（10 月 25 日《人民〈日报〉》）（参看 10 月 18 日记）。

十月二十九日　星期日

读《上海警备区举办人武干部毛泽东思想学习班的经验》《评反动影片〈红日〉》等短文（10 月 25 日《人民〈日报〉》）。

十月三十日　星期一

读《介绍北京二十三中复课闹革命的经验》、任立新《驳中赫所谓"吃小亏，占大便宜"和"公私溶化"论》《对第一把手必须作阶级分析》（10 月 26 日《人民〈日报〉》）。

十月三十一日　星期二

上午　理发。

下午　看大字报。

夜　读《加强思想教育是搞好复课闹革命的中心环节——北京二十三中的体会》（10 月 27 日《人民〈日报〉》）。

十一月一日　星期三

上午　读《在毛泽东思想指引下做教育革命的探索者——天津延安中学是怎样复课闹革命的》（10 月 26 日《人民〈日报〉》）。

下午　到广州看大字报及购物。

夜　看小报。

十一月二日　星期四

上午　小组谈支农青年等问题。

下午　读《罗瑞卿破坏学习毛主席著作群众运动的黑手》《坚决挫败美以（色列）对阿拉伯国家的战争挑衅》《印尼悍然中断同我国的外交关系》（10 月 28 日《人民〈日报〉》）。

十一月三日　星期五

读《印尼反动派破坏中国印尼两国关系的滔天罪行》、左雄关等《肖洛霍夫攻击无产阶级革命的铁证——〈静静的顿河〉主人公葛利高里》（10 月 29 日《人民〈日报〉》）。

十一月四日　星期六

读《上海同济大学复课闹革命的调查报告》《西宁地区毛泽东思想学习班效果显著》（10 月 30 日《人民〈日报〉》）。

下午　到广州看大字报、购物。

十一月五日　星期日

读《为创造更多的用毛泽东思想武装起来的英雄集体而奋斗》、《记 1124 工地部队抢险斗争的事迹》（刘国昌等为了持续"老虎口"大塌方的搏斗而光荣牺牲）、青岛市四方机车厂革委会《以"斗私、批修"为纲，巩固和发展革命大联合》（10 月 31 日《人民〈日报〉》）、解放军 6037 部队驻上工厂支左小组《以"斗私、批修"为纲，帮助无产阶级革命派实现革命大联合》（同上）。

十一月六日　星期一

看大字报。

读《彻底批判中赫的投降主义哲学——"合二为一"论》《记北京邮电学院毕业生破私立公填写分配志愿表的故事》。10 月 31 日广州电：广州中医学院革命大联合搞得好，学生、教师已全部回到班级和科系（11 月 1 日《人民〈日报〉》）。《苏修在农村全面复辟资本主义的铁证》（同上）。

四叔之女来，午饭后去。

十一月七日　星期二

"内蒙古自治区革委会（本月 1 日）宣告成立"，《红太阳照亮了内蒙大草原》《揭开国防戏剧的反动本质》《中缅人民的友谊是破坏不了的》（奈温反动政府宣布自 10 月 31 日以后即不负责我国援缅专家和技术人员的生活费用，并要求他们立即撤退。撕毁了执行达六年之久的中缅两国经济技术合作协定）（11 月 2 日《人民〈日报〉》）。

关于教育革命的几个初步方案：

1．同济大学教育改革的初步设想。

2．北京林学院取消教研室，组织专业连队领导教学和教改。

3．北京师大教研组对改革考试、升留级和招生的设想。

（11 月 3 日《人民〈日报〉》）。

十一月八日　星期三

写汇报（10 月 26 日—11 月 8 日）。

十一月九日　星期四

上午　小组。

下午　读杨成武《彻底清算罗瑞卿反对毛主席，反对毛泽东思想的滔天罪行》、阿尔巴尼亚地拉那"一手拿镐，一手拿枪"业余艺术团哈婷等《并肩前进》，及中央直属文艺系统戏剧口批判组《杂技艺术的新生面孔》等文（11 月 3 日《人民〈日报〉》）。

十一月十日　星期五

上午　去广州看大字报及购物。

下午及夜　读同济大学革会委员会《五七指示是教育革命的最高纲领》、山东医学院《面向农村，闯出医学教育的新路》、北京林学院《敢于走前人没有走过的道路》、北京师大《为创建崭新的无产阶级教育制度而努力》、北京市草场地中学《充分发动群众，搞好教育革命》等文（11 月 4 日《人民〈日报〉》）。

十一月十一日　星期六

读《记内蒙古自治区文化大革命的一派大好形势》、《内蒙古军区和驻区不折不挠执行"三支""两军"任务》（4 日《人民〈日报〉》）、"全国工农兵热烈响应毛主席号召坚决支持革命师生搞好教育革命"各地报道、《肖洛霍夫是世界劳动人民的死敌——怒斥〈被开垦的处女地〉大毒草》（11 月 5 日《人民〈日报〉》）。

十一月十二日　星期日

读《沿着十月社会主义革命开辟的道路前进——纪念伟大的十月社会主义革命五十周年》（11 月 6 日《人民〈日报〉》）、《不许苏修叛徒玷污伟大列宁的光辉形象》（同上）。

在首都人民纪念十月革命五十周年大会上林彪同志的讲话：

1. 列宁主义的阶段——解决了社会主义在一个国家胜利的问题。

2. 毛泽东思想的阶段——就是帝国主义走向全面崩溃、社会主义走向全世界胜利时代的马列主义。解决了武装夺取政权的一系列复杂的课题。在无产阶级政党领导下，在农村中发动农民群众进行游击战争，开展土地革命，建立农村根据地，以农村包围城市，最后夺取城市的道路。这是十月革命武装夺取政权道路的新的伟大发展。"革命的胜利总是从那些反革命势力比较薄弱的地方首先开始，首先发展，首先胜利。"

"从资本主义过渡到共产主义是一整个历史时代。只要这个时代没有结束，剥削者就必然存着复辟的希望，并把这种希望变为复辟行动。"

读《斥中赫解放初期在天津发展资本主义，打击社会主义的罪行》（10 月 7 日《人民〈日报〉》）。

十一月十三日　星期一

上午　读《破字当头，立在其中——同济大学"五七"公社教改方案是怎样产生的?》（11 月 8 日《人民〈日报〉》）。

下午　去广州看大字报、购物。

十一月十四日　星期二

读《抓好形势教育》、《从〈魏徵传〉的出笼看陆定一的反革命嘴脸》（11 月 9 日《人民〈日报〉》）、任立新《形势比以往任何时候都好》、南萍《永远忠于毛主席，永远当群众的小学生》（11 月 10 日《人民〈日报〉》）。

十一月十五日　星期三

上午　中大"红旗公社"在本校广场宣布中共中央、国务院、中央军委、中央文革关于广州问题的《决定》，批准了广州地区双方赴京代表签订的《关于"拥军爱民"、"制止武斗"、"抓革命、促生产"、"开展革命大批判，实现革命大联合"》的《协议书》十二条〔先是 10 月 27 日工革联会及工运红旗代表签订了关于成立"广州工人阶级革命大联合筹备委员会"（工人联筹）方案纲要〕。

读《建立社会主义新型的师生关系》、《北京草场地中学尊师爱生双八条》、《富农代言人布哈林的弃护士——评〈被开始的处女地〉》（11 月 11 日《人民〈日报〉》）、丁肇雷《绝不许苏修叛徒歪曲十月革命的道路》（同上）。

中国出口商品交易会今天开幕（一个月）。

十一月十六日　星期四

上午　小组。在梁家。

读《〈保卫延安〉——利用小说反党的活标本》，缅甸共产党中央第一副主席德钦巴登顶《缅甸武装革命的最锐利武器》（11 月 12日《人民〈日报〉》）。

十一月十七日　星期五

读任立新《做决心把无产阶级文化大革命进行到底的无产阶级革命派》，看解放军北京部队学习毛著积极分子乔喜增《坚决执行毛主席最新指示，依靠群众大闹教育革命》、《中赫鼓吹的"全民党"是复辟资本主义的工具》（11 月 13 日《人民〈日报〉》）、阎长贵《资产阶级反革命战略与策略——评中赫的〈中国革命的战略与策略〉》（14 日《人民〈日报〉》）。

十一月十八日　星期六

精神甚差，整天休息，躺在床上看报。夜背毛主席语录。

十一月十九日　星期日

上午　休息。

下午及夜　读《要热情地支持革命新干部》《向麦贤得学习》（11 月 16 日《人民〈日报〉》）。

十一月二十日　星期一

上午　理发。

下午　读《评西蒙诺夫①的〈生者与死者〉》等文（17 日《人民〈日报〉》、《毛主席诗词讲解》（三十七首）。

十一月二十一日　星期二

读《战无不胜的毛泽东思想是我党建设的灵魂——彻底批判中赫

---

① 西蒙诺夫，苏联、俄罗斯作家。长期以军事题材进行创作，以长编小说《日日夜夜》闻名。

的修正主义建党路线》（18 日《人民〈日报〉》）、《毛主席诗词讲解》。

十一月二十二日　星期三

看大字报。起草汇报（11 月 9—22 日）大纲，未写，决定以后每天写一次。今日革造会一部分师生下乡支农。读《毛主席诗词讲解》。"中大红旗"庆祝成立一周年（《中大红旗》第五十三期）。

十一月二十三日　星期四

上午　小组。在梁家，谈大联合等事。崔六女①来午饭后去。

下午及夜　读《干部要到群众里面去》、新北大肖灼基《摧毁资产阶级知识分子的统治》、《把农大办成抗大式学校》等文（11 月 19 日《人民〈日报〉》）、《彻底粉碎陶铸的反革命修正主义文艺纲领》、《周扬的"狼牙棒"与"软刀子"》（20 日《人民〈日报〉》）。

十一月二十四日　星期五

读北师大教育系教改组《向工农群众请教，走彻底革命道路》、六机部《破私立公，改造世界观》等文（21 日《人民〈日报〉》）。

十一月二十五日　星期六

读马克思《1848 年至 1850 年的法兰西阶级斗争》（1850）。

看大字报："中大红旗"下乡支农；革命派的负责人武传斌（"中大红旗"）、高翔（"华工红旗"）等昨天被刺伤。

十一月二十六日　星期日

看《嘉兴县创造农村大批判的好经验——以生产队为单位开展革命大批判》（五大好处）、《教育革命尖兵在斗争中前进——记北京林学院教育改革方案产生过程》、《无私无畏的革命战杨梓云》（3650 部

---

① 广东东莞沙头大队农民。

队油料化验技术员杨梓云用身堵住正在喷射着烈焰的油罐火口）（11月22日《人民〈日报〉》）。

十一月二十七日　星期一

读《肖洛霍夫的爱和恨——评〈被开垦的处女地〉》（22日《人民〈日报〉》）。英政府18日宣布英镑贬值（同上）。

秀獜下午4:00来送蜜饯、梨膏等。

十一月二十八日　星期二

读《中国农村两条道路的斗争》（《人民〈日报〉》《红旗》《解放军报》编辑部）。

1.《中赫是富农经济的狂热鼓吹者》。

2.《中赫是扼杀农业合作化的头号走资派》。

3.《中赫是"三自一包"黑风的总根子》。

4.《围绕社会主义教育运动的一场大搏斗》。

5.《以"斗私、批修"为纲，把农村中两条道路的斗争进行到底》。

（11月23日《人民〈日报〉》。）

十一月二十九日　星期三

看大字报及小报。

读《坚决跟毛主席走社会主义大道——辽宁省丹东市郊区红星公社三队关于栗子包产到户的大辩论、大批判》《人民公社万岁！——痛斥党内另一个最大的走资派的"超越了阶段"的谬论》《驳"不管白猫、黑猫，能抓住老鼠就是好猫"》等文，《揭穿苏修集团所谓已完成"文化革命"的鬼话》（11月24日《人民〈日报〉》）。

广州红司毛泽东思想学习班本日开课，学员一百多名负责干部。

十一月三十日　星期四

上午　小组。在刘节家，会末彼此互提意见。

下午及夜　读长沙县天华大队马公嘴生产队老贫农常义全等《我们硬是要和中赫针锋相对》、北京市大兴县榆堡人民公社革命委员会《用铁的事实批倒中赫》《北京部队某连开展"一帮一，一对红"活动的情况调查》《记棉兰华侨中学集中营爱国侨胞同印尼反动派的一场气壮山河的斗争》（11 月 25 日《人民〈日报〉》）。

是日　"中山红旗"庆祝 11 月 30 日（11.9）抢黑材料周年纪念。

十二月一日　星期五

读《再论大中小学校都要复课闹革命——北京农业大学及东铁匠营一中复课闹革命的体会和报道》（11 月 26 日《人民日报》）、《开展"一帮一，一对红"活动，发展和巩固革命的大联合》、《北京三十三中在教学实践中进行革命》（27 日《人民〈日报〉》）。

十二月二日　星期三

读华东师大《毛泽东思想照亮了教育革命的道路》、北京工农兵体育学院《让毛泽东思想占领体育阵地》及教改报道（28 日《人民〈日报〉》），"英镑贬值"（三次贬值，29 日《人民〈日报〉》）。

十二月三日　星期日

读《北京二十三中教育改革计划》（初稿，载《教改号角、钢八一战旗》第一号）。

看大字报及小报。室内温度仍在 60°F（华氏）左右。

十二月四日　星期一

读列宁《打着别人的旗帜》（写于 1915 年 2 月以后，反对俄国的社会沙文主义，载《列宁全集》第二十一卷），《热烈祝贺南也门独立——11 月 30 日成立南也门人民共和国，结束了英帝 129 年的殖民统治》（12 月 1 日《人民〈日报〉》），《"全民工会"是修字货色》等短评（1 日《人民〈日报〉》）。大字报栏中出现了揭冯乃超的专栏。

《更深入地开展革命大批判，更迅速地推进革命大联合》（3 日《南方〈日报〉》）。

十二月五日　星期二

读黄育英（揭阳基干民兵小学教师，粤东军区学习毛著积极分子代表）《舍得一身剐，敢把中国赫鲁晓夫拉下马》（12 月 3 日《南方〈日报〉》）。对反动电影《革命家庭》《舞台姐妹》的批判（12 月 2 日《人民〈日报〉》）。

海军党委作出坚决贯彻林彪副主席伟大题词（"大海航行靠舵手，干革命靠毛泽东思想"）的决定——以林副主席为榜样永远忠于毛主席（2 日《人民〈日报〉》），"把活学活用毛主席著作看作高（大、先、重）于一切"。

十二月六日　星期三

读解放军首次学习毛著积极分子代表大会代表欧庆伟《在群众斗争的大风大浪中斗私——到北京第八十九中学搞军训，负责三年级二班实行革命大联合的经验》。"痛斥不管是白猫黑猫，只要捉住老鼠就是好猫的反动谬论"（三个幌子：①生产关系究竟什么形式为最好？"就是哪种形式在哪个地方容易比较快地恢和发展生产，就采取哪种形式。"②农民要求。③"单干作为方向是不对的，但作为权宜之计是可以的。"以上是 1962 年 7 月邓小平在共青团七中全会上的黑话）。《英镑贬值促使资本主义世界矛盾加剧危机深化》《帝国主义日益没落的一个征象》（12 月 3 日《人民〈日报〉》）。

十二月七日　星期四

上午　在刘家，小组。向刘提意见。

下午　读《学习毛泽东思想要学用结合，立竿见影》（立竿见影，就是要用毛思之"矢"，射当前革命斗争实践之"的"；理论和实际相结合，就是要雷厉风行见之于行动；言行一致，联系自己，本单位社会的实际、坚决全面不折不扣地贯彻执行主席的指示）。

《主席接见海军首次学习毛著积极分子代表大会代表》及《全军学习毛著积极分子，英雄模范、先进单位代表畅谈林副主席题词》《大海航行靠舵手，干革命靠毛泽东思想》《专题批判办法好》《高举毛泽东思想伟大红旗把农村社会主义革命进行到底》（12月4日《人民〈日报〉》）。

十二月八日　星期五

看大字报。

读观察家《印度"非国大党政府"的破产》（12月5日《人民〈日报〉》）、《狠批中赫和陆定一的修正主义教育路线》（6日《人民〈日报〉》）、《戳穿"有教无类"的骗局》、《英镑贬值说明了什么?》（6日《人民〈日报〉》）。

广州市人民供水公司革命职工来校报告铲平山头实现革命大联合的经过。

十二月九日　星期六

天津市革命委员会六日宣布诞生。

读《海河两岸尽朝晖》（7日《人民〈日报〉》），万晓塘、孙淮三为首的反革命修正主义集团彻底垮台了，解学恭任主任委员，江枫副主任。解放军负责人黄景明、郑三亦任副主任。

革造会恢复在校内广播。

午饭后　理发。

十二月十日　星期日

看大字报：十七年来中大两条教育路线斗争大事记（未完）。

读海军张逸民《按照毛主席指引的航向，建设世界上最强大的人民海军》：①大破技术第一的资产阶级建军路线，大树特树毛主席建军路线的绝对权威。②大破"武器万能""条令万能"和"专家万能"论，大树特树毛泽东思想的绝对权威（奇袭美制蒋帮"洞庭号"炮舰的战斗）。③大树特树毛泽东思想（人民战争）在海战中的绝对权威（为兄弟护卫艇部队战斗事迹），誓在世界海军史上写下毛泽东思想的新篇章。（12 月 7 日《人民〈日报〉》。）

十二月十一日　星期一

读《无限忠于毛主席是最大的公》（林彪同志说："我们就是要培养为公的人。为公有不同的阶级性。我们所说的公，是人民的公，无产阶级的公，社会主义的公、共产主义的公。"站在无产阶级立场上看，"公"字的最高标准，就是无限忠于伟大领袖毛主席、无限忠于战无不胜的毛泽东思想，无限忠于毛主席的无产阶级革命路线）。

毛主席亲自批准授予人民解放军 6011 部队某部六连四排以"支左爱民模范排"的光荣称号，授予排长李文忠同志"支左爱民模范"的光荣称号（英雄四排李以全、陈佃奎战士等在护送红卫兵和革命群众横渡赣江时遇险，壮烈牺牲）。《记中国人民解放军"支左爱民模范排"》《如此苏美"文化合作"》（12 月 8 日《人民〈日报〉》）。

午饭前　在中区碰见何肇发，刚自北京回来，约谈首都近况十余分钟。

本校共有一百五十余个班，现已成立革命大联合的只有四十余个。

十二月十二日　星期二

看大字报："中大红旗"、"8·31"与革造会革命大联合谈判（八次协商的经过）。

石家庄地区革命委员会成立（保定 8 日电），全区十七个县中，已有十三个县成立了革命委员会。但愿本省和本校早日实现大联合！

十二月十三日　星期三

上午　去广州购物及看大字报。知仍有小规模武斗，关于南方大厦门前骗取单车购款的辟谣等。

下午　返抵中大已 4:00 许。

晚饭后　看小报《指看南粤》第十、十一期合刊，《封闭〈红卫报〉一周年纪念专刊》等。

十二月十四日　星期四

上午　小组赴刘家，因钟一均未来，乃赴广场听革命大联合辩论大会，发言者七人。展开了：①两大派或三大组织。②下联上不联。③头头落后于群众……几方面的辩论。截至昨晚上，已联合者共七十余班，占全校班数51%。

上午开会过后，甚感体力不支，下午疲乏不堪，阅报亦难入脑，乃索性休息。

晚上　看上海市各单位对待犯错误干部问题的短文（12月10日《人民〈日报〉》）。

十二月十五日　星期五

读北京草场地中学革命师生共登讲台互教互学的三篇文章；《斥爱伦堡①〈人、岁月、生活〉》（12月11日《人民〈日报〉》）。《〔干部〕永远做群众的小学生》（"军队办学习班要有战士参加"这就密切了上下级、干群关系）。北京师大复课闹革命（红卫兵小将登上大学讲台）短文三篇，批判中赫《作一个好的党员，建设一个好的党》（修正主义建党路线）短文三篇。

关于本校大联合，有的大字报倡议要充分发动群众，不能听任几个头头关起门来进行谈判，我同意这个看法。革造会主张组织不分正副，轮流充当。

十二月十六日　星期六

读南卫东《粉碎中国的裴多菲俱乐部"二流堂"》（二流堂是40年代初期在重庆形成的，夏衍是它的黑主帅，还栽培了一个"接班"的小团体——"小家族"，以右派分子吴祖光为族长。建国后，它发动了二次猖狂进攻）。

解放军驻沪空军部队指战员写的关于执行"军队办学习班要有战

---

①　爱伦堡，苏联、俄罗斯作家，社会活动家，20世纪50年代发表中篇小说《解冻》和60年代发表的大型回忆录《人、岁月、生活》（1—6卷），在苏联文艺界引起激烈的争论。

士参加"的指示的亲身体会的短文四篇（12 月 13 日《人民〈日报〉》）。

广州市、惠阳、韶关、汕头、湛江、肇庆地区和海南通什自治州在京学习的两派群众组织代表，经充分协商，实现了革命的大联合（12 月 13 日《南方〈日报〉》）。

午饭前　沈××来了解钱三强。

12 日广东省革委会筹备小组举行形势报告会。（①全省人民充分发动了，把党内最大的一小撮走资派和在粤的代理人批得体无完肤，斗得落花流水。②仅广州地区就办了学习班一千八百多期，二十三万人参加了学习。③紧跟主席战略部署，加速了革命大联合步伐。④推动了工农业生产和各项事业的发展。值得注意的问题：①有些人对大形势缺乏全面、正确的认识；把非本质、非主流方面的东西看成本质和主流。②极"左"思想有些抬头，同时也要防止右的方面的阻力。今后的任务是：①紧跟主席战略部署，夺取无产阶级文化大革命的新胜利。②以斗私批修为纲，大办毛泽东思想学习班。③加强敌情观念，提高革命警惕性。④坚决制止武斗，搞臭武斗。）

《充分认识广东的大好形势，十分注意掌握斗争大方向》（12 月 14 日《南方〈日报〉》）。

十二月十七日　星期日

读任立新《在教学实践中深入进行革命的大批判》（我们不仅要从总体上彻底批判"中赫"所推行的反革命修正主义教育路线，而且，要把这个批判深入到教学实践的每一环节中去，深入到对学校里各种教学制度、内容和方法的批判中去。那种企图不通过到这些具体方面的认真研究和批判，就想总体上一举摧垮反革命修正主义路线，轻易地得到伟大成功的想法，是极不现实的。

要把一般的资产阶级世界观和反动的政治立场问题区分开来。绝不能把资产阶级世界观还没改造好的革命教员和革命干部，当作批判斗争的对象）。

《武汉二十九中革命师生认真贯彻主席复课闹革命的指示》（从思

想上树立了三个观点：①革命的观点。②人民战争的观点。③联系实际的观点。在做法上坚持三个结合：①教师和学生相结合。②教学实践和教学改革相结合。③课堂活动和课外活动相结合）。

《彻底结束资产阶级知识分子统治我们学校的现象》（资产阶级知识分子统治我们的学校；固然要通过具体的人，但更重要的是看教育战线的实际领导权到底掌握在谁手里；看他们所推行的教育制度、教学方针、教学内容是为无产阶级政治服务，还是为资产阶级效劳；执行的是毛主席的革命路线，还是资产阶级修正主义路线。围绕这个中心，才能找到关键之所在）。

《评中赫1940年〈作一个好的党员，建设一个好的党〉》（第一个标准"爱护党的每一个事物，如自己的事物一样"，只有坚决破私，才能立公；第二个标准"以党的与劳动大众的公共事业而牺牲，是最值得的"，实则共产党员只要一心为革命；第三个标准"要作一个终身好的党员"，要紧的是干革命靠毛泽东思想）（12月14日《人民〈日报〉》）。

广州13日电：《广州第一棉纺厂开展"一对红"活动》（游行忆苦思甜的阶级教育和两条道路斗争的教育，并且多次召开诉苦会，许多平时对立情绪比较大的同志，结成"对子"，互相交心，主动作自我批评，直到解开思想上的疙瘩）（12月18日《人民〈日报〉》）。

"中大红旗"有的大字报要驻军代表蒲戈对"支左"表示更鲜明坚决的态度。

十二月十八日　星期一

《广州地区各革命群众组织就广州目前大好形势再告全市人民书》（12月12日《广州工人》工二十号）。

广州市中等学校革命师生员工最近举行"广州市中等学校进一步搞好复课闹革命誓师大会"。现在在全市二百多间中学中，最近初步实现了革命大联合的有五十多间，联合起来并复课的有二十多间。回校人数有的已达到80%以上，小学基本上都复课了（12月15日《南方〈日报〉》）。

秋季出口商品交易会（已于15日）胜利闭幕，参加这届交易会的客商来自世界五大洲的数十个国家和地区，达七千多人。日本等国前来参加交易会的客商，比以往任何一届都多。刚果（布）、马里、坦桑尼亚、巴基斯坦、尼泊尔、柬埔寨等国，还派出政府贸易代表团或国营公司代表前来参加交易会。

《四好总评要坚持自我教育为原则》（16日《南方〈日报〉》转载15日《解放军报》社论）。

广州大专院校红代会（筹）和广州市高等院校红代会（筹）于本月15日实现大联合，改名为广州地区大专院校。红卫兵代表大会筹备委员会。

十二月十九日　星期二

读《批判中赫之流反对向解放军学习的滔天罪行》（林副主席提倡把毛主席1939年在延安提出的"坚定的政治方向，艰苦朴素的生活作风，灵活机动的战略战术"三句话和"团结、紧张、严肃、活泼"八个字作为部队的作风，这就是"三八作风"。1960年10月中共中央军委扩大会上，林副主席提出了正确处理政治工作领域中四个关系的四个原则。这就是：在处理武器和人的关系中，把人的因素放在第一位；在处理各种工作和政治工作的关系中，把政治工作放在第一位；在处理政治工作中的各种工作和思想工作的关系中，把思想工作放在第一位；在处理书本思想和活的思想的关系中，把活的思想放在第一位。人的因素第一，政治工作第一，思想工作第一，活的思想第一，这就是四个第一（12月16日《人民〈日报〉》）。

"北京针织总厂的无产阶级文化大革命运动是体现毛主席革命路线和战略部署的典范"（在这个厂"支左"的解放军8341部队是"支左"工作中的一面红旗。在"支左"工作中贯彻执行以下三项原则：①大力宣传毛泽东思想，做深入细致、艰苦的思想政治工作。②不匆忙地急于表态，经过调查研究，如果两派都是革命的群众组织，就逐步把他们联合起来。③向工人群众学习，不怕犯错误，错了就改。关心群众生活。6月26日进厂，9月19日就按车间、班组、科室实行了革命大联合。11 月 11 日成立了"三结合"的厂革委会。结合大批判、本单位的斗批改开展起来了。全厂生产节节上升）。

《摧毁修正主义教育的"小宝塔"（重点中小学）制》，《彻底批判中赫推行的八年制》（中国医科大学，即旧协和），《旧学制的五大罪状》：①扩大三大差别。②脱离三大革命。③对工农实行资产阶级专政。④鼓励青年追求个人名利。⑤摧残青年的身体健康。（12 月 17 日《人民〈日报〉》）

十二月二十日　星期三

午饭后　××交还手表，又借给他挂表一个。

读《打倒广东党内最大的走资派赵紫阳》、任志新《赵紫阳是在农村复辟资本主义的急先锋》（12 月 18 日《南方〈日报〉》）。

看小报。

十二月二十一日　星期四

上午　小组谈教改、复课闹革命诸问题。

下午及夜　读"全国军民决心向'支左'红旗 8341 部队和北京针织总厂革命职工学习，以无限忠于主席的浓厚阶级感情，贯彻执行主席的革命路线，紧跟主席的战略部署，以针织总厂为榜样，对照本单位的情况，找差距，把本单位办成红彤彤的毛泽东思想大学校）"。"海军首届学习毛著积极分子代表大会，历时二十余天，于 17 日胜利闭幕，代表四千多名。"

十二月二十二日　星期五

读《反美武装革命的伟大胜利——庆祝越南南方民族解放阵线成立七周年》（歼灭了敌人有生力量一百多万人，其中包括美国侵略军和帮凶军二十五万人以上，击落美国飞机两千六百多架，军费达到一年三百亿美元）。

江西程世清《做毛主席的好战士，永远忠于人民》（12 月 19 日《人民〈日报〉》），《广东党内最大的走资派赵紫阳的反动言论摘要》

（12月19日《南方〈日报〉》），《广州部队学习毛著积极分子代表大会20日隆重开幕》（出席代表三千名，有麦贤得、黄祖示等）（21日《南方〈日报〉》）。

十二月二十三日　星期六

读龙闻喜《揭穿齐燕铭"三者并举"剧目方针（现代戏、传统戏和新编历史剧）的反动实质》、边切《齐燕铭是封建主义文艺的狂热吹鼓手》（12月21日《人民〈日报〉》）、《大力办好毛泽东思想学习班》（22日《人民〈日报〉》）。

十二月二十四日　星期日

读《教育革命的伟大胜利——立即掀起活学活用毛主席教育革命指示的新高潮》（有的同志直到现在还在热衷于冲冲闯闯，东游西荡，他们对主席的教导不认真学。有的人对主席的教育革命思想只是口头上说说，但不准备实行，他们不是口是心非的两面派，就是严重的自由主义，毫无革命的气息。《南方日报》转载12月17日《文汇报》社论）。

是日精神不佳，只浏览小报，广东工学院已于昨日实现革命大联合。

十二月二十五日　星期一

上午　北京国学经济委员会派来同志二人（一男一女），由李××领来，了解汪家宝①情况。

下午及夜　赶写汪家宝材料（约二千字）。

十二月二十六日　星期二

毛主席74寿辰，中大举行庆祝晚会。

---

①　汪家宝，作者清华大学不同系先后同学，抗战期间入延安学习和工作。作者1939年往延安访问考察时，曾与汪氏较多交往。

看大字报，知清远、罗定、佛山等地仍有小规模武斗。

上午　经委会二同志复来，谈约一小时去。

下午　到广州购物及看大字，闻暨大已实行革命大联合。

夜　看小报，华南农学院三个革命群众组织已于今日达成革命大联合协议。

十二月二十七日　星期三

读《对农村基层干部进行正面教育》及山西昔阳县举办毛泽东思想学习班，开展革命大批判和学赶大寨运动（12月24日《人民〈日报〉》）。

十二月二十八日　星期四

上午　小组。谈毛思学习班及教育革命等。

下午　读《彻底地亮，狠狠地斗，坚决地改——李之忠同志生前思想汇报提纲》（破私立公，分三个步骤：1. 彻底地亮，必须去掉"怕"字，树立一个"敢"字。2. 狠狠地斗。要抓住要害，抓主要矛盾。3. 坚决地改。改是亮、斗的继续，是重点，是目的，是质的飞跃。亮是前提，斗是关键，改是落实，三者缺一不可。"世界观的转变是一个根本的转变。"）、《活学活用毛主席著作改造世界观的光辉榜样》（12月25日《人民〈日报〉》）。

十二月二十九日　星期五

读《发动群众，搞臭武斗》（12月27日《南方〈日报〉》评论员）。

《省、市革命群众组织赴京学习代表向全省人民紧急呼吁跟紧毛主席伟大战略部署迅速实现革命大联合》（全文在29日《南方〈日报〉》发表）。

《在革命大联合的新高潮中迎新年》（继广州美术学院、广州医学院之后，又从广东工学院、华南师范学院、暨南大学、华南农学院、广州体育学院等五校传来革命大联合的喜讯）（12月28日《南方

〈日报〉》）。

十二月三十日　星期六

上午　红旗广播站提出"打倒冯乃超，保卫马肖云"的口号。

广州地区大专院校红代会今日成立，国务院、中央文革来电祝贺。广州各级三结合临时治安委员会28日（昨天）成立（12月29日《南方〈日报〉》）。

《再刮它一场十二级台风》（29日《南方〈日报〉》转载21日《文汇报》）。今年8月间上海广大无产阶级革命派向资产阶级及反动势力刮了一场十二级台风，把北上柴"联司"坏头头为代表的一小撮"地主还乡团"刮得七零八落、土崩瓦解、大快人心。今天，另一小撮流氓阿飞和投机倒把分子又从地下钻出来为非作歹，让我们再刮它一场十二级台风，把它们收掉罢。

《毛选》今年出版八千六百四十多万部，《语录》三亿五千万册，《毛泽东著作选读》四千七百五十多万册，主席诗词五千七百多万册，发行到全国、全世界一百四十八个国家和地区。

《军训中活学活用毛主席著作的体会——李文忠同志生前思想汇报提纲》（第二部分）（12月26日《人民〈日报〉》）。到北京第一中学进行军政训练的四个问题及其解决方法。

十二月三十一日　星期日

读《〈纪念白求恩〉（1890—1939.11.12）展览巡礼》（《纪念白求恩同志》发表二十八周年，12月27日《人民〈日报〉》）。

《驳党内另一个最大的走资派"不管白猫黑猫，只要捉住老鼠就是好猫"的反动谬论》短文五篇。江苏海安县角斜"红旗民兵团"对邓小平反对农业集体化，鼓吹单干、包产（责任、分田）到户、生产挂帅种种罪行的声讨（27日《人民〈日报〉》）。

《支左工作的一面红旗——记8341部队驻北京针织总厂支左人员贯彻执行支左工作三项原则的经验》。

整日胸部作痛，精神甚劣。

一九六八年

一月一日　星期一

读小报《井冈山》等。

一月二日　星期二

三庶母携洛夫甥于下午 3:00 来。

读小报。

一月三日　星期三

午饭后　理发。

一月四日　星期四

下午　哲学、中文"红旗 8·31"① 斗冯乃超，李嘉人及我等十七人亦被斗游街示众。

一月五日　星期五

上午　历史系一同学来问去年 7 月后有被抢去东西否？读《一定要把元旦社论学好》（4 日《南方〈日报〉》）。"红旗"宣布冯乃超包庇历史反革命分子张仲绛②为外语系德语组主任罪状，对张实行管制。

一月六日　星期六

承邺、秀粦未回。读任立新《毛主席最新指示后全面落实就是无产阶级文化大革命的全面胜利》等文。

夜　8:00 起，"红旗派"革造会邀请广东在京毛泽东思想学习班返穗汇报团等单位来校报告。两派讨论大联合直至天亮 7:00 仍未达成协议。

---

① 中山大学当时革命群众组织。

② 张仲绛，广东大埔人。先后任中山大学政治系、外语系、法律系教授。

一月七日　星期日

看小报。江西革委会成立。

是日精神甚坏。承、舜未回。

一月八日　星期一

上午　背老三篇。方××来。黄××与另一同学来嘱写冯乃超材料。

下午　中大总务处向省地筹小组报告（大联合实现了）。读5日《人民〈日报〉》。

一月九日　星期二

收集回忆冯乃超材料。江西革委会五日成立。

16:00许邬祥光来报，邬老〈邬庆时〉于今早10:00逝世，明日在粤光殓葬。

一月十日　星期三

写冯乃超资料。

夜　斗冯乃超及张仲绛。

一月十一日　星期四

早　8:00许刘节爱人来告刘节有病。今早无会。写冯乃超材料。

下午　到银行存款，并买菜。自上星期四后，今天是第一次出门。

一月十五日　星期一

上午　8:30起斗争冯、陈、刘大会。

一月十六日　星期二

上午　寄小七函（伍同志分住房事）。

下午　革造会斗冯。

读《人民〈日报〉》社论。

一月十七日　星期三

读《人民〈日报〉》社论。

夜　"红旗8·31"斗冯投敌叛党。

一月十八日　星期四

读15日《人民〈日报〉》藤海青文。整理错误材料。

承邺回晚饭。

夜　"哲学红旗"斗冯、夏书章、刘嵘。

一月二十日　星期六

下午　理发。

一月二十一日　星期日

上午　丘××领经委会〈国家经济委员会〉二人来。看毛著。

夜　写汪家宝资料，至2:00始上床。

一月二十二日　星期一

1月22日省革联夺权一周年纪念。

重抄改汪家宝材料。

一月二十三日　星期二

上午及夜　写汪家宝材料。

下午　外交部龚××等三人来了解张之毅①、陶孟和及社会所

情况。

----

① 张之毅，天津人。先后任中国科学院社会所研究员，外交部亚洲司专门委员，印度研究所副所长，外交学院教授。

一月二十四日　星期三

上午　送汪家宝材料与丘××。买米十斤、菜、糖等。

下午　革造会斗曾桂友。

夜　准备张之毅材料。

一月二十五日　星期四

补看前几天《人民日报》。《南方日报》自今天起复派来（自17日后停派）。陕西省大专院校革命红卫兵代表大会成立。

写张之毅材料。

一月二十六日　星期五

写张材料。

夜　广播甘肃省革命委员会成立。

一月二十七日　星期六

写张材料，整天未出门。

一月二十八日　星期日

写张之毅材料。

晚饭后小七、秀粦回。

一月二十九日　星期一

写材料（已成五页）。

下午　4:00许龚××等三人来索材料。

一月三十日　星期二

四叔及其二子来午饭。

抄写张材料至夜12:30完。

一月三十一日　星期三

上午　4:00 外交部梁姓来将张之毅材料拿去。

二月五日　星期一

上午　10:00 人大一青年同志来了解梁淑莹①。

二月十一日　星期日

彭氏兄妹早餐后去穗返汉②。

二月十三日　星期二

上午　9:00 去广州理发、购物。

下午　3:30 返校。

二月十四日　星期三

上午　9:00 "红旗8·31"斗争赵紫阳。

红旗毛泽东思想学习班③第一期结束。

二月十八日　星期日

收到彭庄汇回六十元。

二月十九日　星期一

收到彭庄兄妹来信。

二月二十日　星期二

今日起送牛奶一瓶。

---

①　梁淑莹,彭泽益夫人。

②　指彭庄、彭海云兄妹,为作者老朋友,武汉大学历史系教授彭雨新之子女。其时他俩"串联"到广州时,曾到中山大学作者家小住过1—2天。

③　由"中大红旗"(群众组织)对管教队员办的学习班。

二月二十一日　星期三　潮雨，仍寒

广东省革命委员会诞生。

二月二十二日　星期四　寒雨

三月二日　星期六

早　8:00 去基立村市场购物，在公共汽车上被扒手偷去十余元。

三月四日　星期一

晚饭　承邺送鱼回。

三月五日　星期二

下午　三庶母携洛夫甥来。

三月六日　星期三

斯大林逝世十五周年。

三月二十三日　星期六

下午　3:00 许革造会来两人约往其办公室交待历史。

三月二十五日　星期一

23 日江苏和南京市革委会成立，宣告"中赫"及其代理人江渭清、陈光之流垮掉。省〈革委〉主任许世友，副主任吴大胜、杨广立（兼市主任）。

三月二十六日　星期二

下午　3:00 许送《交待》① 给革造会（亚洲史研究室楼上）。

---

① 指作者撰写的《历史交待》一文。

三月二十七日　星期三

早　8:30 后往访陈××①未遇。

看大字报，黄永胜说 3 月 24 日《南方〈日报〉》的《把十二级台风刮得更猛烈》是大毒草。全国替右倾主义翻案是当前最严重问题。反对为关、王、戚等翻案，誓死保卫江青同志。

三月二十八日　星期四

凌晨广播打倒杨成武、傅崇璧、关、王、戚等八人。

浙江省革委会（24 日）成立（《南方〈日报〉》），省革委主任南萍，副主任陈励烩、周建人等。

三月二十九日　星期五

写交代材料（整天）。

三月三十一日　星期日

夜　间写交代材料，至次日晨 4:00 始上床就寝。

四月一日　星期一　阴雨

上午　10:30 交罗×× 《〈历史〉交待》材料（二十一页）。

四月二日　星期二　阴雨

下午　1:00 交《历史交待》（二十一页）给陈××②。看几天报。

四月三日　星期三　雨

上午　理发。

下午及夜　精神极坏，基本上没进行工作，仅写思想检查百余字。

---

① 陈××，时为中山大学历史系学生，"革造会"人员。
② 估计作者将其《历史交待》分送给"革造会"和"红旗"两个组织。

四月四日　星期四

反右倾翻案风是近日大字报的主题。

"红旗"开始对黄先、陈彬等①贴大字报（多不是专张的）。

四月五日　星期五

整日仍写思想检查。

四月六日　星期六

仍写思检。

四月七日　星期日　阵雨

看《红旗》。

四月八日　星期一

上午　10:30 张木生来要写谭彼岸材料。补看前几天报纸。

四月九日　星期二

湖北省革委会龙××来了解张培刚，写材料一份。

四月十日　星期三

广播湖南省革命委员会成立。

四月十四日　星期日

写《谭〈彼岸〉材料》。

四月十五日　星期一

写《谭〈彼岸〉材料》。

---

① 黄、陈二氏原为中山大学中共党委副书记，时在中山大学革委会中担任职位。

午饭前　罗××偕一同学来。

四月十六日　星期二

写《谭〈彼岸〉材料》（九页，三千余字），下午交去。

午后　三庶母携甥来。

夜　"红旗"广播明早 8:30 斗冯乃超、何思贤。

四月十八日　星期四

昨日（4 月 16 日）毛主席支持美国黑人抗暴斗的声明。

下午　斗冯乃超。

四月二十日　星期六

安徽省革命委员会成立。

四月二十一日　星期日

"红旗"四年级谢姓偕一同学来，要我 1944—1949 年历史（上午
9:00 至 10:30）。

四月二十五日　星期四

方姓来看房。

四月二十六日　星期五

夜　郑来谈住房事。

四月二十七日　星期六

中午　郑复来。

四月二十八日　星期日

郑方搬入①。

整天搬书架、衣箱。

五月二日　星期四

上午　修拾房间。

下午　革命造反委员会斗争牛鬼蛇神大会。

五月三日　星期五

上午　11：40 交检讨书与革造会。

上午　收拾书籍。

晚间　广播西安市革命委员会成立。

五月六日　星期一

收拾书籍（承郏来助）。

五月七日　星期二

早餐后　承郏回植物园。

五月九日　星期四

整理书籍。

五月十日　星期五

革造会广播宣布停止支薪、结停存款者三十三人（我在内）。

上午　理发（在新丰食早粥）。

① 郑姓一家搬入作者原睡房和书房。作者只能在客厅（堆放有大批书籍）睡，另一间房作者患病之妻一如既往住用，因原来楼下（地下室）早先已归另一新迁入住户用了。

一九六八年

五月十二日　星期日

辽宁省革命委员会成立。

五月十三日　星期一

夜　8:00 至 4:45 历史系"红旗"斗争李坚、江醒东、郭威白、周连宽等十三人①大会（在小学礼堂）。

五月十四日　星期二

从今日起每二、四、六上午劳动。

五月二十三日　星期四

"广州红代会""中山大学红旗历史分会""历史 8·31"对"国民党党棍"（"迈步从头越"②组长）江醒东斗争大会。

五月二十五日　星期六

上午　清洁（系办公室附近）。

往革造会填表。

六月二日　星期日

8:30 东二宿舍门前集中，宣布郭威白投河自杀。

武大七舍 32 号俞××来了解彭雨新情况。

交《金应熙材料》与革造会（陈×）。

六月三日　星期一

武斗。

由今日起，每日劳动。

————————————

①　十三人中是否包括作者，记事中并未提及。估计"入内"成分居多，因十三人之数几乎包括了历史系管教队之人数。

②　"文化大革命"中群众组织的小组。

四川省革命委员会（5月31日）成立。《七千万四川人民在前进》（《南方〈日报〉》）。

六月五日　星期三
牛奶、报纸均未派来。

楼上李燮君①先生午饭后去广州，帮之带看其女晶晶。

六月六日　星期四
东房李姓、郑姓相继离校。

承邺回午饭，3:00许去广州拟购船票到湛江出差。

六月七日　星期五
写汇报（第二次，一千余字）。

六月九日　星期日
下午　雨。

承邺5:00许返植物园。

六月十三日　星期四
上午　清洁（至9:15）。10:30理发。

下午　阵雨。

六月十四日　星期五
上午　8:00至9:10在东二宿舍门前清洁。

写汇报（第三次，一千余字）。

六月十五日　星期六
上午　清洁劳动。

---

① 李燮君，时为中山大学物理系青年教师。

六月十六日　星期日

邺早 9:00 回，晚饭后 5:00 许去。

六月十七日　星期一

是日无劳动，整天看报纸。

六月十八日　星期二

上午　东二宿舍清洁工作。9:30 完后曾往系办公室，因冯捷文①即将闭门他往，乃定明早再来。

六月十九日　星期三

上午　7:30 集中宣布六条：以后每早 8:00 集中，不许留校外人寄宿……割草至 9:30，到东二宿舍回答华南师院一男一女关于黄标熊②的了解。

午饭前　大雨。

六月二十日　星期四

上午　锄草。11:00 往工四膳堂取菜，值大雨。

六月二十一日　星期五

上午　锄草（大雨刚过），有数人未来。

六月二十二日　星期六

上午　锄草。9:30 小礼堂斗冯乃超、何思贤、楼栖③等。

---

①　冯捷文，时为中山大学历史系办公室工作人员。

②　黄标熊，作者 1949—1952 年任教岭南大学经济商学系时期的学生，时在华南师院任教。

③　楼栖，广东梅县人。历任中山大学中文系副教授、教授。

六月二十三日　星期日　终日下雨

小七没回家。

六月二十四日　星期一

承邺回晚饭。

上午　劳动（改与容庚、杨克毅①、陈宝耀扫地），自大钟楼至中区膳堂，到东门及中区宿舍大路）。

下午　到中区二宿舍门前清洁（3:00 至 5:00）。

六月二十五日　星期二

邺午饭后去。

上午　仍与容庚等扫地，路线同昨天。

六月二十六日　星期三

上午　改与刘节、何思贤扫地，自小礼堂西边至校外码头。

六月二十七日　星期四

上午　与刘〈节〉、何〈思贤〉扫地，地点同昨日。

读《革命大批判好得很——〈青海日报〉记者评述西宁地区大批判的辉煌成果》《革命大批判的威力》（6 月 24 日《人民〈日报〉》）。

六月二十八日　星期五

上午　与容〈庚〉、何〈思贤〉扫地。

下午及夜　写汇报（西欧北美等国学生运动）。

六月二十九日　星期六

上午　与刘节、何思贤扫地。

---

① 杨克毅，江西九江人。历任南昌大学、中山大学教授。

下午　送汇报（第五次，一千四百余字）到中区二宿舍。

七月一日　星期一

上午　8:00 至 10:30 与潘允中①、何融②扫地，自西南区理发室至工中〈工农兵中学〉大路（西门）。

七月二日　星期二

上午　8:00 至 10:30 与陈玉森③清扫，自钟亭至北门大路。

下午　3:00 至 4:00 东区二宿舍清洁。

昨日下午小七回家，今早 10:30 去植物园。

七月三日　星期三

与何思贤扫小礼堂至码头。

下午　天雨。

读《发扬党的紧密联系群众的作风》（《南方〈日报〉》转载《人民〈日报〉》等《纪念中共四十七周年社论》）。

七月四日　星期四

上午　与何思贤清洁。

写汇报。

七月五日　星期五

下午及夜　汇报。

七月六日　星期六

上午　与何扫至码头（在游泳池前碰头）。到保健室看牙痛。

---

① 潘允中，广东兴宁人。中山大学中文系教授。

② 何融，中山大学中文系教授。

③ 陈玉森，广东番禺人。中山大学哲学系教授。

下午　在历史系。东二宿舍门前清洁。交汇报（一千八百字）。

七月七日　星期日

看报。

七月八日　星期一

与何思贤扫除（在游泳池前相碰）。

七月九日　星期二

上午　到口腔医院看牙痛，回校已2:00许。6:00晚饭后大雨。

夜　"武钢二司"① 男六女一来催写彭雨新材料。

七月十日　星期三

下午　"武钢二司"复来。

夜　写彭材料。

七月十一日　星期四

上午　到口腔医院诊牙。

下午及夜　写彭雨新材料。

彻夜失眠。

七月十二日　星期五

上午　与徐贤恭②清扫（由小礼堂东教工之家起往至校东门），11:00毕（中间值阵雨）。

下午　3:00往找陈××。

晚饭后　"武钢二司"二人来，告之已将彭雨新材料交给历史系

---

① 武汉市一革命群众组织。

② 徐贤恭，安徽安庆人。历任武汉大学、中山大学化学系教授，曾任中山大学副教务长。

"红旗"了。

七月十三日　星期六

上午　与徐扫地至 10：30。

午饭后大雨。

下午　清扫东二宿舍门前。

晚饭前　小七回。

夜　写汇报。

七月十四日　星期日

上午　理发。

下午　写汇报（一千二百字）。

午饭后　小七去。

七月十五日　星期一

上午　与徐贤恭扫地。

午饭前　送汇报给陈××。嘉鐉来午饭。

七月十六日　星期二

上午　与徐扫地。

下午　清除东二宿舍门前。

读《坚决击退阶级敌人的猖狂反扑!》（15 日《南方〈日报〉》）。

七月十七日　星期三

上午　与徐扫地。

七月十八日　星期四

上午　与徐扫地。

下午与夜　写汇报。

七月十九日　星期五

上午　与徐扫地。

下午及夜　写汇报（二千一百余字）。

七月二十日　星期六

与卢叔度①、陈玉森等共四人清扫东四宿舍门前至 11:30。

下午　历史系（东二宿舍）清扫。交汇报。

七月二十一日　星期日

上午　9:00 许嘉镰来，10:00 后去。

读报。

小七未回。

七月二十二日　星期一

上午　与徐清扫。

午饭前　武大革委会兰××、沈××来要写彭雨新材料（取去彭函十七封）。②

七月二十三日　星期二

上午　北京邮电部二人（陈××陪同）来了解黎砂的情况。

写彭雨新材料至夜 12:30。

七月二十四日　星期三

写彭雨新材料（一千四百余字）。

晚饭后　7:00 送给陈××转交。

---

① 卢叔度，广东新会人。历任中山大学中文讲师、副教授、教授。

② 几年前编者曾向武汉大学索取这批信，校方答应寻找，惜暂仍未果。

七月二十五日　星期四

上午　与徐清洁。

午饭前　武大兰××、沈××来索取彭雨新材料，告之已交陈××。

下午　准备写汇报。

七月二十六日　星期五

上午　与连珍①、朱瓒琳②等十八人往第三至六宿舍卫生工作。

写汇报。

七月二十七日　星期六

上午　与徐搞清洁。

下午　东区四宿舍清洁卫生。交汇报（一千四百余字）。

七月二十九日　星期一

上午　与连珍等作三、四宿舍清洁工作。

七月三十日　星期二

上午　与徐清洁。

下午　与蒋、陈、刘、谭共五人搞东二宿舍清洁。

七月三十一日　星期三

与陈玉森、连珍等十人锄草（东区一、二宿舍）。

八月一日　星期四

曾××未到③，上午劳动（到者二十人不足）暂停。

---

① 连珍，浙江乐清人。历任中山大学图书馆副馆长、馆长。

② 朱瓒琳，时为中山大学总务处处长。

③ 曾××，原中大总务部门工作人员，其时负责此部分管教队员的派工等事宜。

八月二日　星期五

与徐清洁。

八月三日　星期六

与徐清洁。

上午　历史系只到我一人（曾××亦未到）。

下午　微雨不止，东二宿舍清洁暂停。

八月四日　星期日

下午　大雨后，邺、舜 2:00 离去。

写汇报，读《军民团结如一人，试看天下谁能敌》（2 日《南方〈日报〉》）。

八月五日　星期一

10:00 劳动完毕，值工纠队（工人纠察队）来校检查，至交通恢复后始得回家，时已 1:00 许矣。

交汇报（一千字）与陈××。读《"反镇压"、"反迫害"论的要害是对抗无产阶级专政》（4 日《南方〈日报〉》）。

八月六日　星期二

9:00 红卫兵宣布：

1. 本星期六交待 6 月以来罪行。以后每星期交汇报一次。

2. 每日 8:00 至 11:00 劳动。

由于阵雨关系，10:00 停工回家。

下午　东二宿舍清洁工作暂停，以后由曾××统一分配。

八月七日　星期三

与徐清扫旧地。

读《以毛主席为首的无产阶级司令部的领导团结起来》（《南方

〈日报〉》转载5日《人民〈日报〉》社论)。纪念毛主席炮打司令部《我的一张大字报》发表两周年。

八月八日　星期四
早　与徐清洁。

下午及夜　准备汇报稿。

八月九日　星期五
早　8:30至11:20留学生宿舍搬砖。

写汇报（6月初至今活动，二页）。

八月十日　星期六
8:00至11:00留学生宿舍洗刷墙壁（中间第七中学军训处来人了解陈衡锷①）。

八月十一日　星期日
7:30至11:00留学生宿舍墙壁粉灰。

八月十二日　星期一
7:30至11:15留学生宿舍抹椅子。

八月十三日　星期二
晨　6:00左右工纠队来宿进行检查，9:00始去，未得往劳动。

下午　4:00左右林×领北京法政学院陈×来了解曾炳钧②情况。

---

① 陈衡锷，作者执教岭南大学经济商学系学生，时在广州第七中学任教。
② 曾炳钧，四川泸州人。作者清华大学同级不同系校友及同事。时为北京政法学院教授。

八月十四日　星期三

7:30 至 11:15 留学生宿舍前割草。

下午及夜　写曾炳钧材料。理发。

八月十五日　星期四

7:30 至 11:20 割草，同前。

下午　写曾炳钧资料（共二千余字）。

八月十六日　星期五

7:30 至 11:00 割草，同前（最后扫地）。

云南省（昆明市）革命委员会 13 日成立。

八月十七日　星期六

7:30 至 11:10 割草、拔草，其间陈×来取去曾炳钧材料。

下午　3:00 至 4:00 东二宿舍门前卫生工作。

八月十八日　星期日

连日疴血，准备汇报。

7:30 至 11:00 割草。

八月十九日　星期一

7:30 至 10:30 中区图书馆前割草。

写汇报（一千二百余字）。

八月二十日　星期二

7:30 至 11:00 中区图书馆前割草。

八月二十一日　星期三

7:30 至 10:30 与陈则光①清扫（由钟楼起经东区图书馆至东区十宿舍大路）。

交汇报（一式两份，早上交革造会，下午交陈××②）。

八月二十二日　星期四

上午　与叶史苏扫地（路线同昨日），9:00 许遇雨不止，暂停。

下午　2:30 至 5:00 革命大楼（原留学生宿舍）内搬砖。武大来人了解姚薇元材料。

八月二十三日　星期五

7:30 至 10:20 与叶史苏扫地。

下午及夜　写姚薇元材料。

夜　填写家庭经济情况，收入情况表。

31 日福建省和福州市革命委员会诞生。苏修（波、匈、保）武装占领捷克。

八月二十四日　星期六

上午　自中区图书馆回家赶写汇报。

下午　东二宿舍清洁。交汇报（一千余字）。

八月二十五日　星期日

学习毛著。整日未出门。

八月二十六日　星期一

早　电影广场扫地除草至 8:30，与叶史苏扫地至 11:00。

读姚文元《工人阶级必须领导一切》。

---

① 陈则光，时为中山大学中文系教师。

② 疑陈氏属当时中山大学另一派群众组织——红旗。

工农毛泽东思想宣传队〈简称工宣队〉驻校，举行批陈、张大会（大礼堂）。

八月二十七日　星期二
早上　与叶扫地至 10∶35，8∶30 宣传队誓忠大会。

下午及夜　读近日报。

八月二十八日　星期三
早上　与叶扫地至 10∶30。

写汇报。

广西壮族自治区革委会诞生（26 日）。

八月二十九日　星期四
早　与叶扫地至 10∶20。

写汇报。夜雨。

八月三十日　星期五　夜雨
早上　与叶扫地至 10∶25。

写汇报（一千余字）。

九月五日　星期四
与徐清扫。

九月六日　星期五
与徐清扫。

准备写汇报。

九月七日　星期六
与徐扫地。

5日西藏、新疆维吾尔自治区革命委员会诞生。

九月九日　星期一
与徐扫地。

九月十日　星期二
与徐扫地。

领本月份工资三十元。

5:00 革命造反委员会红卫兵来找，到革命大楼交待去延安〈事〉。

九月十一日　星期三
劳动暂停。9:00 到革命大楼交材料，在楼下候谈，问至11:00许回家。

夜　通宵写材料（再谈到延安，完七页）。

九月十二日　星期四
8:00 历史系革造分会宣布四条（陈×）：

1. 汇报暂停。

2. 每星期交待罪行。

3. 不许隐瞒、包庇。

4. 坦白从宽。

10:00 后答问。

通宵写材料（再谈，八至十五页完）。

九月十三日　星期五
上午　9:00 送材料并答问。

下午　3:00 至6:30 答问。

晚饭后　上床睡。

九月十四日　星期六

上午　9:00 至 11:00 在革命大楼地下室写吴友三材料（二页）并答问。

午饭前　李松生来谈一时许。

下午　3:00 阚（解放军）、工人代表郑（红卫兵）、女同志传达党的政策并问答。

九月十五日　星期日

写我和汪〈汪家宝〉、谌〈谌亚选〉、董〈董文立〉[①] 在延安的关系，至深夜 4:30 上床。

九月十六日　星期一

早　7:00 至 9:00 写昨夜材料（三千余字）。后去革命大楼，11:00回。

夜　写材料（一千余字）。

九月十七日　星期二

8:00 到革命大楼，坐至 11:30。

下午及夜　疲劳极点，上床就睡。

九月十八日　星期三

8:00 至 9:00 割草（历史系室外）。9:00 许革命大楼答问至 11:00。

---

① 作者20世纪30年代末曾在西北（陕西、甘肃）进行农村土地经济问题调查，曾在延安近两个月，其时与汪家宝、谌亚选、董文立等清华大学校友交往较多。故校内外皆有人要求作者交待此段历史。

3:00 至历史系。

九月十九日　星期四
9:00 至 17:00 在历史系写检讨及答问。
吃苦餐①。

九月二十日　星期五
整天在家写认罪书。

九月二十一日　星期六
下午　3:00 系办公室答问（并签字）。

九月二十二日　星期日
写补充更正声明一页，下午 3:00 送郑。

九月二十三日　星期一
革命造反委员会宣布铲平山头，今日闹革命。
早　8:30 往理发。9:30 到保健室。
午　2:00 再到保健室诊病。
劳动告假一天。

九月二十四日　星期二
上午　东区宿舍门前搭大字报棚，下午 5:00 完工。
夜　揭发金应熙（"红旗忠于毛泽东思想战斗队"）。

----

①　疑为当时所称的忆苦餐（进行阶级教育的一种方法）。此种餐主要吃野草野菜，味道颇为苦涩。

九月二十五日　星期三

上、下午　洗刷历史系办公室墙上标语（与谭、梁、董、刘等）。

晚饭后　交金应熙材料。

九月二十六日　星期四

上、下午　东门外刷除旧标语。

九月二十七日　星期五

上、下午　东门外刷洗标语。

写杨荣国材料。

九月二十八日　星期六

上午　北门外码头洗刷旧标语。

下午　2:30 至 5:00 系办公室前锄草。

夜　7:30 到阶梯教室，临时定明早宣布写简历表。

九月二十九日　星期日

早 7:30 至 8:00 许宣传队员①训话。继到东二宿舍，宣布：

1. 放假三天不许串联、乱说乱动。

2. 3 日交汇报，带忠字牌及黑牌。

3. 充分交待，坦白从宽。

4. （若有）来访人，应主动报告。

清洁卫生工作。

下午　系办公室锄草，送新华书店订期刊通知。

九月三十日　星期一

上午　休息。

---

① 宣传队指军宣队或工人宣传队，可能后者居多。

下午　写汇报及《入伪训练团经过》①。

十月一日　星期二
写汇报及材料。

十月二日　星期三
上午　往保健室看病。

写汇报至晨（2 日）3∶30 上床。

十月三日　星期四
7∶30 至 11∶00 个人（徐贤恭未到）扫地。

下午　休息，背《为人民服务》。

十月四日　星期五
早 7∶30 至 10∶30 与马采扫地。

下午及夜　写关于杨荣国。

十月五日　星期六
上午　工四膳堂前割草。宣布董、李、谭、蒋四人回系。

下午及夜　写汇报。

十月六日　星期日
写汇报（劳动小结，约二千字）。

月全食。

---

① 指作者 1944 年赴美国哈佛大学访问研究前例行（被强迫）参加国民政府的中央训练团之事。

十月七日　星期一

与何融扫地。

下午及夜　看报（东二宿舍清洁暂停）。

十月八日　星期二

上午　锄草（工四膳堂前）。

下午　西区五宿舍搬运床（未参加），3:30 至 5:30 东二宿舍革命师生斗梁大会。

夜　读毛著。

十月九日　星期三

早上与楼栖扫地。来人了解张仁杰①。

下午　林××约往东二宿舍谈话。红卫兵来谈退沪出版社稿费事。

夜　写检讨书。

十月十日　星期四

劳动暂停半天。

昨夜至今天下午 3:00 写检讨（《关于毛主席社会阶级分析》《枪杆子出政权》等共二千余字）。

下午　小组学习开始，因赶写检查未到。

十月十一日　星期五

上午　小组讨论，在中区第五宿舍，我编入第一组，组长张策、记录邓盘祥，共十人。

下午　与楼栖扫地。

---

①　张仁杰，中山大学教辅人员，曾协助作者编著《中国历代户口、田地、田赋统计》一书，后下放调出中山大学，在华附教中学。

十月十二日　星期六

上、下午　小组。我的检查横跨上下午约一小时许。

夜　写思想汇报。

十月十三日　星期日

写思想汇报（一千余字）。

十月十四日　星期一

上午　小组。戈平①发言。

下午　林××找往东二舍谈话，2:30至6:00。

是夜　通宵未睡，写说明五个问题（约二千字）。

十月十五日　星期二

上、下午　小组。集体阅读。

下午　在中山纪念馆斗争大会（该馆在校园东区）（2:30至5:30）。

夜　在家休息。

十月十六日　星期三

上午　小组发言，我第二次发言。

2:30原定扫街，系领导小组找往系办公室答北京二同志关于王庆菽问题。

夜　通宵起草《对斗争会思想认识》。

十月十七日　星期四

上、下午　写《对斗争会思想认识》。下午5:00送去。

———————

①　戈平，时任中山大学总务处处长。

夜　写退稿酬〈说明〉通宵。

十月十八日　星期五

上午　写退稿酬〈说明〉。9:30往答外调问题（暨南大学关于司徒森）。

下午　重写退稿酬〈说明〉，3:30至6:00在东二舍答问（保吴晗反动议论）。

通宵写退稿酬〈说明〉及王庆菽材料。

十月十九日　星期六

上午　交退稿酬〈说明〉、王庆菽材料二份。

下午　与何多源①、叶史苏扫钟亭至北门。

十月二十日　星期日

写汇报及司徒森资料至夜3:30。

十月二十一日　星期一

上午　讨论"吸收无产阶级新鲜血液"。

下午　与陈玉森、陈诚扫东区马路。

十月二十二日　星期二

上午　小组（方仲第二次发言）。

下午　与二陈扫东区马路。

十月二十三日　星期三

上午　东二宿舍问讯。

---

① 何多源，广东番禺人。时任中山大学图书馆副馆长。

下午　一人扫东区。

十月二十四日　星期四

上午　小组，10：00许北京来人了解吴永福①。

下午　东区二宿舍问讯。

十月二十五日　星期五

上午　8：00至10：00北京来人了解马奉琛（系办公室）。

下午　胡、刘二人问讯。

夜　写材料（马奉琛）。

十月二十六日　星期六

在家写材料。

下午　东区问讯，交马奉琛材料。

十月二十七日　星期日

在家写吴永福材料。

十月二十八日　星期一

在家写材料（吴永福）。上午11：00送去管教队。

下午　看宋代主客户表。哲学系二同学来约写杨荣国材料。

十月二十九日　星期二

在家写宋代主客户材料。

下午　二人来了解西南社会经济所〈隶属原岭南大学〉。

---

① 吴永福，海南琼山人。时任北京财贸学院金融系教授。

十月三十日　星期三

上午　写材料。哲学系同学复来问汕头××之事〈该年案历记事都用铅笔写，此处二字看不清楚〉。

下午　2:15 至 3:30 回中区五宿舍（解释昨日派来人找错了地方）。

十月三十一日　星期四

上午　写材料。

下午　回时交胡守为（附宋代主客户统计表）。索取吴永福材料何姓女同志来。

十一月一日　星期五

写杨荣国材料。

十一月二日　星期六

上午　小组讨论党八届十二中全会公报。

下午　西大球场扫地。

十一月三日　星期日

写西南社会经济研究所。

十一月四日　星期一

上午　小组讨论八届十二中全会公报。交西南社会经济研究所材料。

下午　西大球场抓草。

宣布明日夜起集中中区第五宿舍。

十一月五日　星期二

上午　搬床（中区五宿舍）。

下午　抓草（西大球场）。

十一月六日　星期三
上午　生物系农场锄萝卜地，生物大楼刷掉标语。
下午　自生物大楼去系办公室对口供打指模。

十一月七日　星期四
上午　生物楼洗刷标语。

下午　搬入中区五宿舍（五号房）第五组，与端木正、谭彼岸、何融、傅家瑞①一房（黄萱同组，住女宿舍）。劳动暂停半日。

十一月九日　星期六
上午　小组。
下午　生物楼搬泥沙。5:00至7:00放假回家。
夜　自修。

整理者按从十一月十日起至年底作者案头日历上少数几天有记事外（以△号示之），余皆空白。但从他一部工作笔记内，尚可查到所缺记事的内容，现依此补上。

十一月十日　星期日
上午　小组读《整顿党的作风》（《选读》甲上第二〇三至二二六页）。
下午　生物系洗刷墙壁标语旧痕迹。
夜　写思想汇报。

---

①　傅家瑞，广东广州人。历任中山大学生物系讲师、副教授、教授。

十一月十一日　星期一

上午　小组阅读，小组讨论中林××来找我谈交待态度问题。

下午　生物楼阶梯教室撕刷标语。

夜　重抄杨荣国材料（部分现写）。

十一月十二日　星期二

上午　小组阅读《八中全会公报》，小组讨论出路问题。

下午　生物楼洗刷标语，4:30后与端木、谭洗五宿舍厕所（本组今日值班）。

夜　看报，背语录。

十一月十三日　星期三

小组阅读，讨论《公报》。

下午　生物楼洗刷墙脚。

夜　写蒋相泽材料（红卫兵叫历史系每人写）。

十一月十四日　星期四

小组，写蒋相泽材料，未参加讨论（傅、何二人插别组讨论"清理阶段队伍"问题）。

下午　继续写蒋材料（五页）。

夜　同上，12:00就寝，为蚊子所扰，失眠多时。

△十一月十五日　星期五

上午　东二区宿舍清洁厕所、洗澡房。10:00后回家，洗澡、吃面条。〈下为工作笔记本所记。〉

10:45回中区五宿舍。

下午　讨论"资产阶级知识分子统治我们学校的现象，再也不能下去了"。因请假人多，与黄、何插入第四组参加讨论。中途华南师院来人了解陈汉标，嘱写材料于下周一下午交。

夜　读《批臭刘少奇的黑"六论"》（今日《南方〈日报〉》）。

十一月十六日　　星期六

上午　小组讨论：批判刘少奇并结合"文化大革命"以来自己对群众运动所采取的态度。

放假回家吃午饭。

下午　生物楼，与黄振庭、马采、陈则光洗生物楼殓房。

夜　自修。

△十一月十七日　　星期日

小组讨论，继续昨天题目。

下午　西小球场除草。

晚　写陈汉标资料。

△孙子〈梁松新〉今早7:00诞生。告假回家吃午饭。

△十一月十八日　　星期一

上、下午　割草。

回家吃晚饭。

夜　写陈汉标资料。

△下午　3:00割禾后，放假回家洗澡吃饭。

十一月十九日　　星期二

上午　生物系农场割禾。

下午　抽筋，未往劳动。男女二同志来了解梁丽金，谈至4:30始去。与端木正洗宿舍、冲凉房及厕所。

回家吃晚饭。

十一月二十日　星期三

上午　7:45 至 8:30 集体阅读。8:30 至 11:30 东区三宿舍清洗澡房及厕所。

回家吃午饭。

下午　自修（看江青同志论文艺）。

夜　小组讨论（端木、谭写材料），批判刘"六论"。

十一月二十一日　星期四

上午　小组集体讨论前，红卫兵宣布今夜继续昨夜的自我检查，注意三点：

1. 管教后的收获，对哪些问题的认识有所提高？

2. 交待罪行与外调材料。

3. 对管教的态度。

9:00 至 11:00 生物楼前踢谷、晒谷（与何融、陈诚扫走廊，烧废纸）。

夜　小组鉴定（自我）。后集中宣布六点：

1. "坦白从宽，抗拒从严。""只许规规矩矩，不许乱说乱动。""彻底交待自己的罪行，向人民低头认罪。"

2. 作息制度：早 6:15 起床；12:30 午休；夜 10:15 上床。

3. 排队吃饭、打水。

4. 请假制度：回家打报告，回来销假。

5. 学习和休息时间不许乱窜。

6. 家里送东西来，要检查。

十一月二十二日　星期五

上午　7:45 至 9:00 讨论昨夜宣布六点。9:00 至 11:20 踢谷、簸草。

下午　自修。

夜　写金应熙材料。

十一月二十三日　星期六

上午　小组自修 7:45 至 9:00。北京二人来了解梁国鸾①（材料下星期一交）。

下午　生物楼扫地，上石灰。

夜　写金应熙材料。

十一月二十四日　星期日

上午　7:45 至 9:00 小组阅读，讨论"阶级消灭论"。9:00 至 11:30 写金应熙材料，请假回家吃午饭。

下午　生物楼结（捆禾秆），回家洗澡。

夜　收听《认真学习两条路线斗争的历史》（两报一刊社论）。小组表态。

十一月二十五日　星期一

小组读《在中国共产党第七届中央委员会第一次全体会议上的报告》（1949 年 3 月 5 日），毛选四。

下午　生物楼打草结。

夜　写梁国鸾材料提纲及阅读文件。

十一月二十六日　星期二

上午　小组往西区劳动，我留宿舍写梁国鸾材料（二页，即交去）。

下午　打扫东一宿舍。

夜　再读《认真学习两条路线斗争的历史》。

---

① 梁国鸾，作者执教岭南大学经济商学系时的学生，亦是作者研究生罗勤生之妻。

十一月二十七日　星期三

上午　小组，中区化学系学生宿舍清洁工作。

下午　在宿舍重写杨荣国材料。

夜　自修。

十一月二十八日　星期四

上午　小组，东一宿舍清洁（临出发前历史系同学来取去金应熙补充材料）。

下午　在宿舍学习毛选。

午饭后　请假往市场理发。

十一月二十九日　星期五

上午　7:45 至 9:00 再读七中二次全会上毛主席的《报告》和《认真学习两条路线斗争的历史》。9:00 后讨论。

下午　生物楼抓草、抹窗。4:30 至 6:15 华南工学院一男一女来了解罗明燏①（写材料当面交了）。回家吃午饭。

夜　7:45 红卫兵宣布写总结分为以下两大项。

一、集中管教的表现——在态度、思想、行动上有无抵触？有无黑串联？攻守同盟？

二、通过学习、劳动，思想有哪些提高？

1. 学习公报、社论，对刘修路线的认识。

2. 对自己犯罪的认识，在交待问题上态度如何？有无隐瞒？

3. 认识以前所犯罪行是站在什么路线上，是什么道路？

4. 对出路如何认识，党的政策是什么？

一九六八年

---

① 罗明燏，广东番禺人。历任华南工学院教授、院长。估计罗氏与作者20世纪40年代在美有过接触，始有找作者了解罗氏之举。

十一月三十日　星期六

整天写材料。已写答外调材料有：

本校材料：蒋相泽（14 日）、金应熙（14 日）、梁丽金（19 日）、杨荣国（27 日）。

外调：陈汉标（18 日）、梁国鸾（19 日）、罗明燏（29 日）。

十二月二日　星期一

上午　7:30 至 11:30 小组（历史系十三人）中山纪念室温习《认真学习两条路线斗争的历史》，各人发言。

下午　2:30 至 5:00 清洁东一、二宿舍。

夜　自修。

十二月三日　星期二

上午　小组，中山纪念室，7:30 至 9:00 阅读，9:15 至午饭前讨论。

下午　锄草。

夜　自修。

十二月四日　星期三

上午　7:30 至 9:00 学习《论人民民主专政》，提出思考问题：

1. 人民民主专政的作用、性质，为什么社会主义时期内还要实行民主专政？怎样来理解无产阶级专政的方针、政策？

2. 对反动派的改造，自己对群众专政的态度如何？

3. 对反动阶级的改造，只有共产党领导才能做到。

继续昨天讨论。

下午　到资料室清理标语。

夜　自修。

十二月五日　星期四

上午　小组继续发言。

下午　系资料室清洗标语。

夜　自修。

十二月六日　星期五

上午　历史系菜地锄草。

下午　我一人扫地（东一舍），其余劳动同上午。

夜　自修。

十二月七日　星期六

上午　〈历史〉系种菜地锄草。

下午　小组读《论人民民主专政》。

十二月八日　星期日

休息一天，在家写思想汇报，至凌晨4:30上床（一千二三百字）。

十二月九日　星期一

上午　7:30至8:30小组学习"老三篇"。8:30至11:30小组锄草，方仲扫地。

下午　继续扫地，失去手表一个及菜票、饭票×元许，现款一元及烟一盒。

夜　自修。

十二月十日　星期二

上午　方仲与何肇发扫除一、二宿舍环境卫生。

十二月二十日　星期五

上午　小组刘、董、戴、何、周、梁钊、方仲、端木八人（黄、钟、蒋、李、谭将去乐昌①）讨论批判刘修"阶级斗争熄灭论"。

下午　4:30 清扫中山纪念室、小礼堂。

夜　准备明天发言。

十二月二十一日　星期六

上午　7:30 至 8:30 自修，9:00 至 11:00 讨论昨日题目。散会后在革命大楼被了解《岭南大学学报》事。

下午　东一、东二宿舍清洁。

夜　准备写思想汇报。

△十二月二十二日　星期日

上午　8:30 至 9:30 理发。

11:00 儿、媳、小孙初见②。

下午　写思想汇报。

夜　同上，通宵没睡。

△十二月二十三日　星期一

明早　小七下放连山县〈中科院中南分院连山永和五七干校〉。〈案历仅记此句。〉

上午　小组讨论知识青年下乡问题。方仲发言：无产阶级接班人和儿子下放劳动到连山县。

下午　园林科搬泥壅荔枝树。

夜　阅读文件。

十二月二十四日　星期二

上午　小组讨论刘"驯服工具论"。北大来两人了解吴达元情况。

----

① "去乐昌"指下放乐昌的中山大学五七干校。

② 作者孙子梁松新刚满月几天，爷孙属首次相见。

下午及夜　写吴达元材料，通宵未睡。

十二月二十五日　　星期三

上午　小组，准备讨论刘修"群众落后"发言提纲。方仲昨日讨论题目发言。

下午　担肥料壅龙眼树。

夜　看文件。

十二月二十六日　　星期四

上午　小组语录104"群众是真正的英雄，而我们自己往往是幼稚可笑的，不了解这一点，就不能得到起码的知识"。

下午　东二宿舍清洁。

夜　准备明天发言提纲。

十二月二十七日　　星期五

上午　小组讨论刘修"入党做官论""党内和平论"。

下午　园林科搬泥。

夜　检出《岭南学报》1947—1950年全份（共八册）第六卷至十卷全份及写该报材料，至夜3:30上床。

十二月二十八日　　星期六

上午　小组。

最高指示：

共产党员绝不可能脱离群众，绝不可脱离群众之上，做官当老爷，而应以普通劳动者的姿态出现在群众面前，深入群众之中，同群众打成一片（1966年8月20日《人民日报》社论《毛主席和群众在一起》）。

我们共产党应该经风雨，见世面；这个风雨就是群众斗争的风雨，这个世面就是群众斗争的大世面（1943 年 11 月 29 日《组织起来》，《毛泽东著作选读》（甲种本下，第三〇五页）。

我们主张积极的思想斗争，因为它是达到党内和革命团体的团结使之利于战斗的武器（《毛泽东选集》第二卷，第三四七页）。

下午　园林科搬砖头、锄草。

夜　准备发言提纲。

十二月二十九日　星期日

上午　讨论。方仲发言。

下午　搬砖、锄草。

夜　准备发言提纲。

十二月三十日　星期一

上午　小组讨论"公私溶化论"。

〈尚写有最高指示五条，省略。〉

下午　东二宿舍清洁。4:00 后陪同冯婕文及同学一位回家清点所借公物。

十二月三十一日　星期二

放假在家看文件。

写思想汇报。

一
九
六
九
年

整理者按：该年作者案头日历上所记不多，仅极少数日子记有大概他认为较重要事者（同样用△号示之）。现据作者工作日记本摘录补充如下。

一月一日　星期三

写汇报，夜3:00动笔至晨7:00完，一千多字。

一月二日　星期四

上午　小组读两报一刊元旦社论《用毛泽东思想统帅一切》。休息时间到保健室看病（检查大便）。

下午　锄草、翻泥。

夜　自修。

一月三日　星期五　整天间断阴雨

上午　讨论提纲：

1. 1968年成就。

2. 1969年任务是什么？光荣、艰苦，如何理解？

根本一条是用毛泽东思想统帅一切。怎样进行改造？

3. 对团结可以团结的一切力量的理解。

山东大学二人来了解肖涤非①情况，谈至11:20。

下午　在家写材料。

夜　同上，至1:00（二千余字）。

一月四日　星期六

上午　小组发言中山东大学来人把材料取去。

下午　东二宿舍清洁完后，叶××临别讲话。②

---

① 肖涤非，江西临川人。山东大学中文系教授，国务院学位委员会第一届学科评议组成员，中国唐代文学学会会长。是作者清华研究院同级同学。

② 疑叶氏为当时中大"工宣队"或"军宣队"成员。

夜　自修。

一月五日　星期日

在家自修。

一月六日　星期一

上午　小组，汤××来主持。方仲发言。

下午　锄草、翻泥。

夜　自修。

一月七日　星期二

上午　小组讨论，叶××（一年级）来主持。

下午　锄地去草。

夜　自修，读《南方〈日报〉》《必须注意政策》（4日），《要在"准"字上狠下工夫》（5日），《打击面要小，教育面要宽》（7日）。

一月八日　星期三

上午　小组。1969年新年的计划与期望。

下午　拔芥蓝地草。

夜　自修。

一月九日　星期四

上午　小组漫谈。

下午　拔草。

夜　自修。

一月十日　星期五

上午　小组迁往东二宿舍二楼219、221号房，因同学多数下乡（高、鹤）劳动。

下午　往学生第二膳堂清理家具。

一月十一日至十二日　星期六、星期日
上、下午　清理家具。

一月十三日　星期一
上午　清理家具。

下午　休息、阅报。

夜　自修。

一月十四日　星期二　雨，连日寒甚，温度在十一度上下
上午　小组。集体补读前数报纸。

下午　集体阅读。

夜　自修。

一月十五日　星期三
上午　小组。一年级同学王××来，传达八届十二中全会毛泽东谈话大要。

下午　清除东二宿舍环境卫生。黄萱复来参加。

夜　自修。

一月十六日　星期四
上午　小组。汤××来，将社论试分为十一段，进行讨论。刘、周发言，方仲记录。

下午　滂雨，劳动暂停，集体阅读。

夜　自修。

一月十七日　星期五
上午　小组。王××嘱写陈光祖材料，继续讨论元旦社论。

下午　园林科锄草。

夜　写陈光祖材料。

一月十八日　星期六

上午　小组。继续讨论元旦社论。

下午　东二宿舍清洁卫生。

夜　写陈光祖材料。

一月十九日　星期日

读主席著作及写陈材料（至晨早4:30）。

午饭后　在市场理发。

一月二十日　星期一

上午　小组。继续讨论元旦社论。

下午　东二宿舍搬运台椅及清洁卫生。

夜　自修。

一月二十一日　星期二　雨

上、下午　留校全体斗批对象，清扫大路。

夜　阅读文件。

一月二十二日　星期三　雨

上午　小组。继续讨论元旦社论。方仲发言。

下午　东二宿舍搬运家具。

一月二十三日　星期四　阴

上午　东四宿舍二楼清洁。

下午　小组讨论。

夜　读文件。

一月二十四日　星期五

上午　小组。

下午　拔菜地草，4:30后与刘节清扫近现代史教研室至5:30。

夜　读文件。

一月二十五日　星期六

上午　清扫南门至图书馆、革命大楼至中区图书馆道路（历史系五人）。

下午　小组。继续讨论元旦社论。

一月二十六日　星期日

在家学毛著。

一月二十七日　星期一

上午　小组。集体阅读，没进行讨论。

下午　菜地拔苗。

夜　自修。

一月二十八日　星期二

上午　小组（刘写外调材料，未来）。同学来了解"文化大革命"以来的活动，董、戴二人亦〈被〉调〈查〉，没进行讨论。

下午　菜地捉虫。4:00南开工作同志二人来了解钱荣堃①材料。

夜　准备钱材料提纲。

一月二十九日　星期三

上午　7:30到东区二舍，叶汝有嘱回家写材料。

下午及夜　继续写钱荣堃材料（一千余字）。

---

①　钱荣堃，江苏无锡人。历任南开大学金融系主任、教授，经济研究所副所长。之所以来查询作者，估计因两人曾在伦敦政治经济学院共处过一段时间。

一月三十日　星期四

上午　物理系清理旧报，搬运台椅等项工作（天雨）。

下午　小组讨论。方仲谈革命委员会一些领导问题。

夜　补写下午发言稿。

一月三十一日　星期五

上午　小组讨论。

下午　草地拔草。

夜　阅读文件。

二月一日　星期六

上午　继续讨论。刘、周发言。

下午　东二宿舍清洁。

夜　阅文件。

二月二日　星期日

在家自修，读毛著。

二月三日　星期一

上午　小组。黄发言。

下午　寒雨，无劳动，小组集体阅读。

二月四、五日　星期二、三

本校治安纠察队安排在物理楼搬运仪器。

二月六日　星期四

上、下午　在东二区菜地拔草。下午收工后林××约谈。

△二月七日　星期五

①治安纠察队安排拆除大字报栏及搬运材料到东三膳堂仓库。

②3:30 交还叶显恩论文（《三、佃仆所受的剥削、奴役及其身份地位》第四四至五一页；《实物地租的补充形式——苛刻的劳役》第一至二九页）于专案组。

二月八日　星期六

上午　8:45 至 9:50 大字报栏搬拆。

午饭后　理发。补读数日来报纸。

△二月九日　星期日

上午　在旧礼堂搬运台桌。10:00 后北京来人了解我在延安材料。

午后　在家写材料，通宵未睡。

二月十日　星期一

9:30 交材料（千余字）。

下午　到大礼堂听体现党的从宽处理政策大会。

夜　复抄一份材料给林××。

△二月十一日　星期二

上午　9:00 送材料到专案组，交材料副本给林××。回小组时，曾××正在谈话，讲党的政策。

下午　拔草。

二月十二日　星期三

上午　小组。休息时送材料（重抄复本给林××）。曾××①来小组讲党的宽严政策。

下午　菜地除草。

夜　补读前几天报纸。

——————————

① 曾××，时为中山大学历史系青年教师。

二月十三日　星期四

上午　小组。刘发言。

下午　除草。

夜　看报。

二月十四日　星期五

上午　8:30至10:10"工人毛泽东思想宣传队"传达毛主席批发的《北京市关于清华大学知识分子再教育和给出路的总结》（钟亭）。

下午　讨论上午革委会传达关于清华大学对知识分子再教育和给出路的文件。

夜　准备发言提纲。

二月十五日　星期六

上午　小组发言，戴、方仲、董。

下午　东二宿舍清洁至5:30（兼理五宿舍）。

夜　看报。

二月十六日　星期日

放假。读《毛主席语录》及毛选第四卷，收拾旧书。

二月十七日　星期一

春节放假三天，己酉年正月初一。至市场买猪肉、鱼。10:30秀舜携小孙回家，晚饭后去。读毛选第四卷。

二月十八日　星期二

上午　9:30嘉鏴来，10:00去。

下午　准备写汇报稿。

夜　同上，看语录。

二月十九日　星期三

写汇报（至夜 2:30 上床）。

二月二十日　星期四　阴雨

上午　小组讨论戴（方仲记录）。

下午　劳动暂停，学习。

夜　自修。

二月二十一日　星期五

上午　全校集中大礼堂清除标语，10:00 北京来二女同志了解白苹洲，回家写材料。

下午　4:30 送（材料）专案组。

夜　读《抓革命，促生产夺取工业战线的新胜利》（21 日《人民〈日报〉》社论）。

二月二十二日　星期六

上午　小组漫谈。休息时间林××领北京派来工作同志二人了解张清长①情况，当即写材料一份给他。

下午　革委会常委庄立群在中区图书馆讲党的政策，商承祚等发言。

夜　读《红旗》（第二期）。

二月二十三日　星期日

读《红旗》（第二期）。

二月二十四日　星期一

上午　小组漫谈前天下午中区图书馆讲话的体会。

———————————

①　尚未查到其身份。

下午　刘、周。

夜　读《认真贯彻"给出路"的无产阶级政策》（今日《南方〈日报〉》）。

二月二十五日　星期二
上午　小组讨论戴。

下午　黄。

夜　准备发言提纲，写至1:30。

二月二十六日　星期三
上午　8:30至11:00物理系搬仪器。

下午　2:30至5:00物理系搬仪器。

夜　9:00上床休息，因疲劳过度也。

二月二十七日　星期四
上午　8:30至11:00物理系搬仪器。

下午　2:30至5:00物理系搬仪器。

夜　读《南方〈日报〉》。

二月二十八日　星期五
上午　8:30至11:00物理系搬仪器。

下午　小组。

三月一日　星期六
上午　小组。方仲发言。

下午　东二宿舍清洁（周、董、方仲三人）。

夜　写徐义生材料。

三月二日　星期日
在家写徐义生材料。

三月三日　星期一

上午　小组送材料给林××，答应我在家写自我检查，仍回小组，继续前天的发言。

下午　在家写检查大纲。

△三月四日　星期二

上、下午　继续写大纲。上午韦××约往东二宿舍叫写岭南大学西南社会经济研究所情况①。

三月五日　星期三

上、下午　在家写岭南大学西南社会经济研究所情况大纲。

中午　理发。

夜　准备写西南社会经济研究所材料。

三月六日　星期四　阴雨

上、下午　写自我检查大纲。

夜　读《打倒新沙皇》，及痛击纸老虎、打倒新沙皇的报道。

三月七日　星期五　阴雨

上、下午　写西南社会经济研究所材料。

夜　同上。

三月八日　星期六

上午　交西南社会经济研究所材料给韦××并回小组漫谈，然后再往找林××。

---

①　岭南大学 1932 年设立社会研究所，1937 年更名为西南社会调查所，1948 年秋陈序经接长岭南大学后，充实设备，扩大组织，将之更名为西南社会经济研究所，着重我国西南社会经济之研究，工作上除专题研究外，还着重实地调查。人员以社会系为主，政治历史、经济两系亦有人参加，经济系中作者是其中一位。该所负责人为伍锐麟。

下午　准备自我检查初稿。

夜　同上。

三月九日　星期日　阴雨

整天写自我检查。读《革命必须永远统帅生产》（今天《南方〈日报〉》）。

三月十日　星期一　阴雨

上午　8:00去东二宿舍向王××取回工作笔记（1966—1968年）五册①。到财务科领生活费（四十二元）。整天写检查。

夜　2:00上床，夜半右脚抽筋甚剧，失眠甚久。

三月十一日　星期二

终日写检查。

下午　放假。读《苏修叛徒集团猖狂反华只能是自掘坟墓》。

三月十二日　星期三

写检查。

三月十三日　星期四

写检查（一至二篇，八千字）。

三月十四日　星期五

上午　7:30送检查给林××。小组：董。

下午　在家写明日发言。

夜　同上（一千余字）。

---

①　由此可知作者的工作笔记本曾受到当时管教队的审查。

三月十五日　星期六

上午　小组。方仲发言。

下午　东二宿舍清洁。

夜　读《南方〈日报〉》关于总结经验（粗看）。

三月十六日　星期日

连日腹痛，大便时尤甚。行路时往往痛不可忍。补看数日报纸及读毛著第四卷。

三月十七日　星期一

上午　小组 9:00 至 12:30 北京来人来了解黎廷①、黎砂情况。

下午　中区图书馆分组谈从严从宽交待问题。

夜　再读《关于总结经验》（《红旗》第三四期合刊，3 月 15 日发表）。

三月十八日　星期二

上午　小组。刘发言。

下午　园林科锄草。

夜　准备明天发言，写至 2:30 上床。

三月十九日　星期三

上午　小组。戴发言，方仲发言。

下午　大礼堂兑现党的政策大会。从宽处理者三人（黄正廷等），严肃处理者三人（陈世训②等）。崔政委③讲话。

夜　准备明天发言。

---

① 黎廷，黎砂之父。

② 陈世训，江西南昌人。时任中山大学地理系教授。

③ 崔政委，时为中山大学军宣队负责人。

三月二十日　星期四

上午　小组。叶汝青来讲话。董发言，方仲记录。10:00 漫谈对昨天大会的体会。戴，刘。

下午　小组漫谈（继续上午）。方仲。

夜　写黎廷父女材料至早3:30。

三月二十一日　星期五

上午　全校集中劳动①（扫地，从教师之家至东区图书馆后面）。

下午　小组漫谈。

夜　写黎廷父女材料至晨早5:30才上床。

三月二十二日　星期六

上午　在家继续写黎廷材料11:30交专案组（十一页）。未参加集中劳动。

下午　东二宿舍清洁。

夜　8:30上床，因连夜未睡也。

三月二十三日　星期日

整天头痛。读《抓革命、促春耕，夺取农业新丰收》（昨天《人民〈日报〉》）、《毛主席论总结经验》（今天《南方〈日报〉》）。原拟写自我检查，精神太疲乏，脑子作痛，仅拟大纲一百字不足。

三月二十四日　星期一

上午　从今天起至星期三日，小组人人写检查，下午劳动暂停。

下午及夜　同上。

三月二十五日　星期二

上午、下午　写检查（总结）第二节，至2:30上床。

---

① 估计指全校留校（未去英德干校）的被管教人员。

三月二十六日　星期三

整天写检查。

三月二十七日　星期四

上午　写检查，9∶00 许北京来人再了解黎廷、〈黎〉砂情况（口问，不需写材料）。

三月二十八日　星期五

整天写检查。今天精神甚疲乏，夜 12∶30 上床。

三月二十九日　星期六

上午　写检查。

下午　东二宿舍清洁。

夜　读《社会主义大学应当如何办?》（今日《人民〈日报〉》编者按）。

三月三十日　星期日

整天写检查。

夜　读《毛主席语录"要认真注意政策"》（今日《南方〈日报〉》）。

三月三十一日　星期一

上、下午　在小组写检查。

夜　回家写。

四月一日　星期二

上、下午　在小组写。

夜　回家写。

四月二日　星期三

上、下午　写检查。

四月三日　星期四

上、下午　写检查。

小组散会前由周连宽代领回补发去年 4、5 月份生活费 84 元。

四月四日　星期五

上午　在小组写检查，暨大来二人了解西南社会经济研究所情况。

下午　在家写检查，一人来了解西南社会经济研究所情况。

夜　复阅检查（第十六至三五页），至 3∶30 上床，5∶00 晨起，7∶30 送交陈××。

四月五日　星期六

上午　小组座谈"九大"。刘、周发言（方仲笔记）。

下午　东二宿舍清洁。

夜　读《南方日报》。

四月六日　星期日

上午　写明早发言提纲。

下午及夜　写西南社会经济研究所材料（二千多字）明早交暨南大学（王××代交）2∶30 完。

四月七日　星期一

上午　小组。戴、方仲发言。王××叫写钱三强材料。

下午　写钱材料。

夜　同上。

四月八日　星期二

上午　送钱三强材料到专案组。小组阅读。

午饭时　工作队同志二人来了解史济瀛[1]，材料当面写出，至2:30回家。

下午　在家写西南社会经济研究所材料。

夜　同上，晨3:30上床。

四月九日　星期三

上午　送材料给曾××。小组阅读。

下午　锄草。

四月十日　星期四

上午　小组。阅《文科要把整个社会当作自己的工厂》《外语教育必须彻底革命》（4、6日《文汇报》）。

下午　锄草。

四月十一日　星期五

上午　小组。9:30至11:00，曾××来谈。东一、二宿舍清洁。

下午　在革命大楼谈对"九大"感想（冯乃超、杨荣国、许淞庆[2]、胡金昌、方仲）。[3]

夜　12:00纠察队来查宿舍户口。

四月十二日　星期六

上午　小组。9:00许黄萱来唤往专案室，北京来二人了解陈振汉，谈至11:00（材料下星期五交）。

---

①　史济瀛，作者老同事丁文治之妻，长期在医院工作。

②　许淞庆，原籍广东开平，出生于东莞。中山大学数学力学系副系主任、系主任，教授。

③　革命大楼为中山大学原行政办公楼，估计此次座谈会乃由中山大学革委会组织。

下午　往助戴裔煊搬家至东北区十六号附屋。理发。

夜　读报。

四月十三日　星期日

整天写谭彼岸材料，夜1:30写完（二千多字）。

午后，三庶母来。

四月十四日　星期一　今日大雨

上午　小组（刘、戴未来）。

下午　小组（刘、戴未来）。

夜　阅斯大林《苏联社会主义经济问题》及毛主席批话。

四月十五日　星期二

上午　小组（刘、戴未来）。准备"九大"主席秘书处（4、14日）新闻公报读后感想。

下午　全组到革命大楼集中学习。工宣队交待集中学习的意义和党的严宽政策。

讨论问题［历史系五人，数学系三人（刘、胡、许）①，哲学系马采］：

1. 你抱什么态度参加这次学习？

2. 你对党的各项政策如何理解？

3. 你是否彻底交待了自己的问题，今后怎么办？

夜　中区图书馆：刘节、王起、刘俊贤、许淞庆、罗雄才、徐贤恭、江静波、方仲共八人谈对"九大"感想。

四月十六日　星期三

上午　7:30许淞庆（继续昨天上午第一个问题发言）、刘、董、

---

① 刘、胡、许估计分别为刘俊贤、胡金昌、许淞庆。

刘俊贤〈发言〉。9：00至11：20省委、解放军宣传队、工宣队代表传达清华〈经验〉报告。

下午　2：30胡、戴、马、梁、周、许发言。

夜　写陈振汉材料。

四月十七日　星期四

上午　7：30至8：30阅《南京政府向何处去？》。9：30至11：00刘、周发言。

下午　2：30至5：20写检查（上纲上领）。

夜　写陈振汉材料（二千余字），2：20上床。

四月十八日　星期五

上午　7：30天天读《蒋介石政府已处在全民的包围中》《敦促林聿明投降书》。读后发言：许、周。

下午　写补充材料［①伪〈中央〉研究院补助金。②哈佛燕京（学社）补助金。③抗战胜利奖状①。共二千字，交林××］。

夜　写"伪中研院社会所迁沪"情况。

四月十九日　星期六

上午　小组。学材料。

下午　开体现党的政策大会，宣布马采、高铭元②、何融、叶启芳、方孝岳③等五人解除管教。

夜　写"伪中研院社会所迁沪"至晨2：30。

---

　　①　中央研究院人员，除发基本工资外，还发一定数量的研究（含生活）补助金，在抗战期间及抗战后，补助金的比例尤大。1943年作者曾获哈佛燕京学社的一笔研究补助金（曰奖金），同获者有汤用彤、陈寅恪、闻一多、邵循正、陈梦家共十人。由于抗战期间作者和其他一些坚守中央研究院工作的研究人员和职员获了总统府颁发的奖章和奖状。作者获得了奖章（勋章）。

　　②　高铭元，安徽太湖人。时为中山大学外语系副教授。

　　③　方孝岳，安徽桐城人。时为中山大学中文系教授。

四月二十日　星期日

上午　小组。读《中宣工作会议上的讲话》第二、三、四节"知识分子问题""南京政府向何处去?"最后几句;《毛选》三卷《为皖南事变发表的命令和谈话》(第七七三、七七四页数语)。

发言:刘俊贤、董、梁、〈刘〉节、周、胡、许、戴、马采。"梁有抵触情绪","应当相信群众"①。

下午及夜　写关于"1948 年夏伪中央研究院南京各所迁沪前后的经过"(晨 1:40 写毕,一千余字),交林××。

四月二十一日　星期一

上午　读《关于正确处理人民内部矛盾的问题》(第五节,"知识分子问题")、《在延安文艺座谈会上的讲话》(第四节,"文艺批评标准等问题")。

下午　刘节读初步检查。许、胡、黄、梁、戴、马、刘俊贤提意见。刘节答复,林××谈。

四月二十二日　星期二

上午　小组。读《论政策》(1940 年 12 月 25 日)(《毛选》卷二第七三七至七四五页)、《在中共全国宣传工作会议上的讲话》[1957. 3. 12《选读》(甲种本)]。

下午及夜　写"伪中研院应变会情况"(一千余字),晨早 12:00 写完。

四月二十三日　星期三

上午　7:30 大礼堂"兑现党的政策大会"(张海②从宽,王起不戴历史反革命帽子,群众监督改造;刘节不戴反动学术权威,宣布陈寅恪为反动学术权威)。

---

① 作者所记此两句或许是管教人员所说,或者其他发言者所讲。

② 张海,时任中山大学(校长)办公室主任。

一九六九年

521

下午　小组。讨论上午大会感受。

夜　胃痛甚剧，无法工作。

四月二十四日　星期四

上午　小组。读《中宣会上讲话》《关于正确处理人民内部矛盾问题》。

下午　写材料。

夜　广播"九大"闭幕特大喜讯。胃病仍未愈，整天吃粥，不敢吃饭。

四月二十五日　星期五

上午　读"九大"。方发言。

下午　继续谈"九大"（戴、刘、胡三人）。

夜　胃病仍未愈，无法工作。

四月二十六日　星期六

上午　小组。

下午　写检查（没午睡）。

夜　同上。胃病仍剧，工作效率太差。

四月二十七日　星期日

全组在家休息。胃病略减，数日来仅写出二千余字，每日仍吃粥或面条半碗。

夜　收听广播林副主席"九大"政治报告（八点）。

四月二十八日　星期一

上午　小组。阅读（休息时去护养院看病）。

下午　轮流读林副主席政治报告（因《南方〈日报〉》尚未送到各家）两个钟头（2:30至4:30）。

五月三日　星期六

下午　革命大楼革命群众宣布解除徐贤恭、梁方仲、周连宽、王坤之、钟建新五人管教。

五月四日　星期日

在家学习《毛主席论教育革命》（1967 年人民出版社）。

五月五日　星期一

上、下午　去小组。

五月六日　星期二

上午　去小组，林××叫写郑伯彬①材料，并嘱以后无须再来。

下午及夜　写郑材料。

五月七日　星期三

上午　到大礼堂，兑现党的政策大会。宣布许淞庆、杨荣国、容庚、何思贤从宽，马肖云为"走资派顽固分子"。

下午　写郑材料。读《为落实毛主席的无产阶级政策而斗争》（驻清华大学工人，解放军宣传队，6 日《人民〈日报〉》）。

夜　看电影新闻片（聋哑学校、包钢等）及《红灯记》钢琴伴奏（革命广场）。

五月八日　星期四

读《"国际专政论"是社会帝国主义的强盗"理论"》（宫均平，《红旗》第五期）。

上午　9:50 至 12:30 北京来人了解张之毅情况。

下午　省文革小组在招待所召集容庚、徐贤恭、许淞庆、方仲四

---

① 郑伯彬，经济学家。1933 年北平中法大学毕业后到中央研究院社会科学研究所工作，曾任计算员、助理研究员。

人座谈解除管教后感想及今后计划（同时本系戴裔煊作检查，我没能参加）。

夜　整天开会精神甚感疲乏。晚饭阅报，9：15上床。

五月九日　星期五

上午　8：30至9：30在亚洲史教研室（系领导小组①）楼下谈学习计划。到刘、戴、周、黄萱、方仲五人（吴淑贞主持开会）。决定下星期一起每天上午8：30至11：00清理本系资料室资料。会后帮黄萱扫地，理发。

下午　读《毛主席语录关于无产阶级专政下继续革命的论述》《认真学习毛主席关于无产阶级专政下继续革命的理论》（今日《南方〈日报〉》）。

△五月十四日　星期三

上午　3：00董家遵检查（东二舍）未通过，仍须重写（同学教师共到十余人）。梁、戴也到。

冯乃超为何重用吹捧陈序经？冯如何吹捧吴晗？②

五月二十日　星期二

上午　参观机床厂。C615，靠毛泽东思想造出来。

下午　学习班③。

指导思想：紧跟毛主席战略部署，高举毛泽东思想伟大红旗，突出无产阶级政治，以阶级斗争为纲，以毛主席著作、最新指示为理论武器，以"九大"文件为教材，以工农兵为老师，以工厂乡村为教室，带动阶级斗争，破私立公，斗私批修，狠斗私、猛批修深入展开革命大批判，肃清刘少奇反动思想流毒，认真改造世界观努力改变旧

---

①　指当时中山大学革委会历史系革命小组。

②　估计这是有关调查人员对作者提出写有关材料之要求。

③　此次学习班估计是中山大学革委会主办。

思想，促进思想革命，坚决走与工农兵相结合的道路，自觉接受工农兵的再教育，努力做到"三忠于"（忠于毛主席、毛主席思想、毛主席无产阶级革命战线）。提高"三觉悟"（毛泽东思想觉悟，阶级斗争觉悟，两条路线斗争觉悟）。树立三个服务思想（为无产阶级政治服务、为工农兵服务，为社会主义××①服务）。掀起学习毛主席思想群众性运动新高潮。

具体内容：

1. 动员教育（一天半），表忠（向贫下中农表忠）。

2.《人的正确思想从哪里来》语录最后一条。

3. 形势教育（国内形势五至七天，国际形势三天）形势大好，不是小好。

4. 阶级教育（七至十天）党内两条路线斗争。

5. 政策教育（三天），团结、教育、改造旧知识分子。

6. 全国人民团结起来，争取更大的胜利（报告第八部分）。

7. 总结（三天）：个人提高，讲用。

学习的方法：

读书座谈、访问、参观。

五月二十一日　星期三

上午　图书馆小组讨论。选出组长张海，副组长方仲。

下午　小组讨论向工人、贫下中农、解放军学习决心书（由董家遵、方仲二人起草）。

五月二十二日　星期四

讨论问题：

1. 形势大好，好在哪里？

2. 文化大革命的必要性。重要意义。

---

① 看不清二字，可能为"建设"两字。

3. 毛主席对马列主义的发展，关于无产阶级专政下继续革命的学说。

上午　钟建新发言：

王坤元、骆传芳①、林托山、周郁文②、伍锐麟、张海、梁、戴发言。

下午　2:30 朝阳中队、贫下中农学习毛泽东思想积极分子叶妹报告。罗雄才谈体会。

夜　7:00 至 9:00 参加（东二宿舍）同学讨论学习"九大"文件。

五月二十三日　星期五

上午　8:30 小组讨论致工农兵同志决心书（林托山因家属病，请假一天）。

下午　小组讨论（林××提题目）。董、钟建新发言。后重新讨论至工农兵同志书。

夜　阅报。

五月二十五日　星期日

读《中华人民共和国政府声明》（1969 年 5 月 24 日）、《新华社关于有关苏联政府 3 月 29 日声明的按语》（今日《南方〈日报〉》）。

五月二十六日　星期一

上午　小组。读 5 月 24 日《声明》。

下午　讨论。开始时东北（三人）来了解方凤兰，谈至 4:00 许，回小组抄写小组斥责"新沙皇"的声明（张海起草），至 5:30 回家。容庚开始参加本组，叶启芳明日来。

夜　（雨），小组去朝阳生产队，我因病未去，在家写冯乃超

---

① 骆传芳，江西九江人。中山大学外语系教授。

② 周郁文，时为中山大学生物系副教授。

材料。

五月二十七日　星期二　阴

上午　小组。继续讨论我国政府（对苏修）的声明，我作记录至9:30。董家遵写材料请假。

下午　讨论《政府报告》。伍锐麟、骆传芳、钟建新、张海、何肇发发言。

夜　读《历史宣判了陈独秀、王明、刘少奇叛徒集团的死刑》（《广州工代会》七七号）。

五月二十八日　星期三

上午　继续讨论《政府报告》第二"过程"（舆论准备）。读《毛主席关于文学艺术的五个文件》、《通知》（中共中央1966年5月16日）、《伟大的历史文件》（《红旗》《人民日报》编辑部）、林彪同志委托江青同志召开的部队文艺工作座谈会纪要（1967年5月29日《人民日报》）。

下午　梁、张、骆、容、伍、何、林发言。

夜　读《学习资料》第八号（中大革委会印）。

五月二十九日　星期四

上午　小组。钟建新发言。

下午　海珠区联星大队朝阳生产中队冼指导员详细报告该队有关情况。（略）

五月三十日　星期五

上午　小组。讨论昨天（冼指导员）报告。（前半段方仲记录）。林××：本组彼此帮助及批评不够，退休，怕……的思想要不得。读许淞庆检查。

下午　周、容、戴发言。

六月一日　星期日

在家写冯乃超材料（三页，一千八百余字），交林××转（2 日上午）。

六月二日　星期一

上午　小组讨论上星期六往朝阳生产队吃忆苦餐，听诉苦会的感想。上半节我作记录，下半节我正待发言，时间已到，乃改在下午。

下午　发言者：容庚、骆传芳、何锐麟。

六月三日　星期二

上午　7:30 大礼堂崔政委传达"九大"省四级党委会精神。

下午　小组讨论。上午有六人未去，由林××代为简单概括。发言者有张海、董、伍、梁。

夜　读林副主席政治报告"七、关于我国和外国的关系"。

六月四日　星期三

上午　小组。集体阅读《报告》"七、社会主义革命和社会主义建设的伟大纲领"──认真学习林副主席《在中共九次全代大会上的报告》（中大学习资料第八号，转自《上海工人造反报》235 期）、《伟大的纲领　胜利的灯塔──学习林副主席政治报告宣传提纲》（《广州工代会》工字第 76 号，5 月 24 日）。

下午　集体阅读。4:15 至 5:00 清除图书馆环境卫生。

夜　看本市聋哑学校文艺宣传队来大礼堂演出（7:30 至 8:45）。

六月五日　星期四

上午　小组。讨论昨夜聋哑学校宣传演出的感想。我最后发言。

下午　大礼堂听报告──解放军严民同志关于最近阶级斗争新形势，新动向（广州地区）。

夜　准备写到延安材料。

六月六日　星期五

上午　讨论昨日严民同志报告。张海、何肇发、方孝岳、周郁文、容庚发言。

下午　骆传芳、钟建新、叶启芳、戴裔煊、胡金昌、王坤元、梁、黄发言，林××小结。

夜　准备写到延安资料。

六月七日　星期六

上午　继续讨论《政治报告》"七、国际形势"前半段，我作记录（骆、叶、林、何）。后半截：钟建新（马来亚抗日战争经验），方孝岳（抗美援朝、越南战争，优势在革命人民方面），容庚（美帝是不能打败中国的，乐观主义）。韩同志①：……

下午　张海、周、胡、戴、林××、张海、梁发言。林××传达上午省委报告（要点）：1. 刘兴元②任广东省革委会主席。

夜　读《抓政策落实，促革命团结》——三论进一步大学习、大宣传、大落实"九大"精神（6月6日《南方〈日报〉》）。

六月八日　星期日

连日疴黑尿，精神甚疲乏，终日在家。

夜　读前数日报纸。准备写到延安材料。夜12:00电台广播中央两报一刊《高举"九大"团结旗帜，争取更大胜利》。

六月九日　星期一

上午　讨论昨夜广播社论。上半截我作记录。我对容庚发言提出意见。

下午　继续讨论。

夜　读《高举"九大"团结旗帜，争取更大胜利》。

---

① 疑是工宣队或解放军宣传队的同志。

② 刘兴元，山东营口人。

六月十日　星期二

上午　继续讨论国际形势。

下午　批判容庚。

夜　读黄荣海①在广东省、广州市革命委员会举行报告会的报告（6月8日《南方〈日报〉》）。

六月十一日　星期三

上午　集体阅读报告三、四，"搞好斗、批、改"，"文化大革命的政策"。容庚发言。

下午　林××来，继续对容庚教育、批评（钟建新、叶启芳、何、胡、王、林××）。

夜　看阿尔巴尼亚"人民之声"5日社论热情选择关于无产阶级专政下继续革命的理论和"独立自主、自力更生"的方针（6月9日《南方〈日报〉》）。

六月十二日　星期四

上午　继续讨论"政策"（骆传芳昨夜病死）。伍、方、容、王、戴发言。

下午　前半截我作记录（胡、张、董、周、梁发言），后半截我（林模、钟、林××）发言。

夜　看"九大"闭幕电影（电影广场，9:00至10:00）。

六月十三日　星期五

上午　继续讨论（容庚今日起不来）。张、胡、叶、梁、张、林××发言。

下午　继续讨论发言。董、钟、伍、胡和林××发言。

---

① 黄荣海，江西万安人。时任广州军区副司令员、顾问。

六月十四日　星期六

今日集体阅读。请假在家写《我和汪家宝历次接触的详细经过》。

六月十五日　星期日

继续写资料（十一页，六千余字，通宵未眠，中间上床休息，共计不及一小时，16 日晨 8:30 赶往小组开会）。

六月十六日　星期一

上午　讨论党内两条路线斗争。

午饭后　改写材料二页，未午睡。

下午　讨论开始时，北京来人了解吴友三①情况（于专案室，谈至 5:15）。

夜　晚饭后即上床，因昨夜 9:00 后至此未曾合眼稍息也。

六月十七日　星期二

上午　讨论问题（张海）：

1. 学习目的。2. 两条路线的中心与本质。3. 怎样分辨两条路线？

9:30 后于专案组写吴友三材料，11:45 回家写至 3:30 又回专案室，东北来二人讨论吴友三材料（四页），谈至 5:50。

夜　准备写材料（丁声树）及读两条路线斗争史资料。

六月十八日　星期三

上午　小组讨论（何、方〈孝岳〉发言）。

下午　小组讨论。第一阶段我担任记录（周、胡、何等），第二阶段我发言（国内第一次革命战争时期）。

---

① 吴友三，浙江余姚人。历任复旦大学、沈阳农学院教授。

六月十九日　星期四

上午　小组讨论。我发言（第二次国内革命战争时期、抗日战争时期）、方发言。

下午　小组讨论。胡、董、叶、林发言。

六月二十日　星期五

上午　8:00至10:15工宣队传达关于宣传毛主席形象问题，校革命委员会庄益群同志"关于高鹤整风学习班的报告"。

六月二十一日　星期六

上午　8:00朝阳队分组（历史、总务、外语），发言〔周、李慰慈①、刘节、冼指导员（国洪）〕。

六月二十二日　星期日

读报、文件。

六月二十三日　星期一

上午　朝阳队分组，对李慰慈、刘节提意见。黄振廷、叶妹、解放军沈同志提意见。

下午　陈永桢②发言谈思想的收获，存在问题，今后怎么办？黄萱发言。

六月二十四日　星期二

上午　朝阳讲用。对陈、黄提意见。

杨润余（夏敬农爱人）讲用。杨金仙（高铭元爱人）讲用。

下午　高铭元讲用。

---

① 李慰慈，时为中山大学外语系教授。

② 陈永桢，时为中山大学外语系副教授。

六月二十五日　星期三

驻校工宣队张同志总结（学习班已办了四十五天）。9:30 散会，回校 10:15，各漫谈体会（王、胡、周、方、曾、叶、伍）。

六月二十六日　星期四

上午　小组。继续讨论两条道线斗争。丁声树材料交林××，张海、方、何发言。

下午　继续讨论。林模、伍锐麟等发言。读学习资料第十一号（林副主席报告），张海、方、何发言。

下午　继续讨论。林模、伍锐麟等发言（我作记录，张海告假）。

夜　读学习资料第十号，林副主席报告"八、全党、全国人民团结起来，争取更大的胜利"。

六月二十七日　星期五

上午　小组。集体阅读，我和林××谈心，散会前回到小组（张海请假）。

下午　小组。集体阅读。

夜　读学习资料第十一号。

六月二十八日　星期六

上午　小组。讨论"团结起来争取更大的胜利"。上半截我作记录。午饭回家途中左胸上部奇痛，寸步维艰，无法下咽。

下午　大礼堂开讲用大会。散会后刘节来看，并往保健室请来黄坤儒医生诊治（四姑随来），开 S. G. Salydon 及藿香丸服用，终夜不得安眠。

六月二十九日　星期日

上午　刘节来看，林××继来，谈至 11:00，中间何肇发来借十元，作后天回粤北五七干校旅费。

下午　床上休息。读《语录》。

六月三十日　星期一

上午　小组。张海与许淞庆往讨论今天分组问题，会场托我主持。林××来找我，嘱誊写近日外调材料交去存底（底稿于 7 月 10 日交去，因无时间誊写）。继而北京来人了解巫宝三①材料，定后日下午2:30交。

下午　中区图书馆三楼朝阳学习班（组）动员会（于××）。问题：1. 世界观转变（改造）。2. 继续彻底交待（以上对待自己）。3. 对待群众（红卫兵）态度。学习中捣乱放毒的要批判。

各组订学习计划：

学习时间：每天上午 8:00 至 11:00。每星期劳动三下午，每次约二小时。

请假一天内问小组长，一天以上要上报经批准。

大组总联系人张海。本小组正副组长仍旧（张、梁）。

散会后到保健室领药。

夜　中区图书馆三楼收听两报一刊《中国共产党万岁》，谈感想。

漫谈：梁、胡、叶、林、张、戴、周、董（钟廷新因病，听完广播后离开，伍未来，方、王曾住广州未来，林模病假）。

七月一日　星期二

党四十八周年生日。大礼堂报告，党员恢复组织生活者九十六人。我请假在家写巫宝三材料。

七月二日　星期三

上午　继续写巫宝三材料（六页）。

下午　2:30 送材料往陈××（来人3:00 未到）。劳动未能参加。

---

① 巫宝三，江苏句容人。中国科学院、中国社会科学院经济所研究员、副所长。与作者共事十多年。

夜　病体仍觉十分疲劳。读《中国共产党万岁》。

下星期讲用分组：数二（林模、胡）；外二（林、伍）；史三（戴、董、梁）。

七月三日　星期四

上午　小组。写备用稿提纲。

下午　在家准备写讲用稿。写"个人学习与工作经历""家庭主要成员的政治面目及主要社交关系"共五页。

七月四日　星期五

上午　小组。写讲用稿。张海请假。

下午　园林科锄草。

夜　准备写讲用稿。

七月五日　星期六

上午　小组。写讲用稿。

解答三个问题（于××同志讲）：

1. 怎样对待群众运动。

2. 进一步改造资产阶级世界观。

3. 继续交待错误、罪行。放下包袱，轻装前进。

七月六日　星期日

整天写讲用。

七月七日　星期一

上午　在小组写讲用稿。

七月八日　星期二

上午　第三班汇报讲用。

张海、伍锐麟。

七月九日　星期三

上午　全班对张海、伍锐麟昨天讲用提意见。许淞庆、黄振廷、梁、王起、何融、陈永桢、周连宽、周郁文发言；休息后伍锐麟（离开，去回答外调）、钟建新、周连宽、何融、徐贤恭、罗雄才、商承祚、张海继续发言。

下午　小组（第二班：许淞庆、高铭元、黄振廷、刘俊贤、李慰慈、周连宽、陈永桢、黄萱、杨金仙、杨澜余、刘节、马采参加）。胡金昌、林托山讲用。

七月十日　星期四

上午　第三组讲用。戴裔煊、董家遵讲用。刘节、周连宽、黄振廷对戴、董讲用提意见。

下午　在家准备讲用稿。4:00后送丁声树、汪家宝外调材料底稿共两份给林××。

夜　7:30工宣队蔡同志传达中央文件。

1. 放暑假：城市中学学生三十天（7.15—8.14）。小学四十天（7.5—8.24）。教职工不放。大专院校不放，抓案斗、批、改。

2. 省革委会文教办公室指示，讨论两问题：

（1）落实群众组织政策。

（2）下乡同学回校后怎样安排工作？

只有团结，才能落实政策，只有落实政策，才能团结。大学生回校后，军训两个月，办学习班。开展斗、批、改会、教改、座谈会（表扬成绩等）。

七月十一日　星期五

上午　阵雨。到朝阳劳动。

下午　全校性劳动（我们在中区图书馆及周围环境）。

夜　骤雨。董家遵第二次检查。会后，写明早向胡、林托山、戴、董四人提意见发言提纲。

七月十二日　星期六

上午　小组提意见。方仲、伍锐麟、林托山、高铭元发言。休息后，林模讲用。

七月十三日　星期日

整天写讲用。

七月十四日　星期一

上午　小组。方仲讲用（五十分钟）。刘节、黄振廷、黄萱、胡金昌、林托山、李慰慈、周连宽、伍锐麟、高铭元提意见。

下午　图书馆至教师之家周围环境卫生工作（刘节、高铭元、黄振廷四人）最后清理图书馆两边三层楼。受小虫所咬，全身红肿痒不可忍，回家洗澡二次，翌日下午仍未全消。

夜　桌灯灯泡断线，无法读书。

七月十五日　星期二

晨早　5:30至7:30往校北门等候下高、鹤接受贫下中农再教育师生坐船回校，未到，乃返家。8:30后又与小组同人复往码头，迎数学、历史二系师生坐小船回，10:00回图书馆学习。

下午　在家自修。

夜　读毛主席关于"群众运动的论述"（语录十一、"群众路线"各条）。

七月十六日　星期三

上午　小组8:00复结队往北门，迎数学、历史二系坐小船回，9:00许回图书馆。10:00至11:10，三组正副组长会议。

下午　劳动，同星期一、日（三组担任中区图书馆三楼及阶梯清扫工作）。

夜　同昨夜。

七月十七日　星期四

上午　小组。集体阅读（对革命群众运动资料）。

下午　修改讲用稿。

夜　大礼堂听广州市区爱国卫生运动，消灭蝇、蚊、鼠、臭虫、蟑螂，三个月为期。

七月十八日　星期五

上午　朝阳生产队拔（西洋菜）草。

下午　小组。集体阅读及修改讲用稿。

夜　修改讲用稿。

七月十九日　星期六

上午　小组。集体阅读。

下午　原定全校爱国卫生运动，因雨暂停。理发。

夜　看"九大"及《南京长江大桥通车典礼》（电影广场），中间有微雨。

七月二十日　星期日

在家搞清洁，装移电灯。

夜　抄讲用稿。

七月二十一日　星期一

上午　小组。讨论正确对待无产阶级文化大革命问题：王坤元、方孝岳、叶启芳、何锐麟。开会中间林××来，嘱写孙殿卿①等材料，共三份。

下午　全校爱国卫生运动。

夜　因过度疲劳，9:30 上床，服安眠药后 12:00 后始睡着。

七月二十二日　星期二

上午　小组讨论。梁、林托山、钟建新、戴发言。

午饭前　到专案组回答岭南大学经济系 1950 年离校学生邓绍明问题，不用写材料。

下午　在家写讲用稿。

夜　同上。晚饭后林××来，征求下放英德五七干校事，欣然同意之。并往张海家中告以与林谈话后的决定情况。

七月二十三日　星期三

上午　小组往朝阳生产队劳动，没有参加，在家赶写总结。

下午及夜　几乎写到天亮才上床。

七月二十四日　星期四

上午　8:30 将记录本及人大编写党史送张海，回家赶写汇报，至夜 2:30 写完。

七月二十五日　星期五

上午　往河南龙珠直街二号广州市南区结核病防治所透视，照肺。因人多等候甚久，至 11:15 最后一个才完。午餐于泮溪。寄秀粦信，约其回家。返抵中大时已 3:00 许。疲极（本校从高、鹤劳动锻

---

①　孙殿卿，黑龙江哈尔滨人。历任中国科学院地质所副研究员、中国地质科学院力学研究所研究员、副所长、所长。中科院地学部委员。1948 年国共双方交战正炽，南京告急，中央研究院内在是否迁台（湾）问题上存有两种对立意见（迁台和反迁台）。孙与作者当时站在反对迁台阵营，故有些交往。

炼归来同学在大礼堂作报告)。

夜　将"学用（第一期）总结"（一万二千字左右）送往张海。途中遇大雨，衣履尽湿。

七月二十六日　星期六

上午　往秀丽三路 881 号广东省中医院门诊部检查，因内科挂号额已满，仅得在简易门诊部诊治，领药六包（分三天）回。看病完毕已近 12:00。午餐于北京路购药物等。本校高、鹤回来师生在大礼堂谈心得体会。

下午　2:00 许抵家中，稍息片刻，洗澡后 4:10 往中区图书馆附近劳动场所，从张海处将总结底稿取回。

夜　倦甚，上床甚早（10:30）。

七月二十七日　星期日

上午　收拾衣物。读《工人阶级向上层建筑领城进军的一周年——欢呼我国第一支工人、解放军毛泽东思想宣传队进驻清华大学一周年》（《南方〈日报〉》转载）。

下午　5:00 秀舜携小孙来，晚饭后去。韵兰①来访瑛材。连夜失眠，服安眠药后仍须一二时后始睡着。

七月二十八日　星期一

上午　写"关于伪中央研究院留京员工应变会及研究人员联谊会和员工联谊会的组成经过"，与孙殿卿材料提纲。并补记 22 日下午至今天下午的日记（广州高等院校下乡劳动锻炼归来同学来我校作报告）。

下午　四叔来晚饭后去。

夜　傍夕风雨交加，夜半台风渐紧，不得安眠。

---

①　韵兰即谢韵兰，谢文通、梁丽金之次女。时为中学生。

七月二十九日　星期二

上午　7:30 到结核病防治所取照片底片。继续往中山附属二医院看牙。

下午　3:30 至 5:00 到东南亚研究室与林××谈。

入夜　台风渐停。

七月三十日　星期三

上午　8:30 全校在大礼堂开"革命师生下乡接受再教育总结大会"。陈彬作报告。

△八月二日　星期六

四婶及美龄①来，午饭后去；美龄妹为领中药，晚饭后去。写材料。

△八月三日　星期日

上午　林××取去工作简历，重要社会关系等表格三份。

△八月四日　星期一

上午　林××来取去"自传"（第一至五页）及陶孟和信三封（日本、宁、解放后）。

△八月五日　星期五

上午　到专案组交林××"自传"（第六至一一页）。

下午　熟睡，6:00 起床。

夜　饭后头昏脑涨，无法工作，只补看几天来《南方日报》。入夜大雨暴雨。

---

① 梁美龄，作者堂妹。

一九六九年

△八月六日　星期三

今天仍觉十分疲乏，胸口作闷。爱姐来洗衣。

△八月七日　星期四

写"自传"，至凌晨3:50。

△八月八日　星期五

上午　送"自传"（第十二至二十页）给林××。

下午　睡觉。

△八月九日　星期六

上午　10:30去南园吃午饭，往市二宫附近购茶叶等，回家已
2:00许。

△八月十日　星期日　终日阴雨

写"自传"（第二十一至二十六页），夜3:30上床。

△八月十一日　星期一

继续写"自传"。

下午　4:00送（第二十一至二十九页）给林××。6:30往访林。

下午　阴雨。

九月十八日　星期四

下午　3:00军宣队同志总结（毛泽东思想学习班）。

军宣队主席：加强组织纪律性。无政府主义在本系的例证。

九月二十二日　星期一

上午　批判钟一均大会。

下会　议论批判肖兰茂同学（1957年入学，1961年退学，"文化

大革命"后自称受资产阶级教育路线迫害）。

九月二十三日　星期二

上午　批判冯〈乃超〉、马〈有云〉、李〈嘉人〉大会（大礼堂）。

下午　除草。

九月二十四日　星期三

上午　除草。

下午　批判，教育肖兰茂大会。

九月二十五日　星期四

上午　历史系背后批判肖兰茂大会。

下午　老教师漫谈无政府主义之危害性。

九月二十六日　星期五

上午　批金、钟大会①（二）。

主要批：

1. 历史系三年工作规划：轮休制度；三至五年内助教要写出高质量的一至二篇论文。

2. 对学习毛泽东思想不重视，把吴晗作为历史学家的典型；介绍婚姻；反对与工农相结合，向工人学习。

3. "拔尖子""用人唯案"，培养修正主义苗子。

4. 马肖云把金应熙吹捧为"又红又专"的典型分子。

工宣队讲话。

九月三十日　星期二

上午　8:00 庆祝建国二十周年。

---

① 金、钟分别指金应熙、钟一均。

崔政委讲话。

下午　3：15 分班讨论世界革命。

十月三日　星期五

上午　集体阅读（社论及周总理讲话）。

下午　集体阅读（林副主席讲话）。

十月四日　星期六

上午　全系开学习动员大会。

下午　在家阅读文件。

十月六日　星期一

△陈寅恪今早 5：00 许逝世（旧八十一岁）。[1]

上午　小组漫谈。刘、周、黄发言。

下午　劳动（生产科五七农场），晒谷场锄碎硬砖。

十月七日　星期二

上午　8：00 学习汕头地区军民抗灾斗争英雄事迹报告会（大礼堂）。四个人作报告。

下午　在家阅读（共青团历史系支部成立大会在系举行）。

△陈寅恪今天凌晨 5：00 许去世（旧八十一岁）。[2]

十月八日　星期三

上午　8：30 小组漫谈，戴裔煊读林副主席重要讲话和国庆社论后

---

① 作者误记在"六日"案历纸上，实应为 10 月 7 日事。

② 刘显增整理：《刘节日记》（1939—1977）下册，大象出版社 2009 年，第 632 页亦写道："（10 月 7 日）上午出席大会，知陈寅老今日五时逝世，享年八十岁。午前与梁方仲同去吊唁。"但案头日历却错记在 10 月 6 日页上，可能是一时疏忽［因 1969 年案历记录时，作者大概是为查看方便，将当天发生的事记在前一天页之背面（全空白，无印刷字）上］。同时，也看出当时作者的精神与体力状态已相当差了。

谈我国百年来国际地位及社会面貌的变化。

下午　集体阅读。

十月九日　星期四

上午　小组。谈昨日题目。方仲发言。

下午　集体阅读。

十月十日　星期五

上午　军宣队洪同志讲防火教育。

下午　欢迎集训连同志胜利归来。

夜　写夏湘蓉①材料。

十月十一日　星期六

上午　小组漫谈。董家遵（戴作记录）。

下午　往农场搬运家具。

夜　写夏湘蓉材料。

十月十二日　星期日

阅读毛著（第四卷）。

十月十三日　星期一

上午　8:30 黄义祥作下乡接受工厂教育动员报告。

下午　请假回家与承邺讨论安排瑛材治病问题。

△退藤椅一张、木椅一张。②

_____

　　①　夏湘蓉，江西南昌人。江西省工业厅副厅长兼江西地质调查所所长，中南地质局地矿室主任。

　　②　指退回中山大学总务部门，准备下乡之故。

十月十四日　星期二

上午　小组漫谈，黄义祥动员报告，刘、周发言。

下午　戴发言。

十月十五日　星期三

上午　8:00 集训连活学活用毛泽东思想汇报讲用会（大礼堂）。

下午　小组漫谈。黄萱发言（我记录）。

晚饭前　交夏湘蓉材料给陈××。

夜　准备明天发言稿。

十月十六日　星期四

上午　小组漫谈。董、方仲发言（戴记录）。

下午　在家自修。

十月十七日　星期五

上午　8:30 黄先作下厂接受工人阶级再教育学习班小结。

下午　1:30 往黄花岗广州殡仪馆送陈寅恪火葬殡仪。

十月十八日　星期六

上午　小组，集体阅读。

下午　本系师生下厂誓师大会。第一、二、三、四班代表宣读决心书。留校小班表示决心书。党团支部书记张澄光讲话。

十月十九日　星期日

重读两报一刊庆祝建国二十周年社论《为进一步巩固无产阶级专政而斗争》（《红旗》第十期）。

十月二十日　星期一

上午　小组（前专案组楼下）8:30 至 11:00。

下午及夜　在家阅读。

十月二十一日　星期二

上午　小组集体阅读。

下午　在家阅读。

夜　再读二十周年林副主席讲话。

十月二十二日　星期三

上午　小组漫谈无产阶级专政。戴发言（董记录）。

十月二十三日　星期四

上午　小组漫谈。刘发言（戴记）。

十月二十四日　星期五

上午　做好工作，准备打仗暨下厂进行教育革命动员誓师大会（大礼堂）。崔政委讲话。黄义祥等读决心书。工宣队最后讲，共五人。

十月二十五日　星期六

上午　东二宿舍，师生大会。黄义祥讲话。

十月二十六日　星期日

上午　8:30 于东南亚史研究室陈××宣布下乡疏散计划。

下午　历史系资料室挑选图书。

△疏散。

十月二十七日　星期一

上午　中山纪念室挑选装运书物。

夜　读报，清理杂物。

十月二十八日　星期二

上午　中山纪念室商议搬运古物。商承祚、容庚应邀参加，黄义祥主持。

下午及夜　回家清理杂物。

△周连宽后天去英德。

下午　寄邮函。

十月二十九日　星期三

上午　东南亚史教研室地下，刘、戴、董、梁座谈备战问题。

下午　曾琼碧主持座谈。

夜　读报。

十月三十日　星期四

休会一天，各人往广州购买衣物。

上午　6:30 到东二宿舍送师生去韶关钢铁厂接受再教育。

我往北京路、中山路购棉裤等物，下午 3:30 回。

十月三十一日　星期五

上午　8:30 小组（曾琼碧主持）。9:20 集体到农场买鱼。

下午　回家收拾整理杂物。

夜　大礼堂，听军宣队韩国同志讲备战教育报告。

十一月一日　星期六

上午　8:30 小组。李松生谈话。刘、黄萱、梁、董、戴发言。

下午　在家自修。

十一月二日　星期日

在家。秀粦、嘉鏣来（小孙松新随来）。

十一月三日　星期一

上午　小组。曾琼碧宣布以后下午回家学习。漫谈：戴发言。

十一月四日　星期二

上、下午　小组。与中文系容〈庚〉、商〈承祚〉、张维持等在中山文化纪念室清理材料。

十一月五日　星期三

上、下午　同昨日。

十一月六日　星期四

上、下午　同昨日。

十一月七日　星期五

上午　小组。漫谈备战问题。刘发言。

△十二月十五日　星期一

四好总评学习十一天，从今天开始。在大礼堂报告，予以病①未参加。

---

① 作者其时已确诊肝硬化并初步认为患上癌症。之后再没写案头日历记事和工作日记。

一九六九年

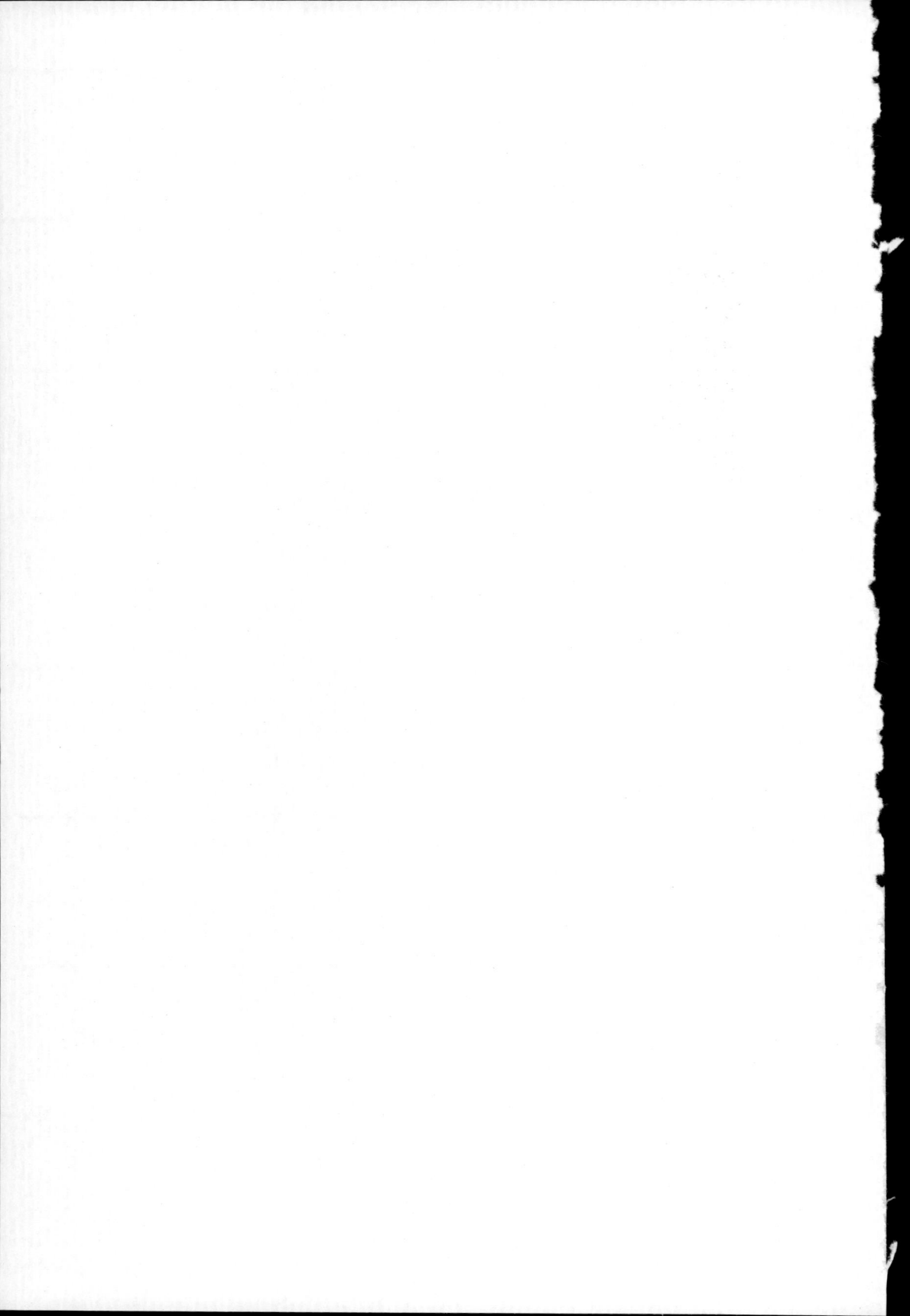